高速铁路无砟轨道桩板结构路基理论与实践

王　峰等　著

中国铁道出版社

2012·北　京

图书在版编目(CIP)数据

高速铁路无砟轨道桩板结构路基理论与实践/王峰等著.—北京:中国铁道出版社,2012.1
ISBN 978-7-113-14080-9

Ⅰ.①高… Ⅱ.①王… Ⅲ.①高速铁路—无砟轨道—铁路路基—结构设计—研究 Ⅳ.①U213.1

中国版本图书馆CIP数据核字(2012)第000343号

书　　名:高速铁路无砟轨道桩板结构路基理论与实践
作　　者:王　峰 等

责任编辑:陈小刚　　**电话:**010-63549495　　**电子邮箱:**cxgsuccess@163.com
封面设计:崔丽芳
责任校对:王　杰
责任印制:陆　宁

出版发行:中国铁道出版社(100054,北京市西城区右安门西街8号)
网　　址:http://www.tdpress.com
印　　刷:北京市精彩雅恒印刷有限公司
版　　次:2012年1月第1版　2012年1月第1次印刷
开　　本:787 mm×960 mm　1/16　**印张:**13.5　**字数:**273千
书　　号:ISBN 978-7-113-14080-9
定　　价:59.00元

作 者 简 介

王　峰　上海铁路局常务副局长，高级工程师。近年来，组织了上海铁路局管段中国第一条既有铁路提速 200 km/h 开行动车组的浙赣铁路，中国最早建成的 250 km/h 有砟轨道客运专线合宁铁路、合武铁路、沿海铁路，时速 350 km 沪宁城际铁路、沪杭高速铁路、宁杭城际铁路、宁安城际铁路等大批高速、高标准铁路建设任务，有效地服务于长三角区域经济快速发展。

本着"以科技创新引领铁路建设发展"的理念，组织多项重点课题研究和技术攻关，其中京沪电气化铁路提速 250 km/h 接触网系统成套技术研究，为我国铁路客运专线建设积累了经验；250 km/h 沿海铁路客运专线移动模架现场制梁、软土路基处理和隧道安全控制等关键技术研究，为 350 km/h 高速铁路建设积累了实践经验。先后承担了铁道部"铁路建设项目标准化管理体系研究"、"客运专线整孔箱梁移动模架法施工技术研究"、"基于路局层面的高速铁路联调联试技术管理创新研究"、"高速铁路与邻近既有线运营振动相互影响研究"、"宁杭客专无砟轨道大跨度预应力混凝土刚构连续梁长期变形监控技术研究"等多项重点课题研究；获国家级企业管理现代化创新成果二等奖，铁道部科技进步二、三等奖，上海市科技进步二等奖，上海市优秀发明金奖，并获上海市重点工程"十大杰出人物"、铁道部火车头奖章、上海市五一劳动奖章等多项殊荣。

组织编著出版了《铁路建设项目管理岗位工作指南》、《铁路工程建设标准化管理》、《铁路建设工程标准化评定工作指南》、《高速铁路工序管理要点》、《高速铁路联调联试探索与实践》等丛书，已广泛应用于上海铁路局工程建设管理领域，对铁路工程建设管理进行了有益的探索。

刘家兵　沪杭客运专线股份有限公司，副总经理，高级工程师。

张　骏　上海铁路局建设管理处，副处长，高级工程师。

马坤全　同济大学，副教授。

前　言

桩板结构是高速铁路无砟轨道一种新的环保型路基结构形式，因其具有强度高、刚度大、稳定性和耐久性好以及建筑成本适当、施工工艺简单等特点，目前已在国内外多条高速铁路路基以及普通铁路不良地基处理中得到一定应用，并将会作为一种有效控制基础变形尤其是工后沉降的地基处理方式而得到广泛应用。

尽管桩板结构从其传力路径上看类似于板式桥梁结构，但两者本质上还是存在较大差别的，其一是桩板结构没有墩台结构，也未设置支座，承载板与桩基或托梁的连接方式也明显不同于梁墩连接构造；其二是传统的桥梁结构每个墩台基础大多采用群桩基础，单个墩台桩基的根数、长度及桩径均明显多于或长于桩板结构的单个桩基。因此，针对桩板结构具体的结构构造特点，研究总结高速铁路无砟轨道桩板结构路基的设计、施工质量控制理论和方法，对于推广应用桩板结构路基具有重要的理论和工程意义。

2010 年 10 月 26 日，上海铁路局管内的沪杭高速铁路开通运营，在整个建设过程和系统调试过程中，参建各方对桩板结构路基段进行了大量的现场试验和理论分析工作，从桩板结构的施工过程受力监测、桩板结构路基静动力性能分析以及高速动车组行车试验等方面，系统开展了桩板结构在高速铁路沿海滨海相软土地基处理中的应用研究。本书结合沪杭高铁的实践，阐述桩板结构路基的受力及变形机理，推导桩板结构温度应力的计算公式，明确了桩板结构静力计算方法，提出桩板结构的合理结构形式和构造参数；模拟高速动车组通过桩板结构路基及过渡段的全过程，计算分析高速列车—桩板结构—沿海滨海相软土地基系统的空间耦合振动响应，并与现场动力测试结果进行综合比较，在两者基本吻合的基础上，深入探讨了高速列车在桩板结构路基上的运营性能和结构振动特性，补充了桩板结构的动力设计参数，完善了桩板结构路基的动力设计理论。最后，对桩板结构路基的施工方法也进行了探讨，提出了高速铁路桩板结构路基设计若干建议。

在本书相关内容的研究过程中，得到了中建股份、同济大学、沪杭客专公司、铁四院等单位的杜名赞、吴定俊、程飞、姚宏生、梁龙标等直接帮助和支持，在此深表谢意！

期望本书可对从事高速铁路桩板结构路基建设的各方工程技术人员有所启示，本书所述的内容和方法是初步的、探索性的，同时限于作者水平，难免有许多不妥之处，敬望读者给予指正。

2011 年 12 月于上海

目　　录

1 绪　论

土质路基由于其填料取材便利、施工简单等经济因素及维修简便等技术因素被广泛应用于铁路工程，以前土质路基上一般采用有砟轨道结构，这种结构方式具有易铺设且经济的优点，随着经济和技术的发展，列车速度的提高和密度的增加，有砟轨道的养护变得相对困难，对路基结构形式提出了新的要求。以往高速铁路无砟轨道多铺设在隧道内、高架结构和桥梁上，后来逐步推广到土质路基上，而土质路基上的无砟轨道结构以其适用范围广、性价比高、维修量小等优点，得到了工程界的广泛重视。

日本从20世纪70年代就开始尝试在土质路基上铺设无砟轨道，并采用了多种轨道结构形式，但所有这些都处于试验性研究阶段，而且铺设的长度非常短，处于资料的积累阶段。20世纪80年代末90年代初，日本、德国等国家开始把在高架桥和隧道等被广泛应用的板式轨道等轨道结构形式推广到土质路基上，经过长期不断的试验研究，从20世纪90年代中叶，开始较大规模地在土质路基上铺设无砟轨道，经过近十多年的工程试铺及运营检验，已基本掌握了在土质路基上铺设无砟轨道的成套技术。为确保轨道结构的动静态平顺性、提高列车运行的平稳性和乘坐的舒适性，对路基面的地基系数、工后沉降、弯折变形和沉降挠度，以及基床结构强化等路基技术标准均提出了明确要求。

在我国，对在土质路基上铺设无砟轨道的研究则起步较晚，近几年配合高速铁路的建设，通过对国内外相关成果资料的调研，在适当借鉴国外先进技术和成熟经验基础上，针对性地开展了一系列技术攻关，取得了较丰硕的科技成果。

由于高速铁路对线路的高平顺性、稳定性、耐久性等均提出了新的要求，为确保高速行车的安全性与乘客舒适性，并减少轨道结构养护工作量，须对路基地基的总沉降、工后沉降及差异沉降量加以严格限制。传统的路基结构，采用高路堤时，总沉降及工后沉降量较大、差异沉降难以控制；而采用低路堤结构，动力对地基的影响显著，由于动力对地基的影响，工后沉降难以控制。目前解决高速铁路路基尤其是软土地基路基工后沉降的方式主要有两种，一是以桥代路，二是对软土地基进行处理，我国高速铁路建设规模大、线路长，区域地质条件复杂，优质填料缺乏，而桥梁结构造价很高，在财力有限的前提下，迫切需要寻求一种强度高、刚度大、稳定性和耐久性好，并且建筑成本适当、施工工艺简单、环保型的路基新结构、新工法。

1.1 桩板结构简介

桩板结构是可用于基础变形控制严格的深厚软弱地基、湿陷性黄土地基、桥隧间短路基过渡段、岔区路基及既有路基加固、岩溶及采空区地基处理的一种新型路基结构形式，具有强度高、刚度大、稳定性好、沉降小等特点。根据连接方式、组合形式及设置位置的不同，桩板结构可分为非埋式(图 1.1-1)、浅埋式(图 1.1-2)及深埋式(图 1.1-3)三种。高速铁路无砟轨道较多采用非埋式或浅埋式桩板结构路基，非埋式桩板结构由下部钢筋混凝土桩基、地基土与上部钢筋混凝土承载板(对于托梁式桩板结构路基还包括钢筋混凝土托梁)组成，承载板直接与轨道结构连接，并与托梁固结或搭接，托梁与桩固结，由承载板、桩及地基土三者共同组成一个承载结构体系。它综合了板式无砟轨道或轨枕埋入式无砟轨道结构与桩基础的各自特点，充分利用桩-土、板-土之间的共同作用来满足无砟轨道的强度与沉降变形要求。桩板结构无砟轨道在构造上可分为上部结构和下部结构两部分，上部结构由钢轨、扣件、混凝土轨道板(对于板式轨道还有沥青砂浆层和支承层)和钢筋混凝土承载板组成；下部结构由桩基和地基土共同组成。钢筋混凝土承载板现浇在地基土表层，在中支点处通过钢筋与桩及托梁固结相连，在边支点处与托梁搭接，形成了桩-板-土三者共同作用的复合结构体系。非埋式桩板结构承载板直接跟轨道结构连接，使得桩板结构直接承受列车荷载动力作用，因此，其动力性能应予以特别关注。浅埋式桩板结构的桩与承载板直接刚性连接，承载板上部通过基床表层与轨道结构连接。总体来说，桩板结构路基具有以下特点：

(1)整体性强、稳定性好，轨道变形小，且变形累积缓慢，有利于高速行车，可大大减少线路养护维修工作量、降低作业强度和改善作业条件。

(2)设计相对简单。构造上比较灵活，适应性较强。上部钢筋混凝土承载板可以适应各种线路情况，做成任何形状的特殊异形板，下部桩基础可以结合当地条件合理布置；计算可采用板单元下面布设一些固结或简支的支承点来进行分析。

(3)与桥梁结构相比，桩与板(或托梁)或板与托梁之间通过钢筋固结(或设置聚酯长丝复合聚乙烯土工膜滑动层)，可以节省昂贵的支座，温度和混凝土收缩应力也较小，只需在板与板连接处设置伸缩缝。

(4)与普通路基结构相比，由于板下是桩基础，对路基填料要求不高，可以就地取材，且沉降相对小而快，工后沉降较易控制，可缩短工期，相对加快工程进度。

(5)施工方便。由于承载板是实心板，外形简单，可直接浇筑在地基上，只需要侧模，加工制作简易；内部通常采用纵横双向布置钢筋，无须布设预应力筋，加工和布设简易；浇筑混凝土可大面积进行，振捣方便。其施工过程基本上就是土石方工程、桩基工程、钢筋混凝土及模板工程的组合，这其中的每一项也都是较成熟的施工技术，其所需要的机械设备也是比较普遍的，因此，在了解其施工组织要点后配以适当的质量控制，可以顺利完成施工任务。

桩板结构路基较传统的路基形式而言，不仅是无砟轨道一种新的路基结构形式，也是一新型的地基处理技术与加固方法，它是介于桥梁与传统路基之间的一种特殊的结构形式，总结分析高速铁路桩板结构路基已有研究成果，可为其推广应用提供理论依据和实践参考。

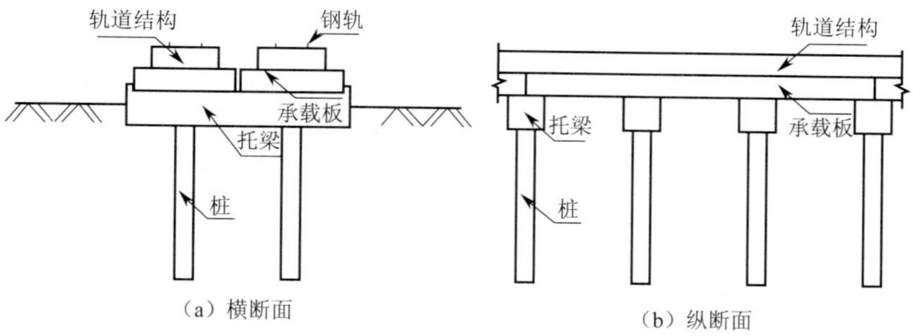

图 1.1-1 非埋式桩板结构形式示意图

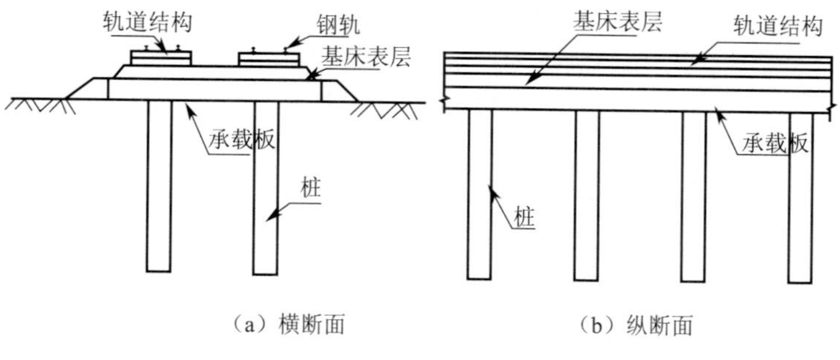

图 1.1-2 浅埋式桩板结构形式示意图

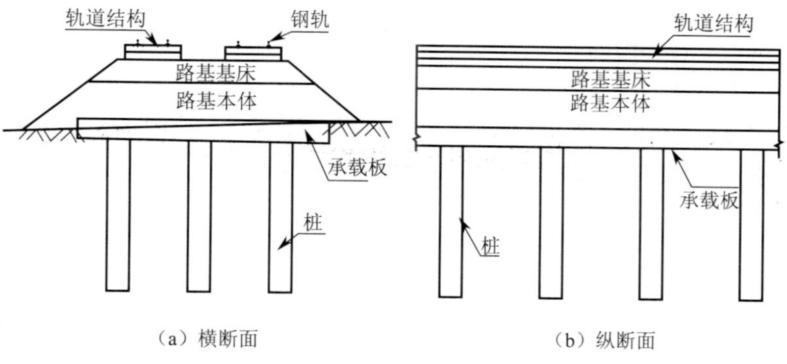

图 1.1-3 深埋式桩板结构形式示意图

1.2 应用现状

1.2.1 国外实例

1. 德国纽伦堡—英戈尔施塔特铁路

德国纽伦堡—英戈尔施塔特铁路在具有膨胀性的北段黏性土地基上修建了桩板结构路基(图 1.2-1),桩板结构形式为:钻孔灌注桩直径 0.9 m,桩顶现浇 0.6 m 厚钢筋混凝土板。为了桩板结构路基尽可能均匀过渡到土质路基,在过渡段采用了厚度渐变的素混凝土板来减小刚度的差异,素混凝土板长 20 m(图 1.2-2)。

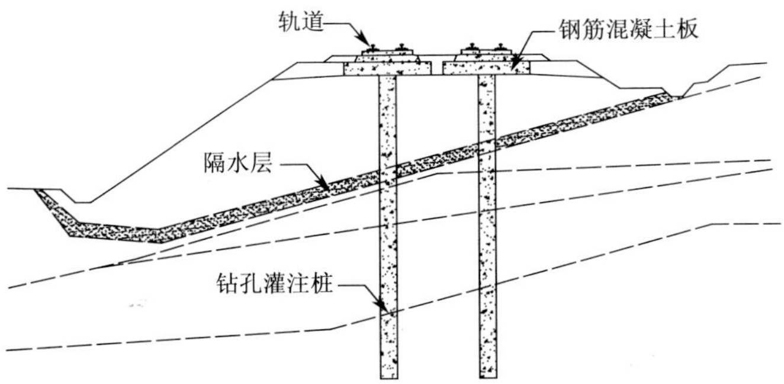

图 1.2-1 德国纽伦堡—英戈尔施塔特线“桩板结构”典型横断面

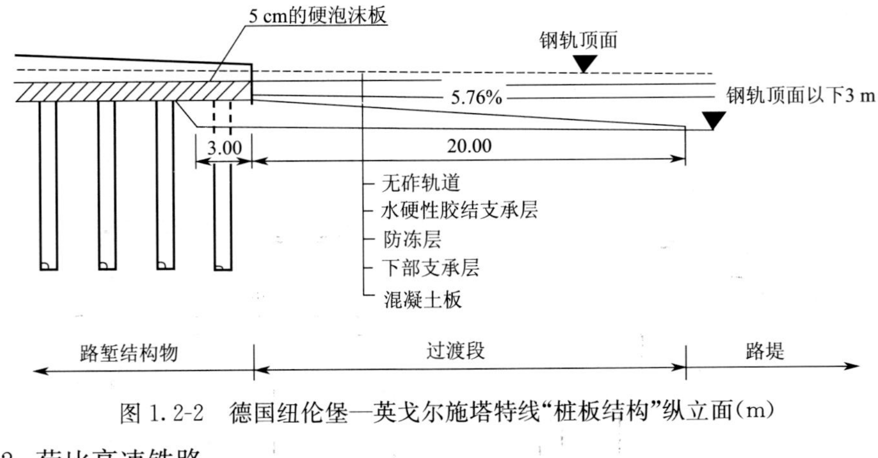

图 1.2-2 德国纽伦堡—英戈尔施塔特线“桩板结构”纵立面(m)

2. 荷比高速铁路

荷比高速铁路阿姆斯特丹至布鲁塞尔线,地质条件为海相沉积、土质极软。全线铺设无砟轨道,大量采用了“桩板结构(Settlement Free Plate)”。此桩板结构由

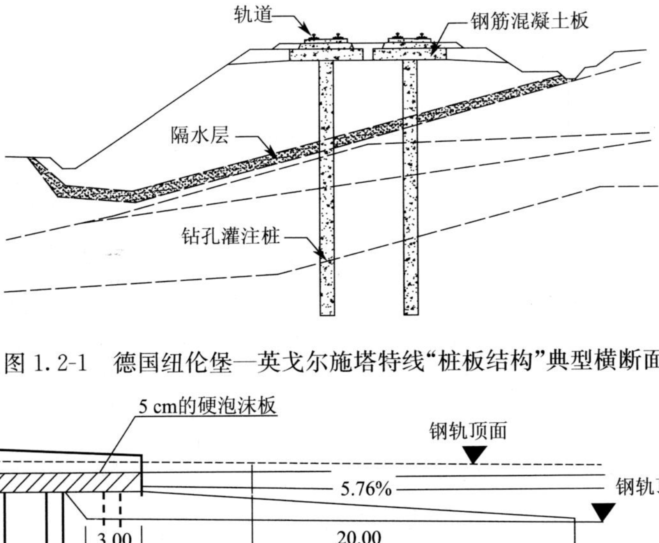

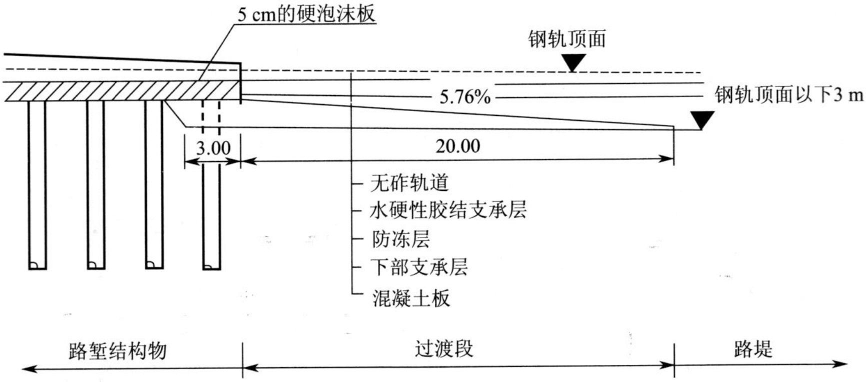

钻孔灌注桩和现浇钢筋混凝土板构成(图 1.2-3～图 1.2-5),单联长 30 或 35 m,纵横向桩间距根据具体情况设计。

3. 英法海底隧道连接线

英法海底隧道连接线在穿越一个沼泽地区时有 7 km 路基采用了桩板结构,这种桩板结构由桩基础和钢筋混凝土板构成(图 1.2-6),横向布置 4 排桩,桩间距为 2.5 m,桩板结构上部铺设有砟轨道。

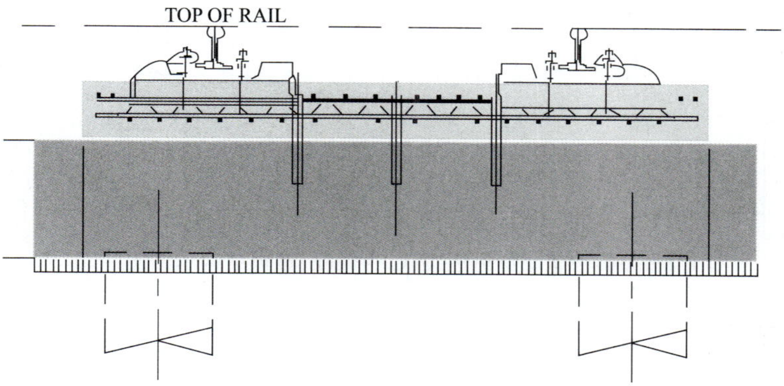

图 1.2-3 桩板结构典型横断面

图 1.2-4 桩板结构的支承桩(HSL-Zuid)

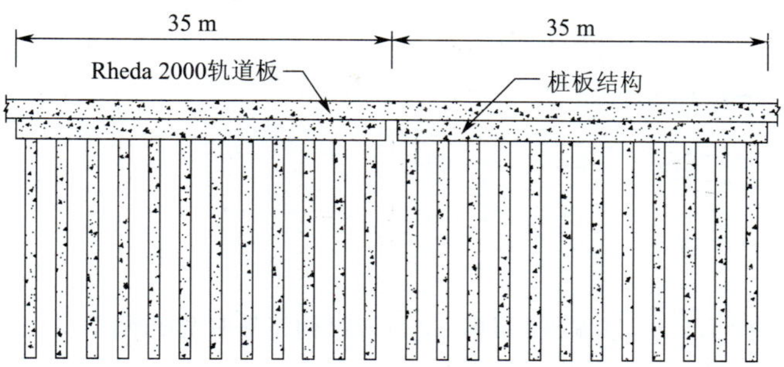

图 1.2-5 荷兰 HSL-S 段——桩板结构典型纵立面

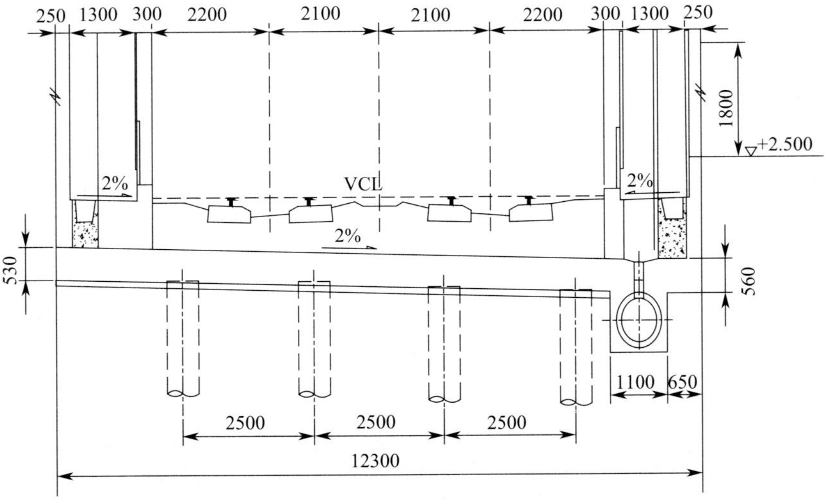

图 1.2-6　英法海底隧道连接线(英国段)桩板结构示意图(mm)

1.2.2　国内实例

1. 遂渝铁路

我国遂渝铁路无砟轨道综合试验段采用钢筋混凝土桩板结构的地基处理措施,它由下部钢筋混凝土桩基、路基本体与上部钢筋混凝土承载板组成,承载板直接与轨道结构连接(图1.2-7、图 1.2-8)。遂逾铁路桩板结构路基尺寸为:钢筋混凝土承载板尺寸:长 6×5 m=30 m,宽 4.4 m,厚 0.6 m,厚跨比 1/8.33(跨度为 10 m 时,板厚为 0.8 m,厚跨比 1/12.5),C40 混凝土。其桩基为钻孔灌注桩,直径 1.2 m,横向采用两排桩,桩间距 2.5 m,纵向采用 6 排桩,桩间距 5 m,桩长 21 m,入泥岩夹砂岩层 2 m。

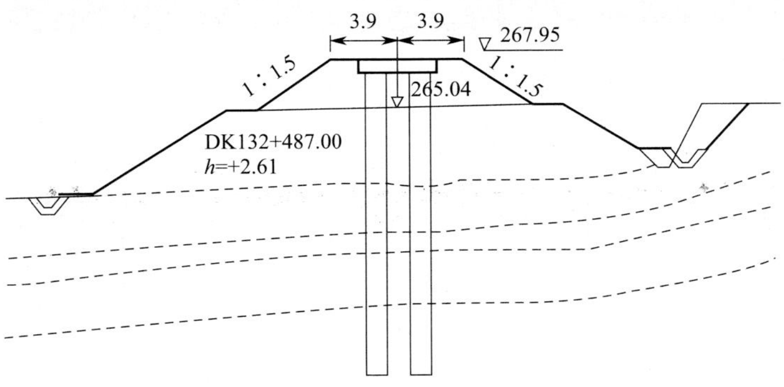

图 1.2-7　遂渝铁路 DK132 桩板结构路基典型横断面(m)

2. 郑西高速铁路

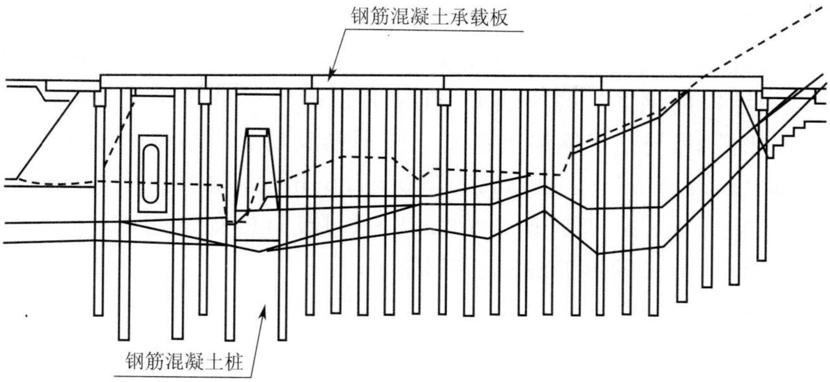

图 1.2-8 遂渝铁路 DK132 桩板结构路基纵断面

郑西高速铁路采用的钢筋混凝土承载板厚 0.6～0.8 m，宽 10.5 m，厚跨比 1/11.67～1/11.25，C40 混凝土，桩基为直径 1 或 1.25 m 钻孔灌注桩，横向 2 根桩，间距 5 m，纵向间距 7～9 m，C30 混凝土。

郑西高速铁路采用的双线托梁式桩板结构，主要由桩基、托梁、承载板三部分组成（图 1.2-9），承载板为现浇钢筋混凝土板，托梁为现浇钢筋混凝土梁，桩基为钻孔灌注桩，三跨一联，相邻联处共用托梁和桩基，相邻联的板间纵向预留 2 cm 伸缩缝，桩与托梁均固接，两个边托梁与承载板搭接，两个中托梁与承载板固接。考虑双线行车对承载板的动力作用，承载板采用上下行线双板分幅设置，以降低横向扭曲变形，减小单线过车对桩板结构整体使用性能的影响。承载板的宽度根据路肩宽度和轨道结构宽度等确定。板宽采用 2×4.99 m（双线），中间预留 2 cm 构造缝；托梁根据承载板宽度确定，取为 10.4 m；桩基横向间距为铁路线间距 5 m，桩基纵向间距为承载板跨度。

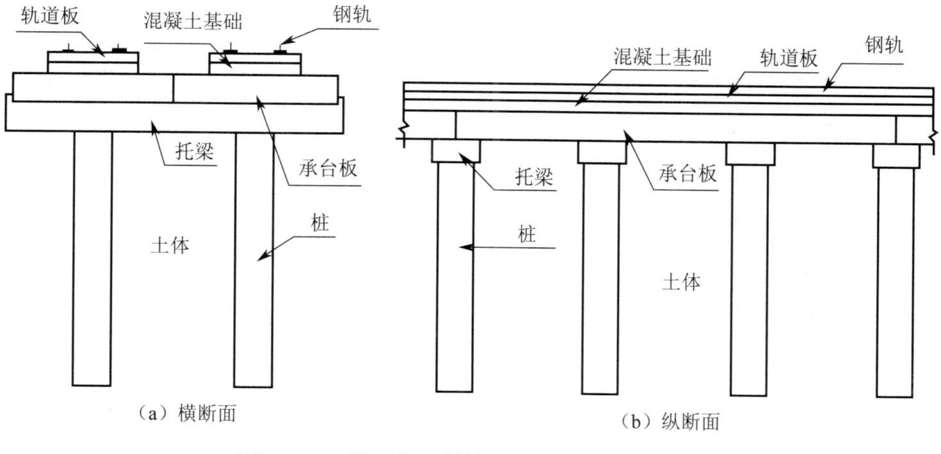

图 1.2-9 郑西高速铁路典型托梁式桩板结构

3. 武广高速铁路

武广高速铁路有三段采用了桩板结构路基，此三段均位于缓丘地段，段内为丘陵地貌，桩板结构由钢筋混凝土桩基、托梁和混凝土承载板组成(图 1.2-10)。桩基钢筋伸入托梁中，与托梁钢筋相连。三段钢筋混凝土承载板分别采用 2 联“3×7.5 m”、3 联“3×7.5 m”+1 联“(7.5+10+7.5)m”、3 联“3×7.5 m”的连续板结构形式，板厚均为 0.8 m，厚跨比为 1/9.38～1/12.5，板宽 2×4.99 m，在与土质路基相连端均设 10 m 长的钢筋混凝土搭板。

在每排桩顶均设置了一榀托梁，7.5 m 跨度的托梁尺寸为：长×宽×高＝10.4 m×1.6 m×0.85 m。桩基采用钢筋混凝土钻孔灌注桩，桩直径 1.2 m，按端承桩设计，要求桩嵌入稳定基岩不小于 3 m，横向布置两排桩。

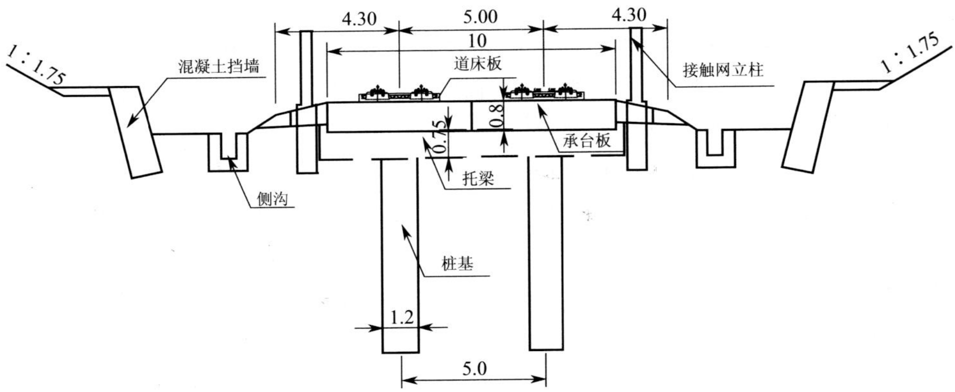

图 1.2-10　武广高速铁路典型托梁式桩板结构(m)

4. 沪杭高速铁路

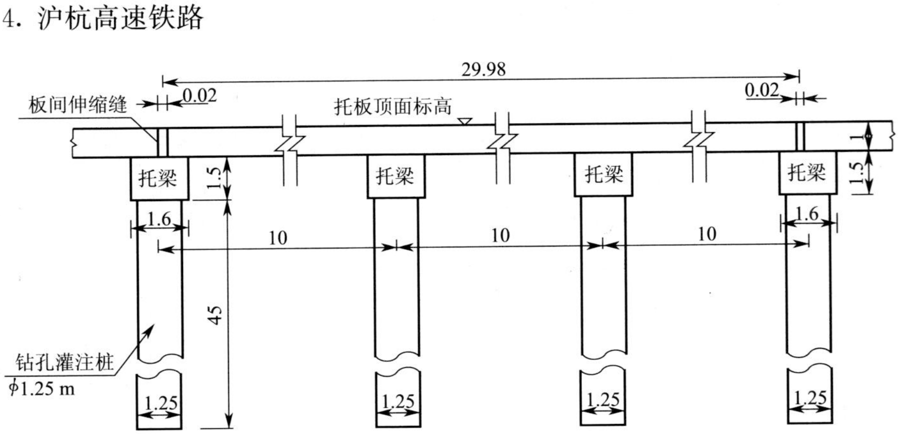

图 1.2-11　沪杭高铁桩板结构纵向设计详图(m)

沪杭高速铁路有三段采用了桩板结构路基，此三段均位于软土地基区域，第一段位于沪杭高铁 DK30＋951.5～DK31＋115.085 路段，斜穿在建的上海 A15 公路，属下穿地段。桩板结构路基每榀托梁下纵向布置两根 ϕ1 250 mm 钻孔灌注桩，桩长 45.0 m，单桩承载力设计值3 900 kN。另外两段分别位于沪杭高铁 DK3＋300～DK3＋550 段（占压上海 A9 公路及匝道立交桥承台）及 DK5＋250～DK5＋531、DK5＋344.8～DK5＋374.8（跨上海地铁 M9 线）。桩板结构路基每榀托梁下纵向布置四根 ϕ800 mm 钻孔灌注桩，桩长 43.0 m，桩体混凝土强度为 C35，单桩承载力设计值2 050 kN。

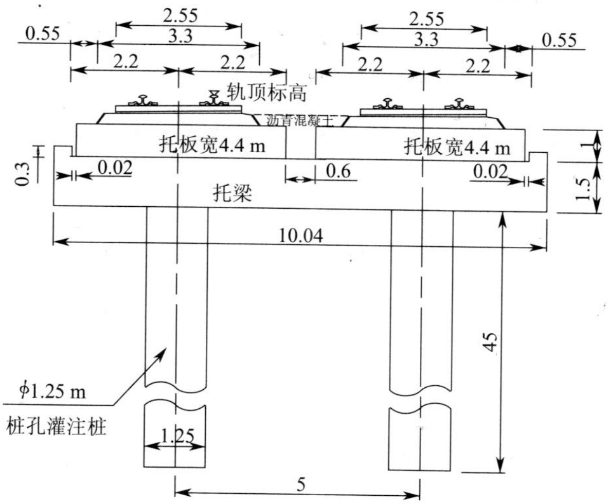

图 1.2-12 沪杭高铁桩板结构横向设计图(m)

图 1.2-13 沪杭高铁 DK30＋951.5～DK31＋115.085 段路基

沪杭高铁桩板结构路基均采用桩-托梁-承载板结构（图 1.2-11、图 1.2-12、图

1.2-13)，承载板采用C40钢筋混凝土结构，承载板宽2×4.4 m，跨度3×10 m，板厚1 m。两中支点通过桩基主筋穿过托梁铺入承载板而使托梁与托板刚接，两边支点托梁与承载板搭接，托梁与承载板间设置聚酯长丝复合聚乙烯土工膜滑动层。

1.3　研究概况

国内外已用桩板结构路基主要结构形式及构造尺寸如表1.3所示。在国外，虽然德国、日本、荷兰、比利时及英法海底隧道连接线使用过类似桩-板的高架结构，但关于桩板结构路基的研究文献较为少见。

表1.3　国内外已用桩板结构路基主要结构形式及构造尺寸

线路	线路布置	结构形式	纵向跨度布置	板厚(m)	板宽(m)	厚跨比	地基土性质
德国纽伦堡—英戈尔施塔特线	双线	独立墩柱式	—	0.6	—	—	膨胀性黏性土
荷比高速铁路	单线	独立墩柱式	单联长30或35 m(纵向每跨2～3 m)	—	—	—	海相沉积，极软土
英法海底隧道连接线	双线	独立墩柱式	—	0.53	12.3	—	沼泽地区
意大利米兰—都灵高速铁路	双线	独立墩柱式	长度48～60 m(纵向每跨6.5～8 m)	—	—	—	有毒土壤区
遂渝线	单线	复合式	6×5 m、(5+10+5)m	0.6～0.8	4.4	1/8.3～1/12.5	软土厚0.5～8 m，其下为基岩
郑西高速铁路	双线	托梁式	3×7 m、3×9 m	0.6～0.8	2×4.99	1/11.7～1/11.3	深厚湿陷性黄土
武广高速铁路	双线	托梁式	3×7.5 m、(7.5+10+7.5)m	0.8	2×4.99	1/9.4～1/12.5	深厚软土
沪杭高速铁路	双线	托梁式	3×10 m	1.0	2×4.4	1/10.0	沿海滨海相软土

我国对桩板结构路基的较为系统研究主要为铁道第二勘察设计院、西南交通大学、重庆大学等单位结合遂渝铁路建设开展的无砟轨道桩板结构路基的设计技术研究。为满足遂渝铁路桩板结构设计的需要，对桩板结构路基的研究表现在以下几个方面：

(1)对桩板结构路基的设计理论及计算方法进行了探讨，阐述了土质路基桩板结构的设计及计算要求，总结桩板结构路基静、动态设计方法，运用解析法和有限元法分析了桩板结构的受力与变形，以桩板结构配筋设计法为研究对象，对比了容许应力法和极限状态法，并参考我国《铁路桥涵钢筋混凝土和预应力混凝土结构设计规范》(TB 10002.3—2005)的有关规定，初步提出了桩板结构静力设计方法。

(2)进行了离心模型试验，研究了桩板结构路基的沉降，运用有限元软件分析了诸多参数对桩板结构路基沉降的影响，得到了荷载、桩长和地基土模量对桩板结构路基沉降值影响最大等结论。

(3)通过大比例动态模型试验、现场测试和数值模拟等手段，研究了桩基的荷载传递规律，分析了列车移动荷载作用下结构的动力响应问题，得到桩板结构路基的动力系数。

(4)综合比较了桩板结构与传统桥梁结构间的造价优劣，分析了板、梁和桩对桩板结构路基造价的影响，并进行了不同跨度方案的初步比选。

基于上述桩板结构设计及施工技术研究成果和应用实例，在 2010 年 8 月 3 日由中华人民共和国铁道部发布的行业标准《铁路工程地基处理技术规程》中，对钢筋混凝土桩板结构的设计及施工作出了原则规定。但目前对桩板结构的研究还存在以下需要完善的方面：

①对桩板结构路基的受力及变形机理，结构温度应力的考虑，桩板结构路基动力特性研究明显不足，尤其是高速列车通过桩板结构路基及其过渡段时，列车的运营性能、桩板结构路基的动力响应及其横向稳定性方面的研究成果相对较少。

②对桩板结构自身(承载板、托梁及桩基)的合理构造形式和设计参数尤其是动力设计参数研究较少，有必要从施工过程的受力监测、路基静动力性能分析以及高速动车组行车试验等方面开展高速铁路桩板结构路基理论及应用研究。

上海铁路局以沪杭高铁桩板结构路基建设为工程背景，在上述方面开展了一定的实践工作，从桩板结构的施工过程受力监测、桩板结构路基静动力性能分析以及高速动车组行车试验等方面，较为系统地进行了高速铁路桩板结构路基理论及应用研究。

2 设计方法的探讨

桩板结构主要由钢筋混凝土桩基、托梁和承载板组成，目前对于钢筋混凝土结构设计在各行业规范中主要有两种方法：一是《铁路桥涵钢筋混凝土和预应力混凝土结构设计规范》(TB 10002.3—2005)中采用的容许应力法，另一个是《混凝土结构设计规范》(GB 50010—2002)等大多数规范所采用的概率极限状态法。容许应力法不分构件种类和使用情况，对不同的荷载形式均根据容许强度取统一的安全系数，使得结构设计偏于安全，较为保守，但容许应力法表达形式简单，计算方便，便于使用者掌握，且可回避目前还有待解决的列车荷载作用下结构的极限承载能力和疲劳破坏等难题。极限状态法中的安全系数则是以概率统计为根据而制定的，并将单一安全系数分解为抗力和荷载两方面，对不同的抗力和不同的荷载原始数据进行统计分析，采用不同的分项系数，这更符合设计各变量的客观实际，从而较为全面地考虑了影响结构安全度等因素的客观变异性，使设计的工程结构更加合理，可以更好地处理结构的安全性和经济性之间的矛盾，并可使同类结构构件在不同荷载情况下具有较佳的安全度和一致性。

理论上采用极限状态法对桩板结构进行设计较容许应力法更为经济、合理。鉴于铁路列车荷载具有特殊性，对列车活载的动力特性认识局限性，列车与桩板结构路基系统动力响应问题涉及到机车车辆、轨道结构和桩板结构等各部件的基本力学参数和几何参数，计算理论和计算过程均非常复杂，此外，铁路工程结构的可靠度设计理论还不成熟，虽然目前国内已取得了一些研究成果，但这些成果发展到实用阶段还有相当大的工作量。因此，目前桩板结构设计仍宜采用容许应力法。

2.1 容许应力法

2.1.1 设计荷载分类和组合

桩板结构路基设计应根据结构的特性和检算内容，按表 2.1 所列的荷载，就其可能的最不利组合情况进行计算。各分项荷载计算可参考《高速铁路设计规范(试行)》

(TB 10621—2009)及《铁路桥涵设计基本规范》(TB 10002.1)有关条款。

2.1.2 设计方法

结构设计采用容许应力法是根据标准荷载作用下的内力并考虑构件截面按弹性阶段工作求出材料的最大应力，设计时要求最大应力不超出容许应力，用公式表达为：

$$\sigma \leqslant [\sigma] \tag{2-1}$$

式中 σ——构件在使用阶段由荷载引起的截面上的最大应力；

$[\sigma]$——材料的容许应力。

安全系数就是材料的极限强度与容许应力的比值，用公式表达为：

$$[\sigma]=\frac{\sigma_{\max}}{K} \tag{2-2}$$

式中 $\sigma_{\max}$——材料的极限强度，由试验确定。对塑性材料(如钢筋)取材料的屈服极限，对脆性材料(如混凝土)取材料的强度极限；

K——安全系数。

结构设计应考虑主力与一个方向(沿线路或横线路方向)的附加力组合。材料基本容许应力和地基容许承载力应根据荷载组合情况乘以不同的提高系数。

表 2.1 桩板结构设计荷载

荷载分类		荷载名称	非埋式	浅埋式	深埋式
主力	恒载	结构构件及附属设备(轨道结构等)自重	√	√	√
		混凝土收缩和徐变的影响	√	√	√
		基础变位的影响	√	√	√
		基床表层自重		√	√
		路基本体及基床底层自重			√
	活载	列车竖向静活载	√	√	√
		列车竖向动力作用	√	√	
		长钢轨纵向水平(伸缩和挠曲力)	√		
		离心力	√	√	
		横向摇摆力	√	√	
附加力		制动力或牵引力	√	√	
		风荷载	√	√	
		温度变化的影响	√	√	

续上表

荷载分类	荷载名称	非埋式	浅埋式	深埋式
特殊荷载	列车脱轨荷载	√		
	施工临时荷载	√	√	√
	地震力	√	√	√
	长钢轨断轨力	√		

注：1. 表中“√”表示设计时应考虑该荷载。

2. 长钢轨伸缩力、挠曲力、断轨力及其与制动力或牵引力等的组合，应符合铁路无缝线路设计的有关规定。

3. 风荷载只考虑列车受风面积引起的风力；列车受风面积应按 3 m 高的长方带计算，其作用点在轨顶以上 2 m 高度处。

4. 列车脱轨荷载以及长钢轨断轨力，只计算其中的一种荷载与主力相组合，不与其他附加力组合。

5. 地震力与其他荷载的组合应符合现行国家标准《铁路工程抗震设计规范》(GB 5011)的相关规定。

6. 非埋式和浅埋式桩板结构，铁路列车竖向静活载应根据线路性质采用“中—活载”(客货混跑)或“ZK”活载(客运专线)；深埋式桩板结构附属设备(轨道结构等)及列车竖向静荷载按换算土柱考虑。

按容许应力法对桩板结构强度进行检算时，采用的计算公式如下：

(1)混凝土的压应力

$$\sigma_c = \frac{M}{W_0} \leqslant [\sigma_b] \tag{2-3}$$

(2)钢筋的拉应力

$$\sigma_s = n \cdot \frac{M}{W_s} \leqslant [\sigma_s] \tag{2-4}$$

式中 σ_c——混凝土压应力(MPa)；

σ_s——钢筋拉应力(MPa)；

M——计算弯矩(MN·m)；

W_0, W_s——对混凝土受压边缘及对所检算的受拉钢筋重心处的换算截面抵抗矩(m^3)；

n——钢筋的弹性模量与混凝土的变形模量之比，按《铁路桥涵钢筋混凝土和预应力混凝土结构设计规范》(TB 10002.3—2005)表 5.1.3 采用，当采用多层钢筋时，应计算最外一层钢筋的应力；

$[\sigma_b]$——混凝土弯曲受压及偏心受压容许应力(MPa)；按《铁路桥涵钢筋混凝土和预应力混凝土结构设计规范》(TB 10002.3—2005)表 5.2.1 采用，计算主力加附加力时，容许应力可提高 30%；

$[\sigma_s]$——钢筋的容许应力(MPa)。根据主力作用及主加附作用分别按《铁路桥涵钢筋混凝土和预应力混凝土结构设计规范》(TB 10002.3—2005)表 5.2.2-1及表 5.2.2-2 采用。

(3)中性轴处的剪应力

$$\tau=\frac{V}{bZ}\leqslant[\sigma_{\mathrm{tp}-1}] \tag{2-5}$$

式中 τ——中性轴处的剪应力(MPa);

V——计算剪力(MN);

b——构件中性轴处的宽度(m);

Z——内力偶的力臂(m)。

2.2 极限状态法

2.2.1 作用分类

桩板结构设计采用的作用分为永久作用、可变作用和偶然作用三类,如表 2.2 所示。

表 2.2 桩板结构设计荷载

作用分类		荷载名称	非埋式	浅埋式	深埋式
永久作用		结构构件及附属设备(轨道结构等)自重	√	√	√
		混凝土收缩和徐变的影响	√	√	√
		基础变位的影响	√	√	√
		基床表层自重		√	√
		路基本体及基床底层自重			√
可变作用	主可变作用	列车竖向静活载	√	√	√
		列车竖向动力作用	√	√	
		长钢轨纵向水平力(伸缩力和挠曲力)	√		
	附加可变作用	离心力	√	√	
		横向摇摆力	√	√	
		制动力或牵引力	√	√	
		风荷载	√	√	
		温度变化的影响	√	√	
偶然作用		列车脱轨荷载	√		
		施工临时荷载	√	√	√
		地震力	√	√	√
		长钢轨断轨力	√		

注:1. 表中"√"表示设计时应考虑该作用。

2. 风荷载只考虑列车受风面积引起的风力。列车受风面积应按 3 m 高的长方带计算,其作用点在轨顶以上 2 m 高度处。

3. 非埋式和浅埋式桩板结构,铁路列车竖向静活载应根据线路性质采用"中—活载"(客货混跑)或"ZK"活载(客运专线);深埋式桩板结构附属设备(轨道结构等)及列车竖向静荷载按换算土柱考虑。

2.2.2 作用效应组合

桩板结构设计应考虑结构上可能同时出现的作用,按承载能力极限状态和正常使用极限状态进行作用效应组合,取其最不利效应组合进行设计。只有在结构上可能同时出现的作用,才进行其效应的组合。当结构或结构构件需要做不同受力方向的验算时,则应以不同方向的最不利的作用效应进行组合,多个偶然作用不同时参与组合。

1. 承载能力极限状态

对于承载能力极限状态,应按作用效应的基本组合或偶然组合进行作用效应组合,并采用式(2-6)进行设计。

$$\gamma_0 S \leqslant R \tag{2-6}$$

式中 γ_0——结构重要性系数;考虑到桩板结构路基为变形有特殊要求的重要建筑物,设计使用年限在 60 年以上,建议采用 1.1;

S——作用效应组合的设计值;

R——结构构件抗力的设计值。

对于基本组合,作用效应组合的设计值 S 应从可变作用效应控制的组合值和永久作用效应控制的组合值中取最不利值确定。一般而言,桩板结构路基的结构构件及附属设备自重等永久作用引起的作用效远小于列车荷载所引起的作用效应;因此,桩板结构路基作用效应的基本组合由可变作用效应控制,其效应组合的设计值可参照《公路桥涵设计通用规范》(JTG D60—2004)及《建筑结构荷载规范》(GB 50009—2001)取用,并结合作用分类按式(2-7)确定。

$$S=\sum_{i=1}^{m}\gamma_{Gi}S_{Gik}+\sum_{j=1}^{n_1}\gamma_{Qj}S_{Qjk}+\Psi_c\sum_{l=1}^{n_2}\gamma_{Ql}S_{Qlk} \tag{2-7}$$

式中 γ_{Gi}——第 i 个永久作用的分项系数;

S_{Gik}——按第 i 个永久作用标准值计算的作用效应值;

m——永久作用个数;

γ_{Qj}——第 j 个主可变作用的分项系数;

S_{Qjk}——按第 j 个主可变作用标准值计算的作用效应值;

n_1——主可变作用个数;

γ_{Ql}——第 j 个附加可变作用的分项系数;

S_{Qlk}——按第 l 个附加可变作用标准值计算的荷载效应值;

Ψ_c——附加可变作用的组合值系数;

n_2——附加可变作用个数。

考虑到目前国内设计规范的现状,桩板结构路基永久作用和可变作用的分项系数、附加可变作用的组合值系数可参照《公路桥涵设计通用规范》(JTGD 60—2004)及《建筑结构荷载规范》(GB 50009—2001)取用。建议永久作用分项系数取1.2，主可变作用和附加可变作用分项系数取1.4，附加可变作用的组合值系数在附加可变作用个数为1、2、3时分别取0.8、0.7和0.6。由于偶然作用出现的概率极小，设计时作用效应的偶然组合一般只考虑一种偶然作用，分项系数取1.0。

地震作用与其他作用的组合按现行国家标准《铁路工程抗震设计规范》(GB 5011)的相关规定办理。

2. 正常使用极限状态

对于正常使用极限状态，应分别按作用效应的标准组合、准永久组合或标准组合，并考虑长期作用影响进行作用效应组合，采用式(2-8)进行设计。

$$S \leqslant C \tag{2-8}$$

式中 C——结构满足正常使用要求的规定限值。

考虑桩板结构路基的作用特点，对于标准组合和准永久组合的作用效应可分别按式(2-9)和式(2-10)计算。

$$S=\sum_{i=1}^{m} S_{Gik}+\sum_{j=1}^{n_1} S_{Qjk}+\Psi_c \sum_{l=1}^{n_2} S_{Qlk} \tag{2-9}$$

$$S=\sum_{i=1}^{m} S_{Gik}+\sum_{j=1}^{n_1} \Psi_{qj} S_{Qjk}+\sum_{l=1}^{n_2} \Psi_{ql} S_{Qlk} \tag{2-10}$$

式中 Ψ_{qj}，Ψ_{ql}——主可变作用和附加可变作用的准永久值系数，如何取用应结合桩板结构路基的特点进行研究，本书建议暂取 $\Psi_{qj}=0.6$，$\Psi_{ql}=0.3$。

2.2.3 抗力设计值及正常使用要求的限值

1. 承载板

承载板抗力设计值主要包括抗弯承载力和斜截面承载力。保证其正常使用应满足承载板裂缝宽度、挠度和板端竖向转角等限值要求。参照国内外现有规范，限值取值如下：

承载板多为小跨度的多跨连续板，竖向挠度限值可采用计算跨长的1/1 455，在列车横向摇摆力、离心力、风荷载和温度的作用下，承载板水平挠度限值取计算跨长的1/4 000。

板端竖向转角限值在过渡段处为1.5‰(rad)，相邻两块板之间支座两侧转角和为3.0‰(rad)。

2. 桩基

桩基抗力主要包括桩基竖向承载力、桩基水平承载力和桩身承载力。桩基竖向承载力和水平承载力设计值通过静载试验、原位测试和经验参数等方法确定。

正常使用条件下，要求桩基沉降、水平位移和桩身裂缝控制在规定限值内。桩基工后均匀沉降量不应大于 20 mm，沉降量之差不大于 5 mm。对于桩顶水平位移限值，目前相关规范尚未作出明确规定，但考虑到位移计算涉及地基土水平抗力系数的比例系数，而该系数多为对应桩顶水平位移 6～10 mm 的值，建议桩顶水平位移限值采用 6～10 mm。桩身裂缝宽度最大限值为 0.2 mm。

2.3 计算说明

2.3.1 基本资料

假设对某桩板结构的承载板进行结构设计。基本条件假设如下：

(1)设计荷载：ZK 标准活载，计算图如图 2.3 所示。

(2)线路：平坡、直线、单线。

(3)承载板：为单线简支板，计算跨度 L=6.54 m，板截面尺寸：宽×高=5.0 m×0.8 m。

(4)极限状态法材料参数：混凝土 C40，$f_c=19.1\ \mathrm{N/mm^2}$；HRB335 钢筋 $f_y=300\ \mathrm{N/mm^2}$。

(5)容许应力法材料参数：混凝土 C40，$[\sigma_b]=13.5\ \mathrm{N/mm^2}$；HRB335 钢筋 $\sigma_s=180\ \mathrm{N/mm^2}$。

(6)设计要求：最大裂缝宽度不应大于 0.2 mm，挠度不应大于 $L/1455$。

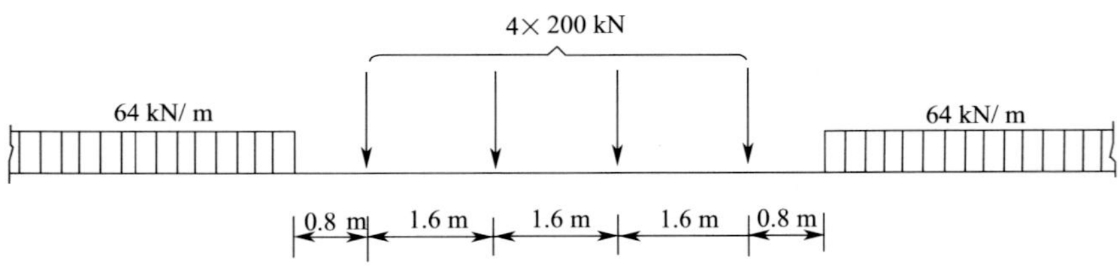

图 2.3 ZK 标准活载

2.3.2 计算结果

按两种设计方法设计桩板结构承载板的计算结果如表 2.3 所示。

从表 2.3 可看出，虽然容许应力法的设计荷载效应比概率极限状态法的设计作用效应小约 32%，但容许应力法按承载力控制设计的配筋量却比概率极限状态法的配筋量多出约 41%，且按容许应力法由变形、裂缝宽度控制设计的钢筋量也比概率极限状态法的钢筋计算量多出约 26%。

表 2.3 承载板结构设计计算结果

项　目		容许应力法(1)	极限状态法(2)	[(1)−(2)]/(1)
荷载(作用)效应 M(kN·m)		1 713.02	2 257.6	−31.8%
承载力控制	配筋率 ρ(%)	0.394	0.280	41.0%
	配筋面积 A_s(mm^2)	14 614	10 399	
变形、裂缝宽度控制	最大裂缝宽度(mm)	0.2	0.2	—
	最大挠度(mm)	4.49	4.49	—
	配筋率 ρ(%)	0.464	0.368	26%
	配筋面积 A_s(mm^2)	17 185	13 619	
截面钢筋布置	正截面	2ϕ18 @148 mm	2ϕ18 @194 mm	26%
	斜截面	按构造配筋	按构造配筋	

由表 2.3 可知，桩板结构按容许应力法设计使用钢筋量比按概率极限状态法设计多出约 20%，就理论而言，概率极限状态法优于容许应力法，但是由于铁路列车荷载的特殊性，目前对其动力特性认知不足，可靠度设计理论等方面取得的研究成果和计算手段由科技向生产力转化以及新的科研成果的取得还需要一个过程。因此，这部分多出的钢筋用量考虑为还未被足够认知的列车动力荷载效应的安全储备是合理的。

3　静力性能分析

本章在分析了沪杭高铁桩板结构静力性能的基础上，较系统地研究分析了桩板结构路基的静力性能。

3.1　沪杭高铁桩板结构静力性能分析

3.1.1　静力监测

以上海铁路局管内的沪杭高速铁路桩板结构路基为例，采用了非埋式桩板结构型式，承载板采用 C40 钢筋混凝土结构，承载板宽 2×4.4 m，跨度 3×10 m，板厚 1 m。两中支点通过桩主筋穿过托梁铺入承载板而使托梁与承载板刚接，两边支点托梁与承载板搭接，托梁与承载板间设置聚酯长丝复合聚乙烯土工膜滑动层。为了解桩板结构路基在施工过程的静力性能，对其进行了施工过程的静力性能监测。

1. 测点布置

(1)承载板内应变(应力)测试点

根据理论计算，在恒载或活载作用下，每联桩板结构承载板在边跨 2/5 跨附近截面出现最大正弯矩，中支点出现最大负弯矩，中跨跨中截面出现最大正弯矩。为此，在每联桩板结构边跨 2/5 跨、托梁支点(中支点)及中跨跨中上行线侧板截面上、下缘布置共计 6 个应变测点(如图 3.1-1 所示)。

(2)托梁内应变(应力)测试点

在每联桩板结构边支点托梁及中支点托梁中分别布置应变测点，每榀托梁分别在桩顶(最大负弯矩截面)及相邻两桩间中截面(最大正弯矩截面)上、下缘布置测点，共 8 个应变测点。

(3)承载板与路基接触压力测点

在桩板结构边跨及中跨跨中上行线侧板中心线位置处的承载板下地基中埋设土压力盒，每个断面分别在上行线中心及最外侧钢轨位置处布置测点，共计 4 个压力测点，主要测试板下地基分担荷载大小及其随时间的变化规律。

图 3.1-1 为测点布置立面示意图，图 3.1-2～图 3.1-5 表示测点布置横断面图。图中尺寸单位均为 m，“ ▨ ”表示静土压力盒，“ ▬ ”为振弦式应变计。

2. 静力性能监测结果

表 3.1-1～表 3.1-3 分别为施工过程典型阶段托梁及承载板应变监测结果，表 3.1-4 表示承载板与板下地基土间的相互作用力。

由于托梁和承载板直接在地基土上浇筑，且托梁及承载板下部地基土均采用搅拌桩进行加固，搅拌桩施工 28 d 后，对地基进行夯实，整平后填筑 0.2 m 碎石，并在托梁及承载板浇筑前先在其底部浇筑 0.1 m 厚 C20 素混凝土底模，因此，托梁及承载板在整个施工过程中，其边界条件接近于其底部满支承，结构自重基本上均由梁（托梁）板（承载板）下地基土承受，梁（托梁）板（承载板）结构因自重载荷引起的受力和变形相对较小。

从表 3.1-1～表 3.1-3 可看出，托梁和承载板从开始浇筑至运梁车通过后各工况实测的混凝土内部各典型点（上、下边缘点）应变均为压应变，该应变主要由混凝土收缩徐变特性所导致。

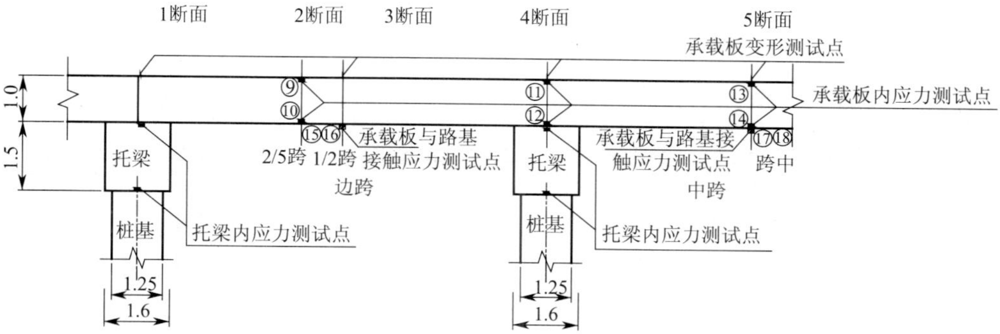

图 3.1-1 桩板结构路基施工过程静力测点布置立面图(m)

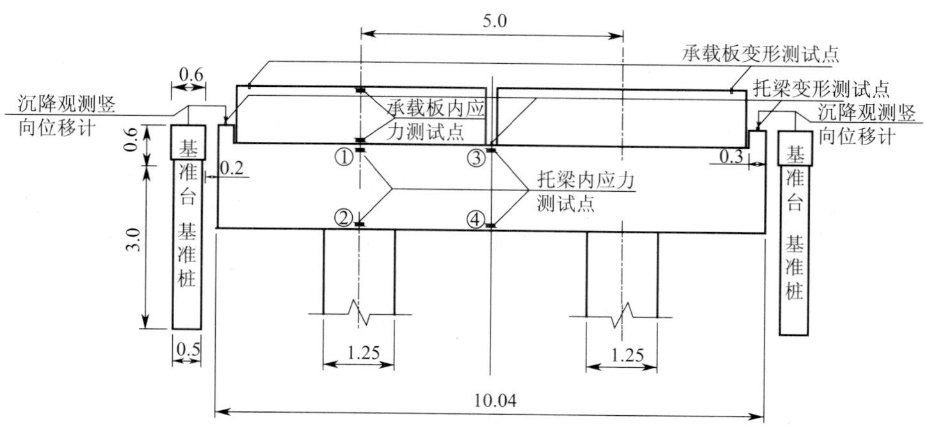

图 3.1-2 桩板结构路基施工过程静力测点布置边支点处横断面图(m)

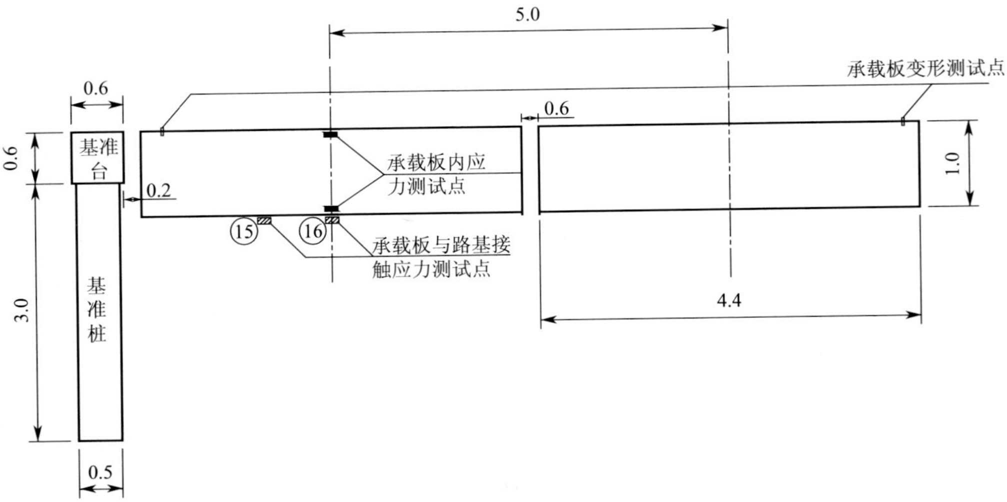

图 3.1-3　桩板结构路基施工过程静力测点布置边跨跨中横断面图(m)

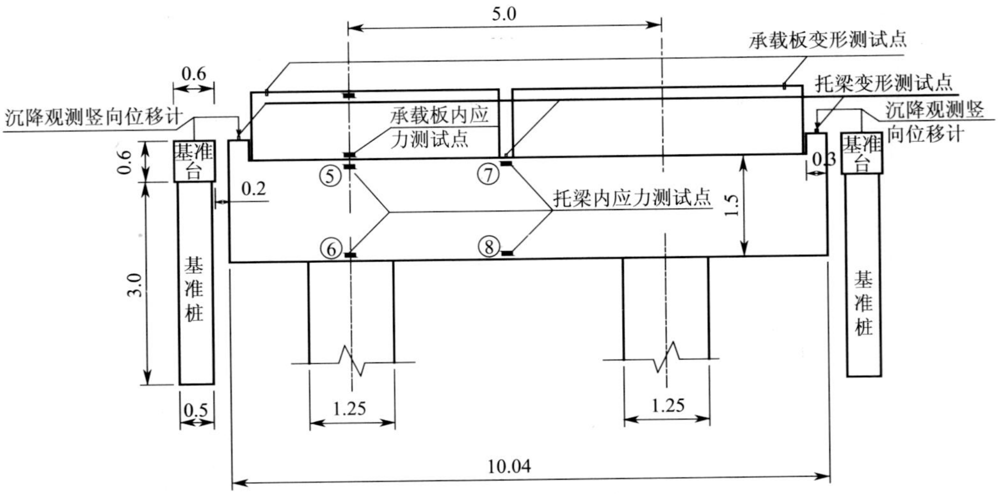

图 3.1-4　桩板结构路基施工过程静力测点布置中支点处横断面图(m)

综合表 3.1-1～表 3.1-3 还可知，运梁车通过后，边支点、中支点托梁及承载板累计最大压应变分别为 266 $\mu\varepsilon$、183 $\mu\varepsilon$ 及 294 $\mu\varepsilon$，对应的混凝土压应力分别为 9.04 MPa、6.22 MPa 及 10.00 MPa，均远小于混凝土的轴心抗压极限强度 29.5 MPa，也小于混凝土的容许压应力 14.7 MPa。

由表 3.1-4 可知，随着垫层及承载板混凝土的浇筑，垫层及承载板的自重荷载使得作用在板下地基土上的压力增加；但在承载板混凝土浇筑后，当作用在板下地基土上的荷载不再发生变化时，随着时间的推移，承载板与地基土间的静作用力不断减小，该现象表明，随着板下地基土的固结，板下地基土出现不断沉降的现象，承载板与板下地基土呈现逐步脱开的趋势。图 3.1-6 为承载板内部应变计照片，图 3.1-7 为承载板与地基间土压力盒照片。

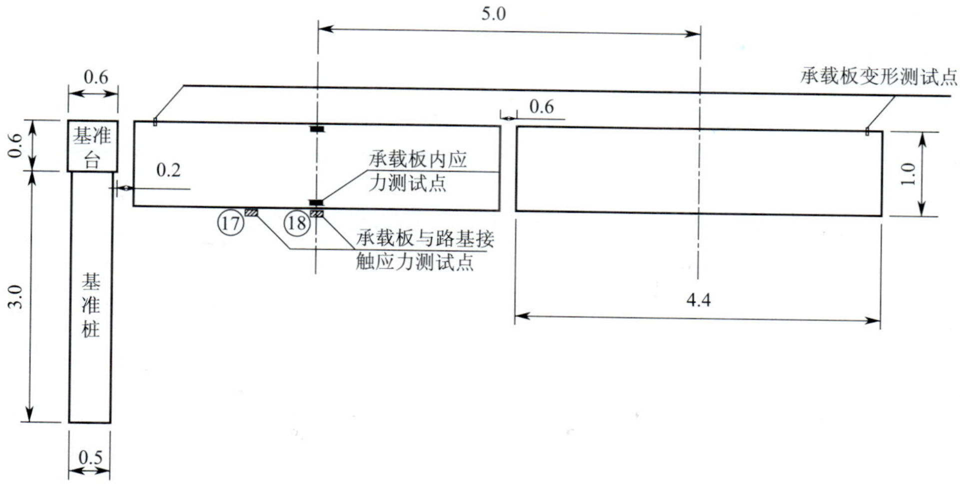

图 3.1-5 桩板结构路基施工过程静力测点布置中跨跨中横断面图(m)

图 3.1-6 承载板内部应变计图

图 3.1-7 承载板与地基间土压力盒

表 3.1-1 边支点(7 号)托梁内部应变监测结果($\mu\varepsilon$)

测点号 / 测试工况	1		2		3		4	
	应变值	累计值	应变值	累计值	应变值	累计值	应变值	累计值
初始值	0	0	0	0	0	0	0	0
托梁混凝土浇筑后	26	26	−44	−44	3	3	28	28

续上表

测点号 / 测试工况	1		2		3		4	
	应变值	累计值	应变值	累计值	应变值	累计值	应变值	累计值
托梁混凝土浇筑后	−124	−98	−128	−172	−153	−150	−142	−114
承载板钢筋绑扎后	−54	−152	−35	−207	−54	−204	−41	−155
承载板混凝土浇筑后	−21	−173	−33	−240	−29	−233	−32	−187
承载板混凝土浇筑后	−1	−174	−16	−256	−16	−249	−6	−193
运梁车通过后	−12	−186	−10	−266	−15	−264	−11	−204

表 3.1-2　中支点(8 号)托梁内部应变监测结果(με)

测点号 / 测试工况	5		6		7		8	
	应变值	累计值	应变值	累计值	应变值	累计值	应变值	累计值
初始值	0	0	0	0	0	0	0	0
托梁混凝土浇筑后	−52	−52	−60	−60	−53	−53	−105	−105
承载板钢筋绑扎后	−49	−101	−15	−75	−49	−102	−22	−127
承载板混凝土浇筑后	−60	−161	−33	−108	−58	−160	−21	−148
承载板混凝土浇筑后	−5	−166	−18	−126	−16	−176	−4	−152
承载板混凝土浇筑后	−12	−178	−1	−127	−6	−182	−3	−155
运梁车通过后	−5	−183	−9	−136	27	−155	−16	−171

表 3.1-3　承载板内部应变监测结果(με)

测点号 / 测试工况	9	10	11	12	14
	累计应变值	累计应变值	累计应变值	累计应变值	累计应变值
初始值	0	0	0	0	0
承载板混凝土浇筑后	−176	−81	−57	−180	−172
承载板混凝土浇筑后	−232	−112	−108	−215	−211
承载板混凝土浇筑后	−262	−139	−121	−253	−228
运梁车通过后	−294	−162	−152	−283	−263

表 3.1-4　承载板与地基土间静作用力监测结果(kPa)

测点号 / 测试工况	15		16		17		18	
	压力值	累计值	压力值	累计值	压力值	累计值	压力值	累计值
初始值	0.00	0.00	0.00	0.00	0.00	0.00	0.00	0.00

续上表

测试工况 \ 测点号	15		16		17		18	
	压力值	累计值	压力值	累计值	压力值	累计值	压力值	累计值
垫层混凝土浇筑后	3.30	3.30	3.28	3.28	5.96	5.96	5.47	5.47
承载板钢筋绑扎后	1.57	4.87	2.15	5.43	5.31	11.26	0.68	6.15
承载板混凝土浇筑后	17.83	22.69	23.86	29.29	5.09	16.35	13.44	19.59
承载板混凝土浇筑后	−5.77	16.93	−9.05	20.24	−0.65	15.70	−3.08	16.52
承载板混凝土浇筑后	−4.42	12.51	−0.68	19.57	−3.25	12.45	−1.71	14.81
运梁车通过后	−8.54	3.97	−9.05	10.52	−7.58	4.87	−3.99	10.82

初步结论：

①施工过程中托梁及承载板的实测应力均小于规范容许值，桩板结构施工过程受力安全。

②在桩板结构施工过程中，托梁及承载板下地基土基本上对其形成满支承约束，板(承载板)梁(托梁)应变主要由混凝土的收缩徐变特性产生，结构自重引起的结构受力较小；但随着时间的推移，梁板下地基土将发生固结沉降，地基土与梁板呈现逐步脱开的趋势，因此，就板(承载板)梁(托梁)结构静、动力性能分析而言，从偏于安全角度出发，建议不考虑梁板下地基土对梁板结构的支承作用。

3.1.2 纵、横向线刚度

以沪杭高铁桩板结构路基为例，采用了两种桩基设计方案，一是每榀托梁下布置两根 ϕ1 250 mm 钻孔灌注桩，桩长 45.0 m，单桩承载力设计值 3 900 kN(简称工点 1)，另一方案为每榀托梁下布置四根 ϕ800 mm 钻孔灌注桩，桩长 43.0 m，桩体混凝土强度为 C35，单桩承载力设计值 2 050 kN(简称工点 2)。

1. 刚度计算

采用 pile 软件计算的两根桩(工点 1)、四根桩(工点 2)工况的单根桩桩顶刚度如表 3.1-5 所示，表 3.1-6 表示托梁顶等效刚度计算结果。

表 3.1-5 单桩桩顶线刚度计算值(kN/cm)

工点	桩基描述	纵向刚度	横向刚度	竖向刚度	备注
1	2ϕ1 250 mm	1 549.0	1 442.0	16 270.0	
2	4ϕ800 mm	930.2	683.4	6 248.0	

表 3.1-6 托梁顶刚度计算值(kN/cm)

工点	桩基描述	纵向刚度	横向刚度	竖向刚度	备注
1	2ϕ1 250 mm	3 110.0	2 990.0	32 260.0	
2	4ϕ800 mm	3 700.0	2 750.0	25 000.0	

从表 3.1-6 可看出,4 根小直径桩基(4ϕ800 mm)较 2 根大直径桩基(2ϕ1 250 mm)纵向刚度大 15.9%,而横向和竖向刚度分别小 8.7%和 22.5%。

2. 典型桥梁墩顶刚度计算

表 3.1-7 为沪杭高铁松江特大桥洞泾港段典型连续梁桥的墩顶刚度计算值。沪杭高速铁路松江特大桥洞泾港段典型简支梁桥的墩顶刚度计算值如表 3.1-8 所示。

表 3.1-7 沪杭高铁松江特大桥洞泾港段连续梁桥墩顶线刚度(kN/cm)

墩号	2	3	4	5	24	25	26	27
顺桥向	622.2	1 022.3	959.2	533.9	694.1	846.9	846.9	730.8
横桥向	961.0	1 333.3	1 205.4	844.2	1 006.0	1 396.1	1 396.1	1 043.4
墩号	36	37	38	39	49	50	51	52
顺桥向	998.1	2 689.9	3 217.2	1 034.7	1 131.9	2 236.6	2 198.4	1 228.3
横桥向	1 280.8	3 165.6	3 720.6	1 257.0	1 365.9	3 067.3	3 026.6	1 435.3
墩号	117	118	119	120	121	最大值		最小值
顺桥向	969.6	1 727.7	1 710.0	1 829.7	1 084.1	3 217.2		533.9
横桥向	1 091.9	1 732.4	1 714.6	1 834.9	1 162.1	3 720.6		844.2

表 3.1-8 沪杭高铁松江特大桥洞泾港段简支梁桥墩顶线刚度(kN/cm)

墩号	6	7	8	9	10	11	12	13
顺桥向	502.3	500.9	472.0	473.3	477.3	454.9	452.4	589.6
横桥向	853.2	851.1	814.3	816.4	822.6	795.0	790.9	972.5
墩号	14	15	16	17	18	19	20	21
顺桥向	590.9	568.2	575.8	598.9	596.2	572.0	572.0	572.0
横桥向	974.8	951.5	965.0	988.5	983.9	958.3	958.3	958.3
墩号	22	23	28	29	30	31	32	33
顺桥向	545.4	544.2	589.6	433.9	459.5	430.6	452.6	457.2
横桥向	926.6	924.4	972.5	779.4	814.6	773.9	804.7	810.7
墩号	34	35	40	41	42	43	44	45
顺桥向	565.5	520.0	438.9	448.5	472.6	475.3	457.6	498.2

续上表

墩号	82	83	84	85	86	87	88	89
横桥向	971.2	893.5	677.5	698.3	723.7	727.2	710.3	749.7
墩号	46	47	48	53	54	55	56	57
顺桥向	504.7	515.1	473.9	495.6	525.2	525.2	554.8	556.2
横桥向	751.5	764.1	725.4	789.5	813.5	813.5	836.1	837.8
墩号	58	59	60	61	62	63	64	65
顺桥向	458.8	489.2	465.3	493.3	524.5	524.5	556.1	524.5
横桥向	771.0	799.5	779.4	804.6	831.9	831.9	858.1	831.9
墩号	66	67	68	69	70	71	72	73
顺桥向	493.3	492.0	492.0	493.3	496.1	498.9	500.3	497.5
横桥向	804.6	802.9	802.9	804.6	807.9	811.3	813.0	809.6
墩号	74	75	76	77	78	79	80	81
顺桥向	442.7	444.0	442.7	442.7	466.6	502.9	524.0	694.4
横桥向	759.9	761.6	759.9	759.9	781.1	823.6	878.9	1 124.6
顺桥向	529.1	563.9	575.5	543.0	524.3	474.6	477.9	471.3
横桥向	843.2	874.5	945.7	855.9	841.7	791.3	813.8	791.8
墩号	90	91	92	93	94	95	96	97
顺桥向	466.6	465.4	463.0	406.0	460.1	488.4	480.0	484.5
横桥向	781.2	779.7	777.0	719.2	772.7	802.9	788.4	796.5
墩号	98	99	100	101	102	103	104	105
顺桥向	541.0	528.0	523.1	576.1	450.9	554.6	504.8	512.1
横桥向	874.8	840.5	830.2	887.3	898.0	856.4	958.3	977.3
墩号	106	107	108	109	110	111	112	113
顺桥向	472.0	469.2	471.2	510.0	504.6	510.7	561.6	563.2
横桥向	916.7	913.5	919.6	971.0	954.9	953.6	999.5	990.7
墩号	114	115	116	122	123	124	125	126
顺桥向	520.0	569.1	561.2	815.0	823.6	603.5	638.5	796.5
横桥向	951.2	1 001.1	993.5	1 226.9	1241.8	1 027.6	1 052.8	1220.3
墩号	127	128	129	130	131	最大值		最小值
顺桥向	817.1	793.9	779.6	758.4	770.2	823.6		406.0
横桥向	1 233.8	1 187.3	1 156.7	1131.8	1 138.8	1 241.8		677.5

3. 刚度评述

桩板结构基础(托梁顶)线刚度与典型桥梁墩顶线刚度比较如表 3.1-9 所示。

表 3.1-9 桩板结构路基基础(托梁顶)线刚度与典型桥梁墩顶线刚度比较(kN/cm)

序号	(1)	(2)	(3)	(1)/(2)	(1)/(3)
结构形式	桩板结构	连续梁	简支梁		
最大纵向刚度	3 700.0	3 217.2	823.6	1.150	4.492
最小纵向刚度	3 110.0	533.9	406.0	5.825	7.660
最大横向刚度	2 990.0	3 720.6	1 241.8	0.804	2.408
最小横向刚度	2 750.0	533.9	677.5	5.151	4.059

由表 3.1-9 可知,尽管桩板结构路基单个托梁下桩基根数及桩长均少于或短于传统桥梁,但由于传统桥梁桥墩刚度对桥梁下部结构整体刚度的折减,因此,桩板结构路基下部结构纵、横向线刚度特别是其纵向刚度总体上大于传统桥梁。桩其中,板结构路基与传统的简支梁桥相比,前者下部结构纵、横向线刚度明显大于后者,托梁顶纵、横向线刚度与墩顶刚度值之比均在 2 倍以上。

中华人民共和国行业标准《高速铁路设计规范(试行)》(TB 10621—2009)规定:位于有砟轨道无缝线路固定区的跨度不大于 12 m 的混凝土简支梁,墩顶部纵向水平线刚度应大于100 kN/cm(双线)及 60 kN/cm(单线),由表 3.1-9 可看出,桩板结构路基托梁顶纵向线刚度明显大于该限值。

初步结论:

桩板结构路基托梁顶纵、横向线刚度尤其是其纵向线刚度明显大于简支梁桥的墩顶线刚度,总体上也大于连续梁桥的墩顶线刚度;桩板结构路基托梁顶纵向线刚度大于《高速铁路设计规范(试行)》对铺设焊接长钢轨的混凝土简支梁(跨度不大于 12 m)的墩顶纵向水平线刚度的限值规定。

3.1.3 沉降分析

表 3.1-10 为依据《铁路桥涵地基与基础设计规范》(TB 10002.5—2005)计算的两个工况(工点 1、工点 2)桩板结构的基础沉降值。

表 3.1-10 桩板结构基础沉降计算值(mm)

工况	桩基描述	恒载沉降	活载沉降	主力沉降	备注
工点 1	2ϕ1 250	13.9	6.1	20.0	
工点 2	4ϕ800	17.1	7.3	24.4	

表 3.1-11、表 3.1-12 分别为沪杭高速铁路松江特大桥洞泾港段典型简支梁桥及连续梁桥在主力(恒载+活载)作用下的基础沉降计算值。

表 3.1-11 沪杭高铁松江特大桥洞泾港段简支梁桥主力作用下基础沉降值(mm)

墩号	6	7	8	9	10	11	12	13
沉降值	11.8	11.9	12.6	12.3	11.5	11.4	11.2	11.9
墩号	14	15	16	17	18	19	20	21
沉降值	12.2	12.1	11.5	10.9	11.4	11.5	11.7	11.8
墩号	22	23	28	29	30	31	32	33
沉降值	11.8	11.8	11.9	11.2	11.0	11.6	11.4	11.1
墩号	34	35	40	41	42	43	44	45
沉降值	10.2	10.6	11.3	11.7	10.8	10.9	10.9	10.0
墩号	46	47	48	53	54	55	56	57
沉降值	10.8	10.7	12.1	10.8	10.5	10.8	10.8	10.9
墩号	58	59	60	61	62	63	64	65
沉降值	10.5	9.8	10.4	10.3	10.3	10.2	10.1	10.3
墩号	66	67	68	69	70	71	72	73
沉降值	10.5	10.6	10.7	10.7	10.6	10.7	10.8	10.6
墩号	74	75	76	77	78	79	80	81
沉降值	10.7	10.8	10.9	10.9	10.0	10.2	10.3	10.1
墩号	82	83	84	85	86	87	88	89
沉降值	10.0	9.8	9.5	9.1	9.7	10.0	10.2	10.0
沉降值	9.9	10.0	10.4	10.4	10.4	10.8	11.2	10.9
墩号	98	99	100	101	102	103	104	105
沉降值	10.4	10.3	10.1	10.1	10.8	10.0	10.4	10.6
墩号	106	107	108	109	110	111	112	113
沉降值	11.1	10.8	10.7	10.6	10.4	9.7	9.2	9.6
墩号	114	115	116	122	123	124	125	126
沉降值	10.3	10.5	10.6	10.1	10.0	10.0	9.8	10.2
墩号	127	128	129	130	131	最大值	最小值	
沉降值	10.0	10.0	10.0	9.8	9.7	12.6	9.1	

表 3.1-12 沪杭高铁松江特大桥洞泾港段连续梁桥主力作用下基础沉降值(mm)

墩号	2	3	4	5	24	25	26	27
沉降值	12.2	15.2	15.1	12.7	12.7	16.7	16.8	12.7
墩号	36	37	38	39	49	50	51	52
沉降值	14.0	20.5	19.4	12.8	10.9	16.7	17.7	11.1
墩号	117	118	119	120	121	最大值	最小值	
沉降值	10.3	16.7	15.8	14.9	9.7	20.5	9.7	

分析表 3.1-10 可知,工点 2(4ϕ800 mm 桩基)较工点 1(2ϕ1 250 mm 桩基)基础沉降值大,其主要原因是工点 2 的地质条件相对较差;此外,该计算结果也表明,就控制结构基础沉降而言,采用长桩长、大直径少根数的桩基优于使用短桩长小直径多根数的桩基。比较表 3.1-10 与表 3.1-11、表 3.1-12 可看出,桩板结构的基础沉降值大于传统简支梁桥的基础沉降,也略大于传统连续梁桥的基础沉降值。

初步结论:

桩板结构的基础沉降值大于传统简支梁桥的基础沉降,也略大于传统连续梁桥的基础沉降值;就控制结构基础沉降而言,宜采用长桩长大直径少根数的桩基。

3.1.4 强度和刚度

沪杭高速铁路桩板结构路基采用桩-托梁-承载板结构,其主筋和箍筋均采用 HRB335 钢筋,承载板配筋为:边跨跨中底板 3×29ϕ28,顶板 29ϕ28;中支点底板 2×29ϕ28,顶板 3×29ϕ28;中跨跨中底板 3×29ϕ28,顶板 2×29ϕ28;箍筋 13 肢 ϕ8+2 肢 ϕ12。托梁配筋为:支点底 12ϕ28,顶 3×12ϕ28;跨中底 2×12ϕ28,顶 2×12ϕ28;箍筋 6 肢 ϕ12。

1. 强度和裂缝宽度验算

(1)计算模型

采用 Midas/Civil 有限元软件以梁、板单元建立三跨一联桩板结构内力计算模型(图 3.1-8),计算模型中不考虑地基土对托梁及承载板的支承作用。采用"m"法计算桩基础的等效刚度矩阵,并通过 Midas 中的一般弹性支承(模拟基础弹性)在桩梁固结处施加托梁边界条件;托梁采用空间梁单元模拟,承载板采用六自由度板单元模拟;中支点处承载板和托梁之间在桩径 1.25 m范围内通过刚臂连接,中支点其余位置及边支点处承载板和托梁间采用单向受压的竖向支承连接。计算模型共有 1 182 个节点,1 040 个单元,其中梁单元 80 个,板单元 960 个。

(2)计算荷载

①一期恒载(结构自重)。

②二期恒载(包括无砟轨道及线路设备自重等附属设施重量),本结构取为

107.3 584 kN/m(双线)。

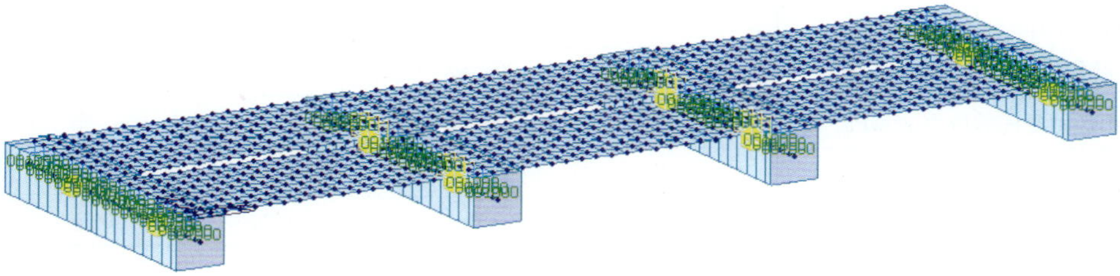

图 3.1-8　桩板结构计算模型

③混凝土收缩和徐变的影响:混凝土收缩应变和徐变系数按《铁路桥涵设计基本规范》(TB 10002.1—2005)采用,环境条件按野外一般条件计算,相对湿度取 80%。

④基础变位的影响:相邻两支点不均匀沉降按 5.0 mm 计。

⑤活载:ZK 活载(标准或特种活载模式),双线按 100%计;活载动力系数 $1+\mu=1+[1.44/(L_{\varphi}^{0.5}-0.2)-0.18]=1.243$(参照《高速铁路设计规范(试行)》)。

⑥制动力或牵引力:按列车竖向静活载的 10%计算,双线采用一线制动力或牵引力。

⑦温度变化的影响:结构整体升降温±20 ℃(桩板结构所在地区一月份、七月份平均气温与全年平均气温之差),承载板顶面与底面温差,正温差时取为 20 ℃,负温差时取为−10 ℃。

⑧横向摇摆力:取 100 kN,作为一个集中荷载取最不利位置,以水平方向垂直于线路中线作用于钢轨顶面;多线只计算一线上的横向摇摆力。

(3)荷载组合

分别考虑主力、主力+附加力两种组合进行强度及裂缝验算。

(4)强度和裂缝验算

表 3.1-13、表 3.1-14 分别为承载板及托梁在主力(自重、二期恒载、混凝土收缩徐变、基础变位、动活载)和主力+附加力(主力、温度力)作用下应力以及其强度和裂缝验算结果。

由表 3.1-13、表 3.4-14 可见,沪杭高速铁路桩板结构路基承载板和托梁混凝土压应力、钢筋拉应力、中性轴处剪应力以及混凝土裂缝宽度均满足规范要求。

表 3.1-13　承载板应力及其强度和裂缝验算

验算内容	中支点截面	跨中截面	容许值	是否满足
混凝土压应力 σ_c(MPa)	6.23	4.61	13.5	是

续上表

验算内容		中支点截面	跨中截面	容许值	是否满足
钢筋拉应力 σ_s (MPa)	主力	128.33	82.67	180	是
	主+附	128.33	94.83	230	是
中性轴处的剪应力 τ(MPa)		0.61	0.25	2.43	是
裂缝宽度(mm)	主力	0.115	0.073	0.20	是
	主+附	0.115	0.081	0.24	是

表 3.1-14　托梁应力及其强度和裂缝验算

验算内容		中支点截面	跨中截面	容许值	是否满足
混凝土压应力 σ_c(MPa)		1.36	0.52	13.5	是
钢筋拉应力 σ_s (MPa)	主力	19.92	4.86	180	是
	主+附	24.85	12.64	230	是
中性轴处的剪应力 τ(MPa)		0.15	0.14	2.43	是
裂缝宽度(mm)	主力	0.015	0.004	0.20	是
	主+附	0.019	0.011	0.24	是

初步结论：

沪杭高速铁路桩板结构路基承载板的竖、横向刚度满足《高速铁路设计规范(试行)》对梁体竖、横向变形限值的规定。

2. 承载板刚度分析

(1)竖向位移分析

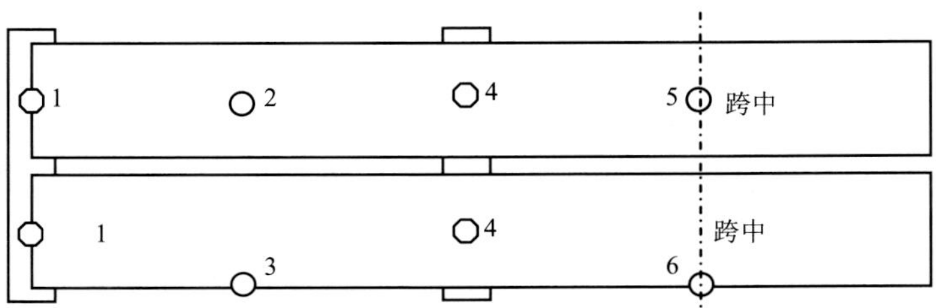

图 3.1-9　承载板竖向位移控制点示意图

承载板为钢筋混凝土结构，截面刚度按 $0.8E_cI$ 计算，$E_c=3.4\times10^4$ MPa，I 包括全部混凝土截面，不计钢筋。图 3.1-9 为承载板竖向位移主要控制点示意图(半联结构)。表 3.1-15 表示三跨一联桩板结构(各工况除承载板跨度不同外,其他参数均相同)在静活载作用下承载板控制点竖向位移计算值,图 3.1-10 为典型桩板结构在静活载作用下的竖向位移分布图。表 3.1-16 为不同跨度承载板在静活载作用下竖向位移值分析。图 3.1-11、图 3.1-12 分别表示不同跨度承载板竖向挠度占竖向总位移值的比例。

由表 3.1-15 和图 3.1-10 可知,承载板的竖向位移由承载板自身的竖向变形(挠度)和桩基竖向变形引起的承载板竖向刚体位移两部分组成。

表 3.1-15 静活载作用下承载板各关键点竖向位移值(不计入温度影响)(mm)

承载板跨度(m)	1 点(边墩顶)	2 点(边跨跨中)	3 点(边跨跨中板边缘)	4 点(中墩顶)	5 点(中跨跨中)	6 点(中跨跨中板边缘)
5	0.255	0.385	0.498	0.368	0.408	0.514
8	0.332	0.839	0.970	0.563	0.746	0.884
10	0.379	1.456	1.569	0.677	1.175	1.276
12	0.422	2.465	2.581	0.782	1.879	1.975
15	0.482	5.034	5.172	0.932	3.621	3.726

图 3.1-10 3×10 m 连续桩板结构静活载作用下的竖向位移分布

表 3.1-16 不同跨度承载板静活载作用下位移值(不计入温度影响)(mm)

(1)	(2)	(3)	(4)	(5)	(6)	(7)	(6)/(4)	(7)/(5)
承载板跨度(m)	边桩桩顶竖向变形	中桩桩顶竖向变形	边跨跨中竖向总位移	中跨跨中竖向总位移	边跨跨中承载板竖向挠度	中跨跨中承载板竖向挠度	(边跨)跨中挠度/总位移	(中跨)跨中挠度/总位移
5	0.255	0.368	0.385	0.408	0.0735	0.04	19.09%	9.80%
8	0.332	0.563	0.839	0.746	0.3915	0.183	46.66%	24.53%
10	0.379	0.677	1.456	1.175	0.928	0.498	63.74%	42.38%
12	0.422	0.782	2.465	1.879	1.863	1.097	75.58%	58.38%
15	0.482	0.932	5.034	3.621	4.327	2.689	85.96%	74.26%

注:(6)、(7)列中承载板竖向挠度为承载板竖向总位移减去该跨两侧托梁处竖向位移平均值。

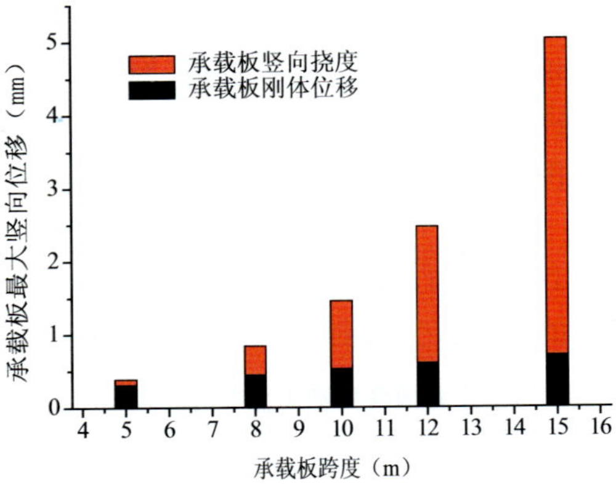

图 3.1-11　不同跨度承载板静活载作用竖向位移值

综合表 3.1-16 及图 3.1-11、图 3.1-12 可知，对于不同跨度的桩板结构，桩基竖向位移和承载板竖向挠度占承载板竖向总位移的比值也不同。桩板结构跨度越大，作用在托梁上的支反力也越大，桩基竖向位移值也越大，另一方面，随着承载板跨度的增大(假定板厚不变)，承载板的竖向刚度降低，承载板竖向挠度占承载板竖向总位移的比例不断提高。由此表明，当承载板跨度较小(刚度较大)时，承载板的竖向挠度也较小，其竖向位移主要由支点处基础变形所贡献，但当承载板跨度较大(刚度较小)时，承载板的竖向挠度占其竖向总位移的比例也较大。

综上可知，由于桩板结构的跨度一般小于或明显小于传统桥梁上部结构的跨径，其承载板竖向刚度也大于或明显大于传统桥跨结构，因此，承载板自身的竖向变形(挠度)与板体总的竖向位移(板体挠度＋支点沉降位移)的比值也小于或明显小于传统桥梁，应从高速列车运营安全性及乘客舒适性等动力学角度，对桩板结构振动特性进行探讨，分析制定桩板结构承载板板体的竖向刚度合理限值。

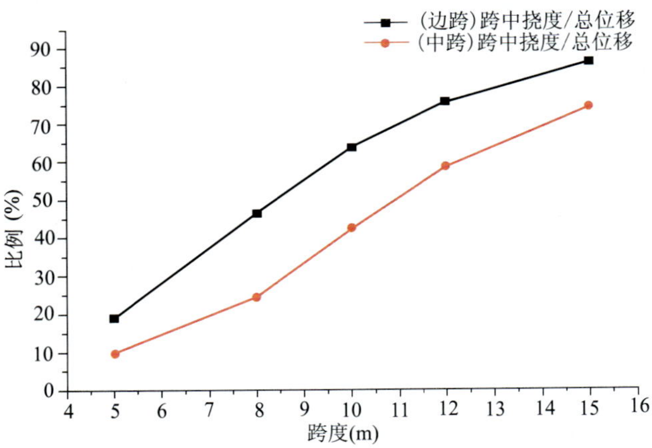

图 3.1-12　不同跨度承载板竖向挠度占总位移之比

(2)竖向变形(变位)

表 3.1-17 为沪杭高铁桩板结构在各项荷载作用下的承载板的位移。

表 3.1-17　各作用工况承载板竖向总位移

作用工况	最大竖向变形(mm)	作用工况	最大竖向变形(mm)
结构自重	−1.57	整体降温(−20 ℃)	+0.16
二期恒载	−0.65	日照正温差(+20 ℃)	+0.80
ZK 静活载	−1.57	日照负温差(−10 ℃)	−0.20
整体升温(20 ℃)	−0.16		

注:1. 竖向变形以向上为正,向下为负。
2. 表中变形值没有扣除基础变位引起的刚体位移。

承载板在 ZK 静活载作用下竖向位移、竖向挠度及其挠跨比如表 3.1-18 所示,承载板在 ZK 竖向静活载作用下的板端竖向转角及其限值如表 3.1-19 所示。综合表 3.1-18、表 3.1-19 可知,沪杭高铁桩板结构路基承载板的竖向刚度满足《高速铁路设计规范(试行)》的规定。

表 3.1-18　承载板竖向变形计算值(计入温度变形的影响)

静活载总变形	静活载挠度	0.5 倍温度引起挠度	总挠度	挠跨比	挠跨比限值	备注
1.57 mm	0.93 mm	0.03 mm	0.96 mm	1/10 417	1/1 455	满足规范要求

注:挠跨比限值取自《高速铁路设计规范(试行)》。

表 3.1-19　托梁与承载板之间(板端)**竖向转角**(rad)

板端竖向转角计算值	板端竖向转角限值	备注
3.89×10^{-4}	1.50×10^{-3}	满足规范要求

注:板端竖向折角限值取自《高速铁路设计规范(试行)》。

(3)横向变形

承载板在列车横向摇摆力和温度的作用下的水平位移、水平位移与跨度比如表 3.1-20 所示。由表 3.1-20 可见,承载板的横向变形也满足《高速铁路设计规范(试行)》的规定。

表 3.1-20　横向摇摆力和温度的作用下承载板横向位移计算值

水平挠度	水平挠跨比	挠跨比限值	备注
1.729 mm	1/5 784	1/4 000	满足规范要求

注:横向摇摆力作用最不利位置为边支点上方。

初步结论：

当承载板跨度较小(刚度较大)时，承载板的竖向挠度也较小，其竖向位移主要由支点处基础变形所引起，但当承载板跨度较大(刚度较小)时，承载板的竖向挠度占其竖向总位移的比例也较大；承载板自身的竖向变形(挠度)与板体总的竖向位移(板体挠度＋支点基础变形)的比值小于或明显小于传统桥梁，应从高速列车运营安全性及乘客舒适性等动力学角度，对桩板结构振动特性进行探讨，分析制定桩板结构承载板板体的竖向刚度合理限值。

3.2 不同结构形式性能比较

桩板结构是一种较为灵活的结构形式，按构造形式大致可分为以下三种。

1. 独立墩柱式

独立墩柱式桩板结构为桩基与承载板直接相连接的结构，承载板直接固接于桩上，此时承载板可视为多跨连续双向板。

2. 托梁式

托梁式桩板结构由桩基、托梁与承载板三部分组成，托梁横向连接桩基，并与承载板相连。中支点处桩基钢筋穿过托梁锚固于承载板中，使得桩基、托梁及承载板在桩基位置处三者固接；边支点处桩基与托梁固接，板梁间搭接，此时承载板为多跨连续单向板，在局部荷载作用下为双向板。

3. 复合式

复合式则为独立墩柱式、托梁式的组合结构，中跨采用独立墩柱式，边跨为托梁式。

三种构造形式的桩板结构具有共性又各有其特点，其中，独立墩柱式板体为双向板，视支撑情况可以任意方向共同受力，边支点处宜设计成悬臂，活载作用下，在边支点悬臂处易产生较大折角，对钢轨受力不利，并影响行车平顺性，一般不适用于高速铁路；托梁式桩板结构在双线铁路上一般采用上、下行分开的两块独立承载板，板体则主要纵方向受力，其受力较独立墩柱式明确，设计也相对较简单；复合式桩板结构其构造及受力特性介于独立墩柱式和托梁式之间，即边支点处设置托梁，中支点处桩基与承载板直接连接，双线铁路可以采用两块板，也可采用单块板。总体上讲，托梁式与复合式桩板结构构造简单，受力明确，运营性能好，具有较强的推广价值。

为综合比较复合式与托梁式桩板结构路基的受力性能，本节重点对复合式与托梁式桩板结构受力及变形特征进行分析。

3.2.1 计算模型

考虑承载板为上、下行分开的两块板（简称分幅式，下同）及承载板为单块板（简称整体式）的两种形式复合式桩板结构路基，其中，桩基横向形心线分别与上、下行幅承载板（或整块承载板）中心线重合。采用 Midas/Civil 有限元软件建立如图 3.2-1 和图 3.2-2 所示的三跨一联复合式桩板结构路基计算模型，中支点处无托梁，桩基础直接和承载板固结，计算模型通过在中支点桩板连接处施加一般弹性支承来模拟桩基础对承载板的弹性约束，其余参数同托梁式桩板结构模型（参见图 3.1-8）。

3.2.2 内力及变形分析

1. 承载板的内力（恒载和双线对称加 ZK 活载作用下）

表 3.2-1 为不同结构形式桩板结构承载板在恒载和 ZK 活载作用下支点和跨中截面板顶最大应力。

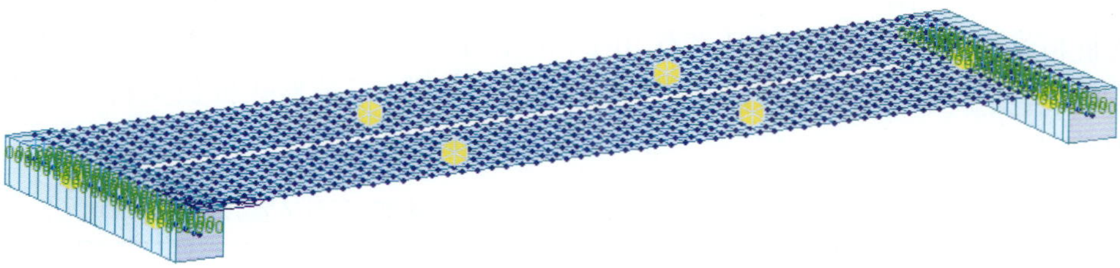

图 3.2-1 复合式桩板结构（分幅式）计算模型

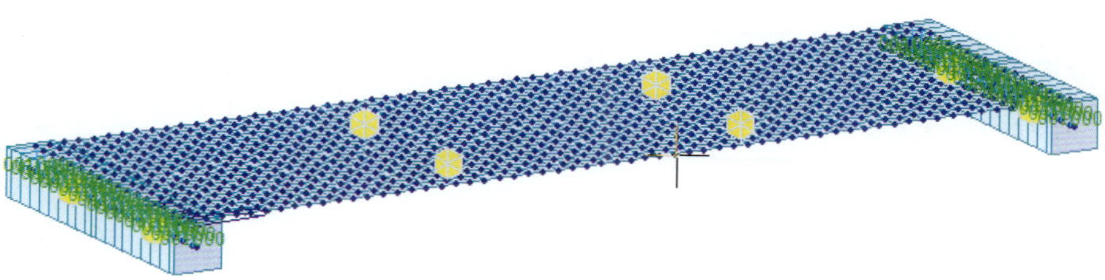

图 3.2-2 复合式桩板结构（整块式）计算模型

表 3.2-1 不同形式桩板结构承载板（板顶）**正应力计算值**（MPa）

作用工况	中支点截面最大正应力			跨中截面最大正应力		
	托梁式	复合式（分幅式）	复合式（整体式）	托梁式	复合式（分幅式）	复合式（整体式）
恒载	2.91	3.04	3.10	−1.82	−1.79	−1.80
活载	2.77	2.52	2.67	−2.17	−2.17	−2.09

分析表 3.2-1 可知，托梁式桩板结构和复合式桩板结构在恒载和活载作用下，无论是跨中还是中支点截面最大正应力相差均不大，复合式(分幅式)、复合式(整体式)与托梁式桩板结构在恒载及活载作用下承载板在跨中截面应力最大相差 9.0%；而承载板在中支点截面最大正应力仅相差 3.7%，由此可见，三种形式桩板结构在恒载和双线活载对称加载作用下承载板应力相差不大。

2. 双线对称加载下不同形式桩板结构竖向变形分析

复合式桩板结构(分幅式、整体板)与托梁式桩板结构在 ZK 静活载(双线对称加载)作用下位移计算值如表 3.2-2 所示，图 3.2-3～图 3.2-5 为托梁式及复合式桩板结构(分幅式、整体式)在静活载作用下的变形图。

从表 3.2-2 可看出，三种形式的桩板结构在静活载对称加载条件下，跨中和支点处各点最大竖向位移值相差甚小，最大相对差值仅为 5.8%。由此表明，对于工点 1，在其他参数相同的情况下，采用托梁式、复合式桩板结构(分幅式)、复合式桩板结构(整体式板)三种形式，其结构刚度相差不大。

由图 3.2-3～图 3.2-5 可见，采用托梁式、复合式(分幅式)、复合式(整体式)三种形式桩板结构，在双线对称静活载作用下，由于桩基形心线和承载板纵向中心线重合，承载板变形主要以竖向弯曲为主，未出现横向弯曲，三种形式桩板结构变形特征基本相同。

表 3.2-2　ZK 静活载作用下承载板各关键点竖向位移值(不计入温度影响)(mm)

结构形式	1 点(边支点)	2 点(边跨跨中)	3 点(边跨跨中板边缘)	4 点(中支点)	5 点(中跨跨中)	6 点(中跨跨中板边缘)
托梁式	0.379	1.456	1.569	0.677	1.175	1.276
复合式(分幅式)	0.375	1.470	1.620	0.672	1.198	1.315
复合式(整体式)	0.378	1.371	1.566	0.676	1.135	1.332

注：表中 1～6 点位置参见图 3.1-9。

3. 单线加载(偏载)下不同形式桩板结构竖向变形分析

我国《高速铁路设计规范(试行)》第 7.3.4 条对 ZK 静活载作用下梁体扭转引起的轨面不平顺限值作出了明确规定；德国规范规定，当行车速度 $V>200$ km/h 时，以一段 3 m 长的线路为基准，一线两根钢轨的竖向相对变形量不应大于 1.5 mm。

图 3.2-6～图 3.2-8 为三种形式桩板结构在单线静活载作用下的变形图；表 3.2-3为跨度 10 m 三跨一联桩板结构在不同承载板板厚情况下板体扭转引起的轨面不平顺值。

由图 3.2-6～图 3.2-8 可知，托梁式和复合式(分幅式)桩板结构在单线活载作用下，行车幅承载板主要发生竖向变形，而复合式（整体式）则为竖向和扭转变形的耦合，呈现出明显的双向板变形特性。从图 3.5-8 可看出，由于承载板的抗扭刚度较低，复合式（整体式）桩板结构承载板在单线行车时，承载板扭转变形较大。

由表 3.2-3 可知，复合式（整体式）桩板结构在单线行车工况下，由板体扭转引起的轨面不平顺值随板厚减小而迅速增大，因此，对于整体式桩板结构，在单线行车工况下，因板体扭转而引起的轨面不平顺可能会成为其设计的主要控制因素，换言之，对于高速铁路，因其轨面不平顺需加以严格控制，故不建议采用复合式（整体式）桩板结构。

图 3.2-3 双线 ZK 静活载作用下托梁式桩板结构变形图

图 3.2-4 双线 ZK 静活载作用下复合式桩板结构（分幅式）变形图

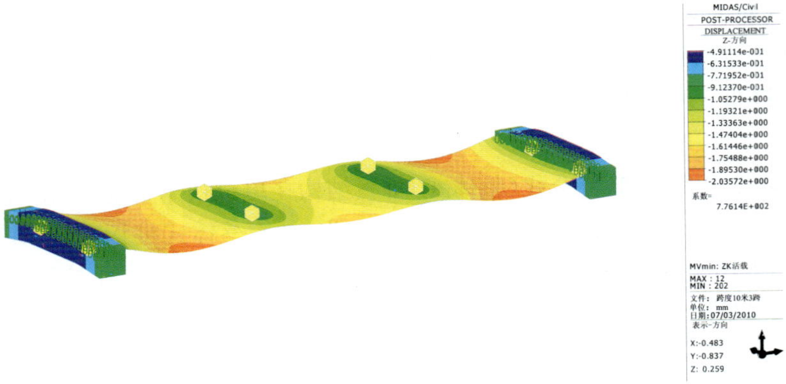

图 3.2-5　双线静活载对称作用下复合式桩板结构(整体式)变形图

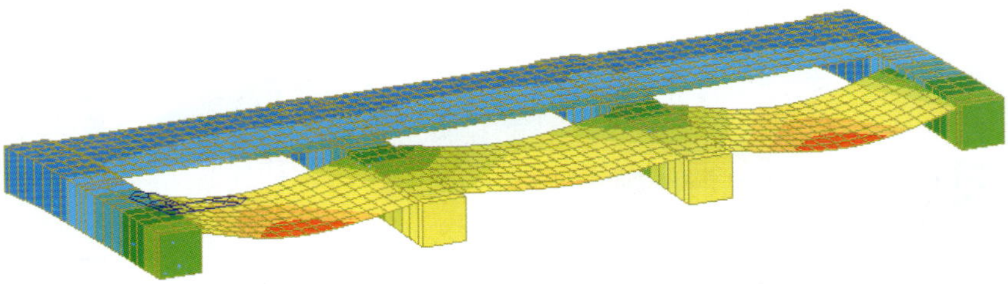

图 3.2-6　单线静活载作用下托梁式桩板结构变形图

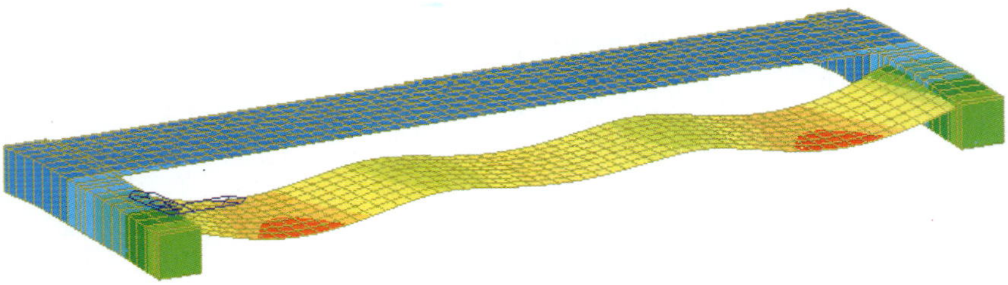

图 3.2-7　单线静活载作用下复合式桩板结构(分幅式)变形图

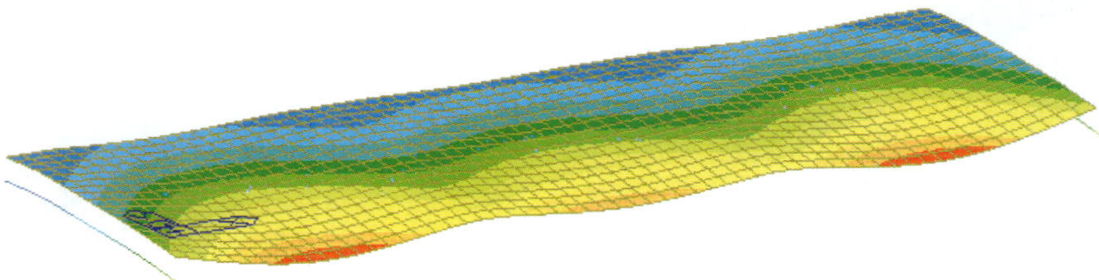

图 3.2-8　单线静活载作用下复合式桩板结构(整体式)变形图

表 3.2-3 不同承载板板厚桩板结构单线静活载作用轨面不平顺值

承载板厚度(m)	轨面不平顺值(mm)	限值(mm)
1.0	0.63	1.5
0.9	0.83	
0.8	1.17	
0.7	1.62	

4. 不同形式桩板结构横向变形分析

我国《高速铁路设计规范(试行)》第 7.3.3 条规定,在列车横向摇摆力、离心力、风力和温度的作用下,梁体的水平挠度不应大于梁体计算跨度的 1/4 000。考虑到桩板结构的具体构造,承载板在列车横向摇摆力和温度作用下,其横向位移由刚体位移(即由基础变形产生的横向位移)和承载板自身的横向挠曲变形两部分组成,承载板刚体位移又包括刚体平动位移和刚体转动引起的横向位移。

表 3.2-4 表示托梁式(分幅式)、复合式(分幅式)和复合式(整体式)三种形式桩板结构承载板在横向力作用下边支点处的横向位移计算值。

由表 3.2-4 可见,由于复合式(分幅式)桩板结构左右幅的桩基横向单独工作,因此其横向整体刚度较弱,无论是基础变形引起的承载板刚体位移(平动+转动)还是承载板横向总位移(挠曲变形+刚体位移),复合式(分幅式)桩板结构计算值都明显大于其他两种构造形式,故从横向刚度角度分析,高速铁路不建议采用复合式(分幅式)桩板结构。

表 3.2-4 横向摇摆力和温度作用下承载板横向变形计算值

构造形式	横向总位移(mm)	横向总位移与跨度之比	刚体平动位移(mm)	刚体转动引起的横向位移(mm)	横向挠曲变形(mm)	横向挠跨比
托梁式(分幅式)	1.729	1/5 784	0.164	1.190	0.375	1/26 667
复合式(分幅式)	3.918	1/2 552	0.496	2.932	0.490	1/20 408
复合式(整体式)	1.417	1/7 057	0.180	1.179	0.058	1/172 414

初步结论:

托梁式、复合式(上下行分幅)、复合式(整块板)三种桩板结构形式在恒载和双线活载对称加载作用下承载板应力基本相同,其整体竖向刚度也相差不大;但在单线行车(偏载作用)工况下,整体式桩板结构因承载板体扭转而引起的轨面不平顺可能会成为其设计的主要控制因素，因此，对于高速铁路，不宜采用复合式（整体式）桩板结构；无论是基础变形引起的承载板刚体位移（平动＋转动）还是承载板横向总位移（挠曲变形＋刚体位移），复合式（分幅式）桩板结构计算值都明显大于其他两种构造形式，故从横向刚度角度分析，高速铁路也不建议采用复合式（分幅式）桩板结构。

3.3 结构温度应力分析

3.3.1 整体升降温时受力分析

1. 单联不同跨数承载板在整体升降温时受力分析

假定承载板与板下地基脱空，不考虑承载板与板下垫层或地基土的摩擦作用。考虑以下五种工况桩板结构，前三种为考虑基础弹性工况（除单联板跨数不同外，其他条件均相同），后两种工况为不考虑基础弹性，即假定基础为刚性，工况四为承载板中支点处完全固结，工况五为中支点仅在桩板连接处固结。

（1）三跨连续（边支点纵向活动，中支点弹性支承）

（2）五跨连续（边支点纵向活动，中支点弹性支承）

（3）九跨连续（边支点纵向活动，中支点弹性支承）

（4）三跨连续（边支点纵向活动，中支点沿板宽全部固结）

（5）三跨连续（边支点纵向活动，中支点桩板连接处固结）

结构整体升温 20 ℃时承载板各支点（单根桩基或单块板处）的纵向反力如表 3.3-1 所示。

表 3.3-1 结构整体升温 20 ℃各支点纵向反力计算值（kN）

工况＼支点号	1	2	3	4	5	6	7	8	9	10
(1)	0	151.9	−151.9	0						
(2)	0	448.1	149.3	−149.3	−448.1	0				
(3)	0	1 002.7	710.4	432.3	140.5	−140.5	−432.3	−710.4	−1 002.7	0
(4)	0	30 887	−30 887	0						
(5)	0	18 478	−18 478	0						

由表 3.3-1 可知，不考虑基础弹性（工况 4）计算所得的中支点纵向反力明显大于考虑基础弹性（工况 1）时的相应计算值，对于三跨一联桩板结构，前者是后者的 213 倍，由此表明，基础弹性对结构整体升降温引起的中支点纵向反力有着举足轻重的影响。

从表 3.3-1 还可看出，同样不考虑基础弹性，假定中支点处完全固结所算得的中支点纵向反力比中支点只在桩板连接处固结（实际桩板结构构造）计算的相应值大 40.2%；在考虑基础弹性（实际桩基桩板结构构造）的前提下，随着一联板跨数的增多，结构整体升降温产生的支点纵向反力增大，且基本上随跨数成比例增长。

结构整体升温 20 ℃时单块承载板截面轴力及应力计算值分别如表 3.3-2、表 3.3-3 所示，图 3.3-1 为其轴力图。

由表 3.3-2 可知，不考虑基础弹性（工况 4）计算所得的承载板轴力明显大于考虑基础弹性（工况 1）时的相应计算值，基础弹性对结构整体升降温引起的承载板的轴力影响非常大。

从表 3.3-3 可看出，假定中支点处完全固结所算得的结构整体升降温引起的承载板应力（7.02 MPa）与按两端固结梁计算的承载板伸缩温度应力（6.80 MPa）基本相同，但如考虑基础弹性，承载板的伸缩温度应力则明显降低，其应力计算值仅为不考虑基础弹性时的 0.46%。

表 3.3-2　结构整体升温 20 ℃单块板最大纵向轴力计算值(kN)

工况＼跨序号	1	2	3	4	5	6	7	8	9
(1)	0	−151.9	0						
(2)	0	−448.1	−597.4	−448.1	0				
(3)	0	−1 002.7	−1 713.1	−2 145.5	−2 285.9	−2 145.5	−1 713.1	−1 002.7	0
(4)	0	−30 887	0						
(5)	0	−18 478	0						

表 3.3-3　结构整体升温 20 ℃单块承载板截面应力计算值(MPa)

工况＼跨序号	1	2	3	4	5	6	7	8	9
(1)	0	−0.035							
(2)	0	−0.102	−0.136	−0.102					
(3)	0	−0.228	−0.389	−0.488	−0.520	−0.488	−0.389	−0.228	0
(4)	0	−7.02	0						
(5)	0	−4.20	0						

综上可知，对于桩板结构，如仍参照两端固结的梁，按 $\sigma_0 = E_c T_0 \alpha$ 计算承载板的伸缩温度应力将明显高估承载板的伸缩温度应力。

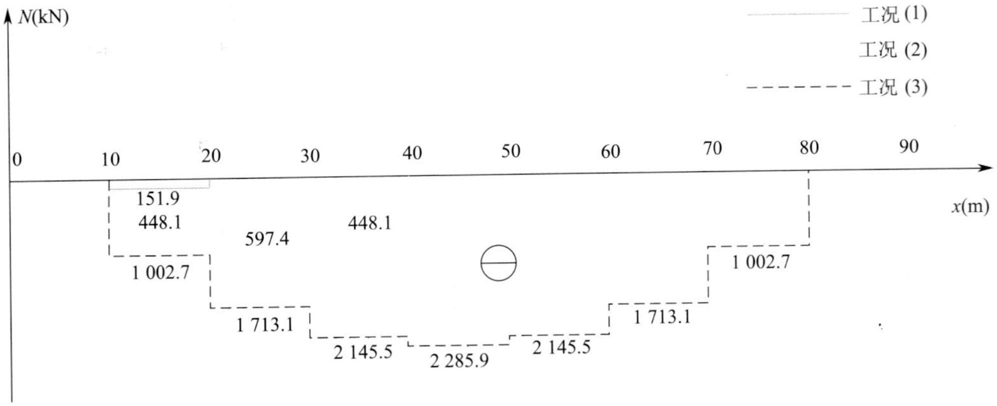

图 3. 3-1 单块承载板截面轴力图(kN)

综合表 3. 3-2 和图 3. 3-1 可知,随着一联板跨数的增多,承载板的轴力(尤其是中跨的轴力)明显增大,三跨一联承载板在结构整体升温 20 ℃时单块承载板截面轴力仅为 151. 9 kN,但九跨一联承载板最大轴力(中跨)高达 2 285. 9 kN,后者是前者的 15 倍之多。由此表明,对于结构整体升降温较大的桩板结构,每联的板跨数不宜太多。

2. 单联不同跨数承载板在整体升降温时纵向力分析

假定承载板与板下地基脱空,不考虑承载板与板下垫层或地基土的摩擦作用。对于三跨一联桩板结构,如将承载板作为梁单元考虑,并考虑基础弹性(假定两中支点处基础弹性相同),可得中跨轴力计算公式为:

$$N_{中} = -K \cdot \frac{\alpha \Delta TL}{2+\theta} \tag{3-1}$$

式中 θ——$\theta = \dfrac{KL}{EA}$;

K——中支点处基础(托梁顶)纵向线刚度(kN/m);

α——混凝土线膨胀系数,可取为 1.0×10^{-5};

ΔT——结构整体升降温值(℃);

L——承载板中跨跨度(m);

E——承载板混凝土弹性模量(kPa);

A——承载板横截面面积(m^2)。

当 $\theta = \dfrac{KL}{EA} \ll 1$ 时,中跨轴力计算公式可简化为:

$$N_{中} = -K \cdot \frac{\alpha \Delta TL}{2} \tag{3-2}$$

同理，对于五跨一联（假定次边跨、中跨跨度相同）桩板结构（假定所有中支点处基础弹性均相同），当 $\theta=\dfrac{KL}{EA}\ll 1$ 时，次边跨轴力为：

$$N_{次}=-K\cdot\frac{3\alpha\ \Delta TL}{2} \tag{3-3}$$

中跨轴力为：

$$N_{中}=-K\cdot\frac{3\alpha\ \Delta TL}{2}-K\cdot\frac{\alpha\ \Delta TL}{2}=-2K\cdot\alpha\ \Delta TL \tag{3-4}$$

其他可依此类推。

3. 单联不同跨数承载板在整体升降温时温度力分析

假定承载板与板下地基保持接触，考虑承载板与板下垫层或地基土的摩擦作用。

(1)三跨一联桩板结构

对于三跨一联桩板结构，如将承载板作为梁单元考虑，并考虑中支点基础弹性（假定两中支点处基础弹性相同），设基础纵向刚度为 K，计算模型如图 3.3-2 所示。

由于边支点对承载板无纵向约束，整体升降温时，仅在中支点处产生纵向约束反力；通常，钢筋混凝土承载板下有地基土或素混凝土垫层，如果承载板与板下地基或混凝土垫层相接触的话，当承载板因整体升降温而产生轴向变形时，板下地基或混凝土垫层将对承载板产生摩阻作用（假定其摩擦力为 f）。利用结构的对称性，整体升降温时，三跨桩板结构中点为温度不动点，可取中跨的一半结构作为基本结构（图 3.3-2），可建立式(3-5)所示变形协调方程。

$$\delta_{11}X_1+\Delta_{1P}-\Delta_{1t}=-\frac{X_1}{K} \tag{3-5}$$

$$\delta_{11}=\frac{\overline{F_N}\cdot\overline{F_N}}{EA}L/2=\frac{L/2}{EA}$$

$$\Delta_{1P}=\int_0^{L/2}\frac{\overline{F_N}\cdot F_{NP}(x)}{EA}\mathrm{d}x=\int_0^{L/2}\frac{\mu\cdot\dfrac{W}{L/2}x}{EA}\mathrm{d}x=\frac{1}{2}\cdot\frac{\mu W\cdot L/2}{EA}$$

$$\Delta_{1t}=\alpha\ \Delta TL/2$$

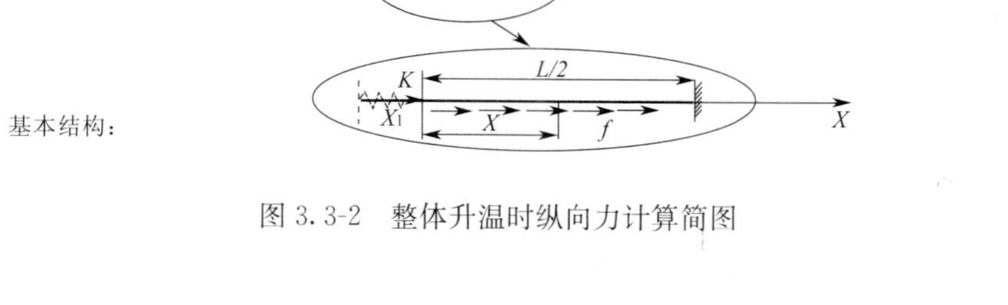

图 3.3-2　整体升温时纵向力计算简图

代入式(3-5)得：

$$X_1 = K \cdot \frac{\alpha\,\Delta TL - \frac{\mu WL}{2EA}}{2+\theta} \quad (其中\ \theta = \frac{KL}{EA}) \tag{3-6}$$

则中跨轴力计算公式为：

$$N_{中} = -\left[K \cdot \frac{\alpha\,\Delta TL - \frac{\mu WL}{2EA}}{2+\theta} + \frac{\mu W}{L/2}x\right] \quad (0 \leqslant x \leqslant L/2) \tag{3-7}$$

中跨承载板支点截面轴力为：

$$N_{中支点} = -K \cdot \frac{\alpha\,\Delta TL - \frac{\mu WL}{2EA}}{2+\theta} \tag{3-8}$$

中跨承载板跨中截面轴力为：

$$N_{中跨中} = -\left[K \cdot \frac{\alpha\,\Delta TL - \frac{\mu WL}{2EA}}{2+\theta} + \mu W\right] \tag{3-9}$$

式中　K——中支点处基础纵向线刚度(kN/m)；

α——混凝土线膨胀系数，可取为 1.0×10^{-5}；

ΔT——结构整体升降温值(℃)；

L——承载板中跨跨度(m)；

W——中跨半跨结构总恒载(kN)；

μ——钢筋混凝土承载板与板下地基土或混凝土垫层间摩擦系数；

E——承载板混凝土弹性模量(kPa)；

A——承载板横截面面积(m^2)；

θ——$\theta = \frac{KL}{EA}$。

当 $\theta = \frac{KL}{EA} \ll 1$ 时，中跨轴力计算公式可简化为：

$$N_{中} = -\left[K \cdot \frac{\alpha\,\Delta TL - \frac{\mu WL}{2EA}}{2} + \frac{\mu W}{L/2}x\right] \quad (0 \leqslant x \leqslant L/2) \tag{3-10}$$

当 $\frac{\mu WL}{2EA} \ll \alpha\Delta TL$ 时，中跨轴力计算公式可进一步简化为：

$$N_{中} = -\left(K \cdot \frac{\alpha\,\Delta TL}{2} + \frac{\mu W}{L/2}x\right) \quad (0 \leqslant x \leqslant L/2) \tag{3-11}$$

对沪杭高铁采用的桩板结构路基，承载板跨度 $L=10$ m，单块板横截面积 $A=4.4$ m^2，C40 混凝土 $E=3.4\times10^7$ kN/m^2，单桩桩顶纵向线刚度 $K=1.549\times10^5$ kN/m，钢

筋混凝土承载板与板下混凝土垫层间的摩擦系数取为 $\mu=0.55$，单块板半跨结构总恒载 $W=4.4\times1\times5\times25+53.68\times5=818.4$ kN；考虑升温 20 ℃时，按式(3-9)计算的承载板最大轴力(中跨跨中截面)为：

$$N_{中跨中}=-\left(K\cdot\frac{\alpha\ \Delta TL}{2+\dfrac{KL}{EA}}+\frac{K\cdot\dfrac{\mu WL}{2EA}+2\mu W}{2+\dfrac{KL}{EA}}\right)=-603.2\ \text{kN}$$

该桩板结构路基：

$$\theta=\frac{KL}{EA}=\frac{154\ 900\times10}{3.4\times10^{7}\times4.4}=0.01\ll1$$

$$\frac{\mu WL/EA}{\alpha\ \Delta TL}=\frac{0.55\times818.4\times10/(3.4\times10^{7}\times4.4)}{1\times10^{-5}\times20\times10}=0.015\ll1$$

可按简化式(3-11)计算最大轴力。

按式(3-11)计算的中跨最大轴力(跨中截面)为：

$$N_{中跨中}=-\left(K\cdot\frac{\alpha\ \Delta TL}{2}+\mu W\right)=-605.0\ \text{kN}$$

综上可知，对于沪杭高铁桩板结构路基，如不考虑承载板下混凝土垫层对承载板纵向变形的摩擦约束作用，当结构整体升温 20 ℃时，按式(3-2)计算的中跨轴力为 154.9 kN，但若考虑承载板下混凝土垫层对承载板纵向变形的摩擦约束作用，即假定承载板始终与板下混凝土垫层接触，按式(3-11)计算的中跨最大轴力(跨中截面)为 605.0 kN，后者是前者的 3.91 倍，按式(3-9)计算的中跨最大轴力(跨中截面)为 603.2 kN。因此，为偏于安全考虑，可按式(3-11)计算桩板结构路基整体升降温引起的承载板的最大轴力及应力。

(2)五跨一联桩板结构

对于五跨一联桩板结构，考虑板下地基土或混凝土垫层对承载板纵向变形的摩擦约束作用时，如同三跨一联桩板结构，亦可求解中支点处由于结构整体升降温引起的纵向约束反力，设中支点和次边支点基础纵向刚度相同(均假定为 K)，次边跨与中跨跨度相等(均假定为 L)，根据结构的对称性，可取一半结构(不考虑边跨)作为基本结构(图 3.3-3)。

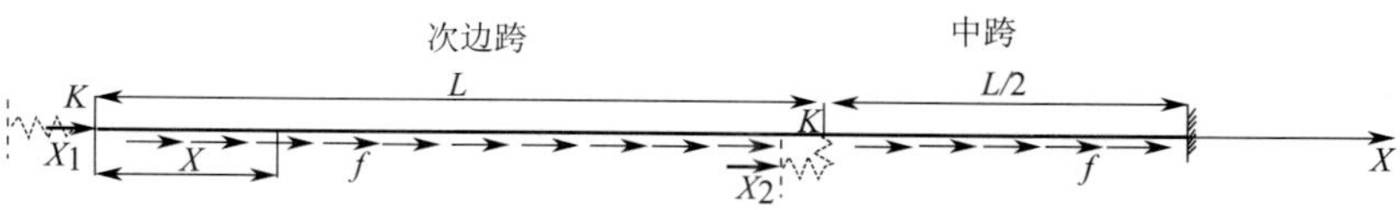

图 3.3-3　五跨一联桩板结构整体升温时温度力计算基本结构

根据力法，可建立式(3-12)所示变形协调方程组：

$$\begin{cases}\delta_{11}X_1+\delta_{12}X_2+\Delta_{1P}+\Delta_{1t}=-\dfrac{X_1}{K}\\ \delta_{21}X_1+\delta_{22}X_2+\Delta_{2P}+\Delta_{2t}=-\dfrac{X_2}{K}\end{cases}\tag{3-12}$$

式中

$$\delta_{11}=\frac{3L/2}{EA},\delta_{22}=\frac{L/2}{EA},\delta_{12}=\delta_{21}=\frac{L/2}{EA}$$

$$\Delta_{1t}=-\alpha\ \Delta T\cdot 3L/2,\Delta_{2t}=-\alpha\ \Delta T\cdot L/2$$

$$\Delta_{1P}=\frac{9}{4}\cdot\frac{\mu WL}{EA},\Delta_{2P}=\frac{5}{4}\cdot\frac{\mu WL}{EA}$$

代入式(3-12)解得：

$$\begin{cases}X_1=K\cdot\dfrac{(3+\theta)\alpha\ \Delta TL-\left(\dfrac{9}{2}+\theta\right)\dfrac{\mu WL}{EA}}{2+4\theta+\theta^2}\\ X_2=K\cdot\dfrac{\alpha\ \Delta TL-\left(\dfrac{5}{2}+\dfrac{3}{2}\theta\right)\dfrac{\mu WL}{EA}}{2+4\theta+\theta^2}\end{cases}\quad\left(\text{其中 }\theta=\frac{KL}{EA}\right)\tag{3-13}$$

据此求得次边跨及中跨承载板任一截面整体升降温引起的轴力为：

$$\begin{cases}N_{次边}(x)=-\left(X_1+\dfrac{\mu W}{L/2}\cdot x\right)\\ \qquad=-K\cdot\dfrac{(3+\theta)\alpha\ \Delta TL-\left(\dfrac{9}{2}+\theta\right)\dfrac{\mu WL}{EA}}{2+4\theta+\theta^2}-\dfrac{\mu W}{L/2}\cdot x\qquad(0\leqslant x\leqslant L)\\ N_{中}(x)=-\left(X_1+X_2+\dfrac{\mu W}{L/2}\cdot x\right)\\ \qquad=-K\cdot\dfrac{(4+\theta)\alpha\ \Delta TL-(7+2\theta)\dfrac{\mu WL}{EA}}{2+4\theta+\theta^2}-\dfrac{\mu W}{L/2}\cdot x\qquad(L<x\leqslant 3L/2)\end{cases}\tag{3-14}$$

式中 W——次边跨或中跨半跨结构总恒载(kN)；

μ——钢筋混凝土承载板与板下地基土或混凝土垫层间摩擦系数。

其余参数同上。

根据式(3-14)可求得次边跨和中跨的最大轴力。

次边跨最大轴力：

$$N_{次边\max}=-K\cdot\frac{(3+\theta)\alpha\ \Delta TL-\left(\dfrac{9}{2}+\theta\right)\dfrac{\mu WL}{EA}}{2+4\theta+\theta^2}-2\mu W\tag{3-15}$$

中跨最大轴力：

$$N_{中\max}=-K\cdot\frac{(4+\theta)\alpha\,\Delta TL-(7+2\theta)\dfrac{\mu WL}{EA}}{2+4\theta+\theta^2}-3\mu W \tag{3-16}$$

当 $\theta=\dfrac{KL}{EA}\ll 1$ 时，式(3-14)可简化为：

$$\begin{cases}N_{次边}(x)=-K\cdot\dfrac{3\alpha\,\Delta TL-\dfrac{9}{2}\cdot\dfrac{\mu WL}{EA}}{2}-\dfrac{\mu W}{L/2}\cdot x & (0\leqslant x\leqslant L)\\ N_{中}(x)=-K\cdot\dfrac{4\alpha\,\Delta TL-7\dfrac{\mu WL}{EA}}{2}-\dfrac{\mu W}{L/2}\cdot x & (L<x\leqslant 3L/2)\end{cases} \tag{3-17}$$

当 $\dfrac{\mu WL}{2EA}\ll\alpha\Delta TL$ 时，式(3-17)可进一步简化为：

$$\begin{cases}N_{次边}(x)=-\left(K\cdot\dfrac{3\alpha\,\Delta TL}{2}+\dfrac{\mu W}{L/2}\cdot x\right) & (0\leqslant x\leqslant L)\\ N_{中}(x)=-\left(K\cdot 2\alpha\,\Delta TL+\dfrac{\mu W}{L/2}\cdot x\right) & (L<x\leqslant 3L/2)\end{cases} \tag{3-18}$$

对于沪杭高铁桩板结构路基，如设计为五跨一联桩板结构形式，$L=10$ m，$K=1.549\times10^5$ kN/m，$A=4.4$ m^2，$E=3.4\times10^7$ kN/m^2，$\mu=0.55$，$W=4.4\times1\times5\times25+53.68\times5=818.4$ kN。

$$\theta=\frac{KL}{EA}=\frac{154\ 900\times10}{3.4\times10^7\times4.4}=0.01\ll 1$$

$$\frac{\mu WL/EA}{\alpha\,\Delta TL}=\frac{0.55\times818.4\times10/(3.4\times10^7\times4.4)}{1\times10^{-5}\times20\times10}=0.015\ll 1$$

当结构整体升温 20 ℃时，可按简化式(3-18)计算承载板次边跨及中跨最大轴力。

$$N_{次边\max}=-\left(K\cdot\frac{3\alpha\,\Delta TL}{2}+2\mu W\right)=-1\ 364.9\ \text{kN}$$

$$N_{中\max}=-(K\cdot 2\alpha\,\Delta TL+3\mu W)=-1\ 970.0\ \text{kN}$$

综上可知，对于该桩板结构路基，如设计为五跨一联结构，在不考虑承载板下混凝土垫层对承载板纵向变形的摩擦约束作用时，当结构整体升温 20 ℃时，按式(3-4)计算的中跨轴力为 619.6 kN，但若考虑承载板下混凝土垫层对承载板纵向变形的摩擦约束作用，即假定承载板与板下混凝土垫层始终接触，按式(3-18)计算的中跨最大轴力(跨中截面)为 1 970.0 kN，后者较前者大 2.18 倍。

4. 单联不同跨数承载板在整体升降温时温度力解析解与数值解比较

(1)不考虑承载板与板下垫层或地基土的摩擦作用

表 3.3-4 为单联不同跨数桩板结构在整体升温 20 ℃时分别用以下三种模型计算所得最大轴力(中跨)数值解与梁单元解析解比较。

①板单元模型(基础弹性作用在桩板连接处)(工点 1 桩板结构实际构造);

②板单元模型(基础弹性沿中支点处全板宽均匀分布);

③梁单元模型(考虑基础弹性)。

表 3.3-4 不同计算模型承载板轴力数值解与解析解比较(不考虑摩擦)

单联跨数	工况(①)	工况(②)		工况(③)		梁单元解析解	
	轴力(kN)	轴力(kN)	与(①)误差	轴力(kN)	与(①)误差	轴力(kN)	与(①)误差
三跨	−151.9	−152.6	0.46%	−154.1	1.45%	−154.9	1.97%
五跨	−597.4	−605.8	1.41%	−608.5	1.86%	−619.6	3.72%
九跨	−2 285.9	−2 310.9	1.09%	−2 316.3	1.33%	−2 478.4	8.42%

由表 3.3-4 可见,将承载板简化为多跨连续梁(考虑基础弹性)计算所得的单联不同跨数承载板在整体升降温条件下的最大轴力(中跨轴力)与采用板单元(考虑基础弹性)模拟承载板计算所得的最大轴力相差不大,相对误差在 2%以内,且采用梁单元模拟承载板最大轴力计算值略大于板单元相应值。

从表 3.3-4 还可看出,按式(3-2)、式(3-4)计算的单联不同跨数承载板在整体升降温条件下的最大轴力(中跨轴力)解析解与采用板单元(考虑基础弹性)模拟承载板计算所得的最大轴力相差也不是太大,对于单联五跨以下的桩板结构其相对误差在 5%以内,对于九跨一联桩板结构,其相对误差也不超过 10%,且解析解略大于数值解。

(2)考虑承载板与板下垫层或地基土的摩擦作用

表 3.3-5 为单联不同跨数桩板结构在整体升温 20 ℃时按梁单元计算所得最大轴力(中跨)数值解与解析解比较。

表 3.3-5 不同跨数承载板轴力数值解与解析解比较(考虑摩擦)

单联跨数	轴力解析解(kN)	轴力数值解(kN)	(解析解－数值解)/数值解
三跨	−605.0	−595.5	1.6%
五跨	−1 970.0	−1 925.7	2.3%

从表 3.3-5 可看出,考虑承载板与板下垫层或地基土的摩擦作用,采用本书推导的公式计算的单联不同跨数承载板在整体升降温条件下的最大轴力(中跨轴力)解析解与有限元方法计算的承载板伸缩温度轴力比较接近,最大相对误差仅为 2.3%,且

解析解略大于数值解。

初步结论：

①对于桩板结构，在计算结构整体升降温引起的中跨承载板体温度应力时，必须考虑基础弹性，并宜按桩板实际连接构造进行处理，否则，将明显高估结构整体升降温所产生的中支点基础水平反力及承载板的轴力和应力。

②应用于年整体环境温差较小地区的桩板结构，可采用每联跨数较多的结构形式，对于结构整体升降温较大的桩板结构，每联跨数不宜太多。

③将承载板简化为多跨连续梁（考虑基础弹性）计算所得的单联不同跨数承载板在整体升降温条件下的轴力与采用板单元（考虑基础弹性）模拟承载板计算所得的最大轴力相差不大，且采用梁单元模拟承载板最大轴力计算值略大于板单元相应值。

④本书提出的计算三跨或五跨一联桩板结构（单联五跨以上桩板结构可类推）承载板由整体升降温引起的承载板中跨及次边跨轴力解析式（不考虑承载板与板下垫层或地基土的摩擦作用，即承载板与板下地基脱空时为式(3-2)、式(3-4)，考虑承载板与板下垫层或地基土的摩擦作用，即承载板与板下地基保持接触时为式(3-11)、式(3-18)具有足够的计算精度，且解析解略大于数值解。

3.3.2 日温差作用时的受力分析

1.《铁路桥涵钢筋混凝土和预应力混凝土结构设计规范》关于温度梯度的规定

《铁路桥涵钢筋混凝土和预应力混凝土结构设计规范》(TB 1002.3—2005)规定：无砟无枕箱梁应分别考虑沿梁高方向的温差荷载和两个方向（梁宽和梁高）的组合温差荷载。对于桩板结构，由于承载板周围由土体包围，则可只考虑沿承载板高度方向的温差荷载。根据《铁路桥涵钢筋混凝土和预应力混凝土结构设计规范》，承载板沿板厚方向温差荷载分别取为：日照温差 $T=20e^{-5y}$，降温温差 $T=-10e^{-14y}$。

根据《铁路桥涵钢筋混凝土和预应力混凝土结构设计规范》，矩形板的温度自应力为：

$$\sigma_0=\alpha T_0 E\left[\frac{K_1}{\delta}+\frac{12K_2}{\delta^3}\left(\frac{\delta}{2}-y\right)-e^{-ay}\right] \tag{3-19}$$

其中 $K_1=\dfrac{1-e^{-a\delta}}{a}$，$K_2=K_1\cdot\dfrac{\delta}{2}-\dfrac{1-e^{-a\delta}(1+a\delta)}{a^2}$

式中 δ—— 板厚(m)；

y—— 计算点距板顶的距离(m)；

a——指数值，日照温差时取 5，降温温差时取 14。

其余参数同 3. 3. 1 节。

对于沪杭高铁桩板结构(工点 1),根据式(3-19)计算的日照温差和降温温差引起的桩板结构承载板板顶、板底的温度自应力分别为:

日照温差 $T=20\mathrm{e}^{-5y}$ 时:$\sigma_{上}=-2.96$ MPa,$\sigma_{下}=-1.18$ MPa;

降温温差 $T=-10\mathrm{e}^{-14y}$ 时:$\sigma_{上}=2.53$ MPa,$\sigma_{下}=0.38$ MPa。

2. 日温差引起的承载板内力计算公式

对于静定结构,给定温度梯度 $T(y)$,温度力仅在结构上产生温度自应力,其计算公式见式(3-19)。

对于超静定结构,温度力不仅在结构上产生温度自应力,由于温差荷载引起的截面自约束作用,桩板结构将发生变形,外部多余约束将产生内力及应力,即纵向外约束应力(温度次应力)。外约束应力为:

$$\sigma_{外}=\sum_{i=1}^{n}\left(\frac{\overline{N_i}}{A}+\frac{\overline{M_i}}{A}y\right)x_i \tag{3-20}$$

式中　$x_i(i=1,2,\cdots,n)$—— 赘余力;

$\overline{N_i},\overline{M_i}$ ——当 $x_i=1$ 产生的基本结构的轴力和弯矩。

3. 温度梯度对承载板受力影响

考虑七种桩板结构计算工况,前五种工况承载板采用板单元模拟(详见 3. 3. 1 节的(1)~(5));第六工况为采用梁单元模拟三跨桩板结构的承载板,中支点处施加基础弹性;第七工况为仍采用梁单元模拟三跨桩板结构的承载板,但中支点处不考虑基础弹性,即假定为完全固结。

采用 Midas/Civil 软件以板(或梁)单元建立桩板结构有限元模型,计算承载板因日照温差和降温温差引起的纵向外约束应力(温度次应力),然后将温度次应力数值解加上温度自应力解析解得到承载板板顶和板底因非线性温度梯度所产生的总应力(梯度温度应力)。

表 3. 3-6、表 3. 3-7 分别为计算所得日照温差和降温温差引起的中跨板顶和板底的温度应力。表中纵向外约束应力(温度次应力)为数值解,温度自应力为解析解,总应力为二者之和。

从表 3. 3-6、表 3. 3-7 中工况(1)~(3)可知,随着单联跨数增加,日温差荷载引起的承载板顶、底板最大应力变化不大。

将表 3. 3-6、表 3. 3-7 中工况(4)~(5)与工况(1)计算结果比较可知,承载板在桩板连接处完全固结和中支点沿承载板全宽固结与考虑弹性基础工况相比,顶板应力有所增加,底板应力有所减少。

表 3.3-6 日照温差作用引起的承载板应力(MPa)

工况	温度次应力(数值解)		温度自应力(解析解)		总应力	
	板顶	板底	板顶	板底	板顶	板底
(1)	−2.95	2.95	−2.96	−1.18	−5.91	1.77
(2)	−2.52	2.46			−5.48	1.28
(3)	−2.61	2.44			−5.57	1.26
(4)	−4.06	1.12			−7.02	−0.06
(5)	−3.57	1.14			−6.53	−0.04
(6)	−2.87	2.88			−5.83	1.70
(7)	−3.84	1.18			−6.80	0.00

表 3.3-7 降温温差作用产生的承载板应力(MPa)

工况	温度次应力		温度自应力(解析解)		总应力	
	板顶	板底	板顶	板底	板顶	板底
(1)	0.74	−0.75	2.53	0.38	3.27	−0.37
(2)	0.63	−0.63			3.16	−0.25
(3)	0.66	−0.63			3.19	−0.25
(4)	0.93	−0.38			3.46	0.00
(5)	0.85	−0.54			3.38	−0.16
(6)	0.73	−0.73			3.26	−0.35
(7)	0.89	−0.38			3.40	0.00

将表 3.3-6、表 3.3-7 中工况(6)～(7)和工况(1)、(4)相比较可看出,用梁单元和板单元模拟承载板,其日温差引起的温度应力计算结果相差不大。因此,可以采用梁单元模拟计算日温差产生的承载板的梯度温度应力,其中,温度自应力可以按式(3-19)计算其解析解,而温度次应力可按式(3-20)计算其解析解,也可采用有限元法计算其数值解,日温差引起的温度总应力则为温度自应力与温度次应力之和。

初步结论:

①采用梁单元和板单元模拟承载板,其日温差引起的温度应力计算结果相差不大,因此,可将桩板结构简化为多跨连续梁计算其梯度温度应力,其中,温度自应力可按式(3-19)计算其解析解,温度次应力可按式(3-20)计算其解析解,温度自应力与温度次应力之和即为承载板的梯度温度应力。

②单联跨数对承载板的梯度温度应力最大值影响不大;如不考虑基础弹性影响,假定承载板在桩板连接处完全固结或中支点处沿承载板全宽固结将使顶板梯度温度

应力有所增大，而底板梯度温度应力有所减小。

3.4 结构构造参数的影响

3.4.1 跨度对竖向刚度影响

桩板结构纵跨度（即桩基纵向间距）决定承载板的跨数、厚度、桩数、桩径和桩长。承载板跨度增大，其内力增加，则板厚相应加大，钢筋布置增多，自重也随之增大，恒载耗用的结构承载力也增大；反之，跨度减小，其跨数也会增加。因此，合理的承载板跨度可使桩板结构路基的经济性能较优。通常，桩基横向布置与线间距相对应，宜使列车活载重心作用于桩基横向中心线。

三跨一联桩板结构，边支点简支、中支点固结，在其他参数不变的情况下，承载板跨度分别取为 5 m、8 m、10 m、12 m、15 m，计算列车竖向静活载作用下竖向位移及挠度（计入温度变形的影响）、竖向挠跨比及位移跨度比如表 3.4-1、表 3.4-2 所示，表 3.4-3表示在 ZK 静活载作用下的板端竖向转角计算值，图 3.4-1 表示边支点处板端转角随跨度变化图。

表 3.4-1　不同跨度承载板竖向变形值

承载板跨度(m)	厚跨比	静活载最大挠度(mm)	0.5 倍温度引起挠度(mm)	总最大挠度(mm)	挠跨比	挠跨比限值
5	1/5	0.07	0.01	0.08	1/62 500	1/1 455
8	1/8	0.39	0.01	0.40	1/20 000	
10	1/10	0.93	0.03	0.96	1/10 417	
12	1/12	1.86	0.07	1.93	1/6 218	
15	1/15	4.33	0.14	4.47	1/3 355	

注：挠跨比限值取自《高速铁路设计规范（试行）》。

表 3.4-2　不同跨度承载板的竖向总位移值

承载板跨度(m)	厚跨比	竖向总位移(计入温度影响)(mm)	位移跨度比	挠跨比限值
5	1/5	0.40	1/12 500	1/1 455
8	1/8	0.85	1/9 412	
10	1/10	1.49	1/6 711	
12	1/12	2.54	1/4 724	
15	1/15	5.17	1/2 901	

表 3.4-3 不同承载板跨度时托梁与承载板之间(板端)竖向转角(rad)

承载板跨度(m)	厚跨比	板端竖向转角计算值	板端竖向转角限值	备注
5	1/5	1.06×10^{-4}	1.50×10^{-3}	满足规范要求
8	1/8	2.38×10^{-4}		
10	1/10	3.89×10^{-4}		
12	1/12	6.04×10^{-4}		
15	1/15	1.06×10^{-3}		

注:板端竖向折角限值取自《高速铁路设计规范(试行)》。

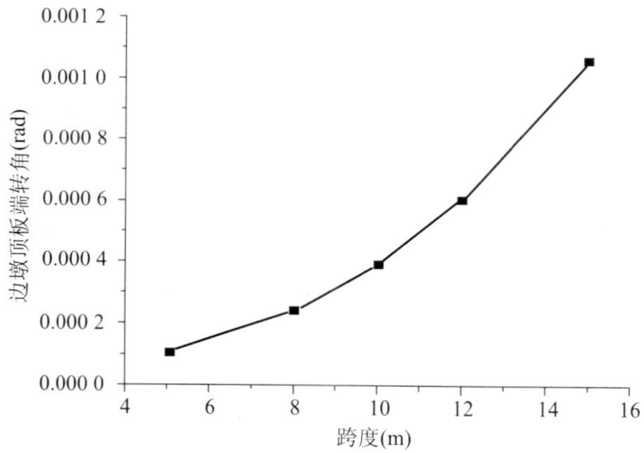

图 3.4-1 边支点板端转角随跨度变化图

综合表 3.4-1～表 3.4-3 及图 3.4-1 可见,随着承载板跨度增大(或厚跨比减小),承载板的竖向刚度降低,ZK 静活载作用下的承载板板体的竖向位移、竖向挠度及板端竖向转角均逐渐增大,尤其是当承载板跨度大于 10 m(或厚跨比小于 1/10)时,其增大趋势更为明显;当承载板的厚跨比较大时,承载板板体的挠度(承载板自身的竖向变形)远小于其竖向位移(包含支点基础的沉降),但随着承载板厚跨比的降低,承载板的挠度逐渐接近其竖向总位移。当厚跨比降至 1/15 时,无论是挠跨比,还是竖向位移与板跨比以及板端折角,承载板的竖向刚度均能满足《高速铁路设计规范(试行)》的要求。

初步结论:

承载板跨度增大(或厚跨比减小),承载板的竖向刚度降低,ZK 静活载作用下的承载板板体的竖向位移、竖向挠度及板端竖向转角均逐渐增大,尤其是当承载板跨度大于 10 m(或厚跨比小于 1/10)时,其增大趋势更为明显;当承载板厚跨比降至 1/15 时,无论是挠跨比,还是竖向位移与板跨比以及板端竖向转角,均能满足《高速铁路设计规范(试行)》对梁体竖向变形或变位限值的规定。

3.4.2 跨径比分析

连续承载板的跨径布置宜采用不等跨形式,如果采用等跨布置,则边跨内力将控制承载板的设计,理论上是不经济的。此外,边跨过长,削弱了边跨的刚度,将增大活载在中跨跨中截面处的弯矩变化幅值。参考连续梁或者连续刚构桥的设计经验,钢筋混凝土连续承载板边跨长度与中跨跨径之比一般为0.6~0.8,并宜取偏大值。

为研究确定连续桩板结构的合理边跨和中跨跨径比,参照沪杭高铁桩板结构设计,按边中跨跨径比分别为0.6、0.7及0.8假定三跨一联桩板结构,中跨跨径为10 m,板厚为1 m,分别计算各种工况桩板结构的受力和变形特性,并与等跨布置(沪杭高铁桩板结构设计)工况计算值进行综合比较。表3.4-4~表3.4-6分别表示ZK活载、恒载(结构自重+二期恒载)及主力(恒载+活载)作用下各工况桩板结构承载板控制截面弯矩,表3.4-7为ZK静活载作用下承载板的竖向变形。

表3.4-4 ZK活载作用下不同边中跨跨径比承载板控制截面弯矩计算值

跨径布置	边跨最大正弯矩(kN·m)	中跨跨中最大正弯矩(kN·m)	中支点最大负弯矩(kN·m)	边跨最大正弯矩/中跨最大正弯矩
(6+10+6)m	681.2	1 125.5	−1 063.2	0.605
(7+10+7)m	865.4	1 130.0	−1 122.5	0.766
(8+10+8)m	1 068.9	1 139.3	−1 198.0	0.938
(10+10+10)m	1 515.7	1 163.3	−1 554.3	1.303

由表3.4-4可见,在ZK活载作用下,等跨布置和不等跨布置时中跨最大正弯矩相差较小,最大仅相差3%,即桩板结构边跨跨度变化对中跨活载内力影响不大。而边跨最大正弯矩及中支点最大负弯矩则随着边中跨跨径比的增大而加大,边中跨跨径比为0.8时边跨最大正弯矩、中支点最大负弯矩分别较等跨布置工况对应小29%和23%。

表3.4-5 恒载作用下不同边中跨跨径比时承载板控制截面弯矩计算值

跨径布置	边跨最大正弯矩(kN·m)	中跨最大正弯矩(kN·m)	中支点最大负弯矩(kN·m)	边跨最大正弯矩/中跨最大正弯矩
(6+10+6)m	323.1	952.0	−1 094.3	0.339
(7+10+7)m	517.0	852.9	−1 173.4	0.606
(8+10+8)m	746.2	740.5	−1 305.7	1.008
(10+10+10)m	1 290.1	461.8	−1 685.7	2.794

表 3.4-6 恒载十活载作用下不同边中跨跨径比时承载板控制截面弯矩计算值

跨径布置	边跨最大正弯矩(kN·m)	中跨最大正弯矩(kN·m)	中支点最大负弯矩(kN·m)	边跨最大正弯矩/中跨最大正弯矩
(6+10+6)m	1 004.3	2 077.5	−2 157.5	0.483
(7+10+7)m	1 382.4	1 982.9	−2 295.9	0.697
(8+10+8)m	1 815.1	1 879.8	−2 503.7	0.966
(10+10+10)m	2 805.8	1 625.1	−3 240.0	1.727

表 3.4-7 静活载作用下不同边中跨跨径比时承载板竖向变形计算值(未计温度影响)

跨度布置	边跨承载板竖向变形(mm)	中跨承载板竖向变形(mm)	边中跨竖向变形比
(6+10+6)m	0.55	1.21	0.46
(7+10+7)m	0.68	1.21	0.56
(8+10+8)m	0.88	1.21	0.73
(10+10+10)m	1.49	1.22	1.22

从表 3.4-4 还可看出,当边中跨跨径比为 0.8 时,在 ZK 活载作用下,边跨最大正弯矩、中跨最大正弯矩及中支点负弯矩均比较接近,承载板结构内力分布较为均匀。

综合表 3.4-4～表 3.4-6 可知,当边中跨跨径比为 0.8 时,在 ZK 活载、恒载及活载＋恒载作用下,边跨最大正弯矩与中跨最大正弯矩的比值均接近 1,而其他边中跨跨径比工况,边跨最大正弯矩均明显区别中跨最大正弯矩,内力分布不尽合理。

由表 3.4-7 可知,ZK 静活载作用下,桩板结构边跨跨度变化对中跨承载板竖向挠度基本没有影响,等跨布置时边跨承载板竖向挠度较中跨大 22%,而不等跨布置时,边跨承载板竖向挠度均小于中跨。

综上可知,对于三跨一联桩板结构,边中跨跨径比为 0.8 时,承载板受力及变形性能较优,建议三跨一联桩板结构边中跨跨径比宜取为 0.8 左右。

初步结论:

对于连续桩板结构,宜采用不等跨布置,就三跨一联桩板结构而言,边中跨跨径比宜取为 0.8 左右。

3.4.3 厚跨比对日温差作用时结构性能分析

对于工点 1 桩板结构,跨度为 10 m,承载板厚度分别取不同值,按《铁路桥涵钢筋混凝土和预应力混凝土结构设计规范》计算分析日温差荷载作用时承载板(中跨)板顶、板底处的温度自应力、温度次应力及总应力。表 3.4-8、表 3.4-9 为不同厚度承载板采用梁单元模型计算的在日照温差、降温温差作用下的承载板应力。

表 3.4-8 不同厚度承载板在日照温差作用下承载板应力(MPa)

厚跨比	温度次应力(数值解)		温度自应力(解析解)		总应力	
	板顶	板底	板顶	板底	板顶	板底
1/10	−2.87	2.88	−2.96	−1.18	−5.83	1.70
1/12	−3.16	3.17	−2.53	−1.16	−5.69	2.01
1/14	−3.28	3.30	−2.18	−1.10	−5.46	2.20
1/16	−3.31	3.33	−1.90	−1.04	−5.21	2.29

从表 3.4-8 可看出,在日照温差作用下,随着承载板厚跨比的降低,其中跨板顶温度压应力略有降低,板底拉应力有所增加,承载板厚跨比从 1/10 降至 1/16,其板顶应力降低 10.6%,板底应力增加 34.7%。

表 3.4-9 不同厚度承载板在降温温差作用下承载板应力(MPa)

厚跨比	温度次应力		温度自应力(解析解)		总应力	
	板顶	板底	板顶	板底	板顶	板底
1/10	0.73	−0.73	2.53	0.38	3.26	−0.35
1/12	0.86	−0.87	2.38	0.43	3.24	−0.44
1/14	0.96	−0.97	2.24	0.48	3.20	−0.49
1/16	1.05	−1.06	2.11	0.51	3.16	−0.55

由表 3.4-9 可知,在降温温差作用下,随着承载板厚跨比的降低,其中跨板顶温度拉应力略有降低,板底压应力有所增加,承载板厚跨比从 1/10 降至 1/16,其板顶应力降低 3.1%,底板应力增加 57.1%。

综上可知,随着承载板厚跨比的降低,日温差引起的承载板温度应力有所变化,但其板顶应力变化不大,板底应力变化幅度虽然较大,但板底温度应力绝对值明显小于板顶应力(尤其是降温温差工况),由此表明,承载板厚跨比对日温差引起的梯度温度应力影响不大。

初步结论:

随着承载板厚跨比的降低,中跨板顶梯度温度应力略有降低,板底应力则有一定幅度的增加,但由于板底梯度温度应力绝对值明显小于板顶应力(尤其是降温温差工况),因此,总体而言,承载板厚跨比对日温差引起的温度应力影响不大。

3.4.4 厚跨比对竖向刚度的影响

承载板跨度分别取为 5 m、8 m、10 m、12 m、15 m，厚跨比按 1/10～1/16 考虑（其他参数均相同），计算承载板各关键点的竖向位移值（即桩基引起的竖向变形和承载板本身的竖向挠度值），从而分析承载板厚跨比对其竖向刚度的影响。

1. 承载板跨度为 5 m

(1)承载板竖向位移

表 3.4-10 表示跨度为 5 m 的不同厚跨比承载板在静活载作用下其竖向变形计算值。

(2)承载板竖向刚度分析

表 3.4-11、表 3.4-12 分别为不同厚跨比承载板竖向挠度及总位移计算值，表 3.4-13 表示在静活载作用下不同厚跨比承载板板端转角。

表 3.4-10 静活载作用下不同厚跨比承载板竖向变形值(不计入温度影响)(mm)

(1)	(2)	(3)	(4)	(5)	(6)	(7)	(6)/(4)	(7)/(5)
厚跨比	边桩桩顶竖向变形	中桩桩顶竖向变形	边跨跨中竖向总位移	中跨跨中竖向总位移	边跨跨中承载板竖向挠度	中跨跨中承载板竖向挠度	(边跨)跨中挠度/总位移	(中跨)跨中挠度/总位移
1/10	0.309	0.554	1.031	0.807	0.600	0.253	58.15%	31.35%
1/11	0.306	0.557	1.215	0.903	0.784	0.346	64.49%	38.32%
1/12	0.304	0.560	1.420	1.018	0.988	0.458	69.58%	44.99%
1/13	0.302	0.562	1.704	1.154	1.272	0.592	74.65%	51.30%
1/14	0.300	0.563	1.949	1.310	1.518	0.747	77.86%	57.02%
1/15	0.299	0.564	2.286	1.491	1.855	0.927	81.12%	62.17%

表 3.4-11 不同厚跨比承载板竖向挠度计算值

厚跨比	静活载最大挠度(mm)	0.5 倍温度引起挠度(mm)	总最大挠度(mm)	挠跨比	挠跨比限值
1/10	0.60	0	0.60	1/8 333	1/1 455
1/11	0.78	0	0.78	1/6 378	
1/12	0.99	0	0.99	1/5 061	
1/13	1.27	0	1.27	1/3 931	
1/14	1.52	0	1.52	1/3 294	
1/15	1.86	0	1.86	1/2 695	

表 3.4-12　不同厚跨比承载板的竖向总位移值

厚跨比	静活载最大位移(mm)	0.5 倍温度引起挠度(mm)	竖向总位移(mm)	位移跨度比	挠跨比限值
1/10	1.03	0	1.03	1/4 850	1/1 455
1/11	1.22	0	1.26	1/4 115	
1/12	1.42	0	1.42	1/3 521	
1/13	1.70	0	1.95	1/2 934	
1/14	1.95	0	1.95	1/2 565	
1/15	2.29	0	2.29	1/2 187	

表 3.4-13　不同厚跨比时托梁与承载板之间(板端)竖向转角(rad)

厚跨比	板端竖向转角计算值	板端竖向转角限值	备注
1/10	5.88×10^{-4}	1.50×10^{-3}	满足规范要求
1/11	7.39×10^{-4}		
1/12	9.17×10^{-4}		
1/13	1.12×10^{-3}		
1/14	1.37×10^{-3}		
1/15	1.65×10^{-3}		不满足规范要求

2. 承载板跨度为 8 m

(1)承载板竖向位移

表 3.4-14 表示跨度为 8 m 的不同厚跨比承载板在静活载作用下其竖向变形计算值。

(2)承载板竖向刚度分析

表 3.4-15、表 3.4-16 分别为不同厚跨比承载板竖向挠度及总位移计算值，表 3.4-17表示在静活载作用下不同厚跨比承载板板端转角。

表 3.4-14　不同厚跨比时静活载作用下承载板变形值(不计入温度影响)(mm)

(1)	(2)	(3)	(4)	(5)	(6)	(7)	(6)/(4)	(7)/(5)
厚跨比	边桩桩顶竖向变形	中桩桩顶竖向变形	边跨跨中竖向总位移	中跨跨中竖向总位移	边跨跨中承载板竖向挠度	中跨跨中承载板竖向挠度	(边跨)跨中挠度/总位移	(中跨)跨中挠度/总位移
1/10	0.324	0.577	1.211	0.969	0.761	0.392	62.80%	40.45%
1/11	0.321	0.580	1.455	1.117	1.005	0.537	69.04%	48.08%

续上表

(1)	(2)	(3)	(4)	(5)	(6)	(7)	(6)/(4)	(7)/(5)
厚跨比	边桩桩顶竖向变形	中桩桩顶竖向变形	边跨跨中竖向总位移	中跨跨中竖向总位移	边跨跨中承载板竖向挠度	中跨跨中承载板竖向挠度	(边跨)跨中挠度/总位移	(中跨)跨中挠度/总位移
1/12	0.319	0.583	1.738	1.288	1.287	0.705	74.05%	54.74%
1/13	0.317	0.585	2.064	1.482	1.613	0.897	78.15%	60.53%
1/14	0.315	0.586	2.439	1.700	1.989	1.114	81.53%	65.53%
1/15	0.313	0.586	2.863	1.942	2.414	1.356	84.30%	69.82%
1/16	0.311	0.587	3.337	2.210	2.888	1.623	86.54%	73.44%

表 3.4-15 不同厚跨比承载板竖向挠度计算值

厚跨比	静活载最大挠度(mm)	0.5 倍温度引起挠度(mm)	总最大挠度(mm)	挠跨比	挠跨比限值
1/10	0.76	0.02	0.78	1/10 243	1/1 455
1/11	1.01	0.02	1.03	1/7 805	
1/12	1.29	0.02	1.31	1/6 121	
1/13	1.61	0.03	1.64	1/4 869	
1/14	1.99	0.03	2.02	1/3 962	
1/15	2.41	0.04	2.45	1/3 260	
1/16	2.89	0.04	2.93	1/2 732	

表 3.4-16 不同厚跨比承载板的竖向总位移值

厚跨比	静活载最大位移(mm)	0.5 倍温度引起挠度(mm)	竖向总位移(mm)	位移跨度比	挠跨比限值
1/10	1.21	0.02	1.23	1/6 499	1/1 455
1/11	1.46	0.02	1.48	1/5 424	
1/12	1.74	0.02	1.76	1/4 551	
1/13	2.06	0.03	2.09	1/3 820	
1/14	2.44	0.03	2.47	1/3 240	
1/15	2.86	0.04	2.90	1/2 756	
1/16	3.34	0.04	3.38	1/2 369	

表 3.4-17　不同厚跨比时托梁与承载板间(板端)竖向转角(rad)

厚跨比度	板端竖向转角计算值	板端竖向转角限值	备注
1/10	4.09×10^{-4}	1.50×10^{-3}	满足规范要求
1/11	5.22×10^{-4}		
1/12	6.56×10^{-4}		
1/13	8.13×10^{-4}		
1/14	9.92×10^{-4}		
1/15	1.20×10^{-3}		
1/16	1.43×10^{-3}		

3. 承载板跨度为 10 m

(1)承载板竖向位移

表 3.4-18 表示跨度为 10 m 的不同厚跨比承载板在静活载作用下竖向变形计算值。

(2)承载板竖向刚度分析

表 3.4-19、表 3.4-20 分别为不同厚跨比承载板竖向挠度及总位移计算值，表 3.4-21表示在静活载作用下不同厚跨比承载板板端转角。

表 3.4-18　不同厚跨比时静活载作用下承载板变形值(不计入温度影响)(mm)

(1)	(2)	(3)	(4)	(5)	(6)	(7)	(6)/(4)	(7)/(5)
厚跨比	边桩桩顶竖向变形	中桩桩顶竖向变形	边跨跨中竖向总位移	中跨跨中竖向总位移	边跨跨中承载板竖向挠度	中跨跨中承载板竖向挠度	(边跨)跨中挠度/总位移	(中跨)跨中挠度/总位移
1/10	0.379	0.677	1.456	1.175	0.928	0.498	63.74%	42.38%
1/11	0.376	0.681	1.761	1.371	1.232 5	0.69	69.99%	50.33%
1/12	0.373	0.684	2.119	1.597	1.590 5	0.913	75.06%	57.17%
1/13	0.370	0.686	2.533	1.853	2.005	1.167	79.16%	62.98%
1/14	0.368	0.687	3.005	2.138	2.477 5	1.451	82.45%	67.87%
1/15	0.365	0.688	3.534	2.454	3.007 5	1.766	85.10%	71.96%
1/16	0.364	0.688	4.125	2.800	3.599	2.112	87.25%	75.43%

表 3.4-19 不同厚跨比承载板竖向挠度计算值

厚跨比	静活载最大挠度(mm)	0.5 倍温度引起挠度(mm)	总最大挠度(mm)	挠跨比	挠跨比限值
1/10	0.93	0.03	0.96	1/10 417	1/1 455
1/11	1.23	0.04	1.27	1/7 874	
1/12	1.59	0.05	1.65	1/6 061	
1/13	2.01	0.05	2.06	1/4 854	
1/14	2.48	0.06	2.54	1/3 937	
1/15	3.01	0.06	3.07	1/3 257	
1/16	3.60	0.06	3.66	1/2 732	

表 3.4-20 不同厚跨比承载板的竖向总位移值

厚跨比	静活载最大位移(mm)	0.5 倍温度引起挠度(mm)	竖向总位移(mm)	位移跨度比	挠跨比限值
1/10	1.46	0.03	1.49	1/6 711	1/1 455
1/11	1.76	0.04	1.8	1/5 556	
1/12	2.12	0.05	2.17	1/4 608	
1/13	2.53	0.05	2.58	1/3 876	
1/14	3.01	0.06	3.07	1/3 257	
1/15	3.53	0.06	3.59	1/2 786	
1/16	4.13	0.06	4.19	1/2 387	

表 3.4-21 不同厚跨比时托梁与承载板间(板端)竖向转角(rad)

厚跨比度	板端竖向转角计算值	板端竖向转角限值	备注
1/10	3.89×10^{-4}	1.50×10^{-3}	满足规范要求
1/11	4.99×10^{-4}		
1/12	6.30×10^{-4}		
1/13	7.82×10^{-4}		
1/14	9.56×10^{-4}		
1/15	1.15×10^{-3}		
1/16	1.37×10^{-3}		

4. 承载板跨度为 12 m

(1)承载板竖向位移

表 3.4-22 表示跨度为 12 m 的不同厚跨比承载板在静活载作用下竖向变形计算值。

(2)承载板竖向刚度分析

表 3.4-23、表 3.4-24 分别为不同厚跨比承载板竖向挠度及总位移计算值,表 3.4-25 表示在静活载作用下不同厚跨比承载板板端转角。

表 3.4-22 不同厚跨比时静活载作用下承载板变形值(不计入温度影响)(mm)

(1)	(2)	(3)	(4)	(5)	(6)	(7)	(6)/(4)	(7)/(5)
厚跨比	边桩桩顶竖向变形	中桩桩顶竖向变形	边跨跨中竖向总位移	中跨跨中竖向总位移	边跨跨中承载板竖向挠度	中跨跨中承载板竖向挠度	(边跨)跨中挠度/总位移	(中跨)跨中挠度/总位移
1/10	0.430	0.775	1.678	1.363	1.08	0.588	64.09%	43.14%
1/11	0.426	0.779	2.039	1.601	1.44	0.822	70.45%	51.34%
1/12	0.422	0.782	2.465	1.879	1.86	1.097	75.58%	58.38%
1/13	0.419	0.784	2.961	2.194	2.36	1.41	79.69%	64.27%
1/14	0.416	0.786	3.525	2.548	2.92	1.762	82.95%	69.15%
1/15	0.414	0.786	4.157	2.937	3.56	2.151	85.57%	73.24%
1/16	0.412	0.787	4.861	3.365	4.26	2.578	87.67%	76.61%

表 3.4-23 不同厚跨比承载板竖向挠度计算值

厚跨比	静活载最大挠度(mm)	0.5 倍温度引起挠度(mm)	总最大挠度(mm)	挠跨比	挠跨比限值
1/10	1.08	0.06	1.14	1/10 526	1/1 455
1/11	1.44	0.07	1.51	1/7 974	
1/12	1.86	0.07	1.93	1/6 218	
1/13	2.36	0.08	2.44	1/4 918	
1/14	2.92	0.08	3.00	1/4 000	
1/15	3.56	0.09	3.65	1/3 288	
1/16	4.26	0.09	4.35	1/2 759	

表 3.4-24 不同厚跨比承载板的竖向总位移值

厚跨比	静活载最大位移(mm)	0.5 倍温度引起挠度(mm)	竖向总位移(mm)	位移跨度比	挠跨比限值
1/10	1.68	0.06	1.74	1/6 897	1/1 455
1/11	2.04	0.07	2.11	1/5 687	
1/12	2.47	0.07	2.54	1/4 724	
1/13	2.96	0.08	3.04	1/3 947	
1/14	3.53	0.08	3.61	1/3 324	
1/15	4.16	0.09	4.25	1/2 824	
1/16	4.86	0.09	4.95	1/2 424	

表 3.4-25 不同厚跨比时托梁与承载板间(板端)竖向转角(rad)

厚跨比度	板端竖向转角计算值	板端竖向转角限值	备注
1/10	3.71×10^{-4}	1.50×10^{-3}	满足规范要求
1/11	4.77×10^{-4}		
1/12	6.04×10^{-4}		
1/13	7.52×10^{-4}		
1/14	9.21×10^{-4}		
1/15	1.11×10^{-3}		
1/16	1.33×10^{-3}		

5. 承载板跨度为 15 m

(1)承载板竖向位移

表 3.4-26 表示跨度为 15 m 的不同厚跨比承载板在静活载作用下竖向变形计算值。

(2)承载板竖向刚度分析

表 3.4-27、表 3.4-28 分别为不同厚跨比承载板竖向挠度及总位移计算值，表 3.4-29 表示在静活载作用下不同厚跨比承载板板端转角。

表 3.4-26 不同厚跨比时静活载作用下承载板变形值(不计入温度影响)(mm)

(1)	(2)	(3)	(4)	(5)	(6)	(7)	(6)/(4)	(7)/(5)
厚跨比	边桩桩顶竖向变形	中桩桩顶竖向变形	边跨跨中竖向总位移	中跨跨中竖向总位移	边跨跨中承载板竖向挠度	中跨跨中承载板竖向挠度	(边跨)跨中挠度/总位移	(中跨)跨中挠度/总位移
1/10	0.503	0.919	1.991	1.624	1.280	0.705	64.29%	43.41%

续上表

(1)	(2)	(3)	(4)	(5)	(6)	(7)	(6)/(4)	(7)/(5)
厚跨比	边桩桩顶竖向变形	中桩桩顶竖向变形	边跨跨中竖向总位移	中跨跨中竖向总位移	边跨跨中承载板竖向挠度	中跨跨中承载板竖向挠度	(边跨)跨中挠度/总位移	(中跨)跨中挠度/总位移
1/11	0.497	0.925	2.428	1.920	1.717	0.995	70.72%	51.82%
1/12	0.493	0.928	2.948	2.269	2.238	1.341	75.90%	59.10%
1/13	0.489	0.930	3.557	2.669	2.848	1.739	80.05%	65.16%
1/14	0.486	0.932	4.251	3.120	3.542	2.188	83.32%	70.13%
1/15	0.482	0.932	5.034	3.621	4.327	2.689	85.96%	74.26%
1/16	0.480	0.932	5.906	4.172	5.200	3.240	88.05%	77.66%

表 3.4-27　不同厚跨比承载板竖向挠度计算值

厚跨比度	静活载最大挠度(mm)	0.5 倍温度引起挠度(mm)	总最大挠度(mm)	挠跨比	挠跨比限值
1/10	1.28	0.09	1.37	1/10 949	1/1 455
1/11	1.72	0.10	1.82	1/8 255	
1/12	2.24	0.11	2.35	1/6 388	
1/13	2.85	0.12	2.97	1/5 054	
1/14	3.54	0.13	3.67	1/4 085	
1/15	4.33	0.14	4.47	1/3 358	
1/16	5.20	0.14	5.34	1/2 809	

表 3.4-28　不同厚跨比承载板的竖向总位移值

厚跨比	静活载最大位移(mm)	0.5 倍温度引起挠度(mm)	竖向总位移(mm)	位移跨度比	挠跨比限值
1/10	1.99	0.09	2.08	1/7 212	1/1 455
1/11	2.43	0.10	2.53	1/5 929	
1/12	2.95	0.11	3.06	1/4 902	
1/13	3.56	0.12	3.68	1/4 076	
1/14	4.25	0.13	4.38	1/3 425	
1/15	5.03	0.14	5.17	1/2 901	
1/16	5.91	0.14	6.05	1/2 479	

表 3.4-29　不同厚跨比时托梁与承载板之间(板端)竖向转角(rad)

厚跨比度	板端竖向转角计算值	板端竖向转角限值	备注
1/10	3.51×10^{-4}	1.50×10^{-3}	满足规范要求
1/11	4.52×10^{-4}		
1/12	5.37×10^{-4}		
1/13	7.14×10^{-4}		
1/14	8.76×10^{-4}		
1/15	1.06×10^{-3}		
1/16	1.27×10^{-3}		

由表 3.4-10、表 3.4-14、表 3.4-18、表 3.4-22、表 3.4-26 可看出，随着承载板厚跨比的降低，虽然支点处因基础弹性而产生的位移变化不大，但承载板自身挠曲产生的跨中竖向位移增大，从而导致承载板跨中竖向总位移加大，承载板因自身挠曲所产生的跨中竖向位移占其总位移的比重也明显增加。

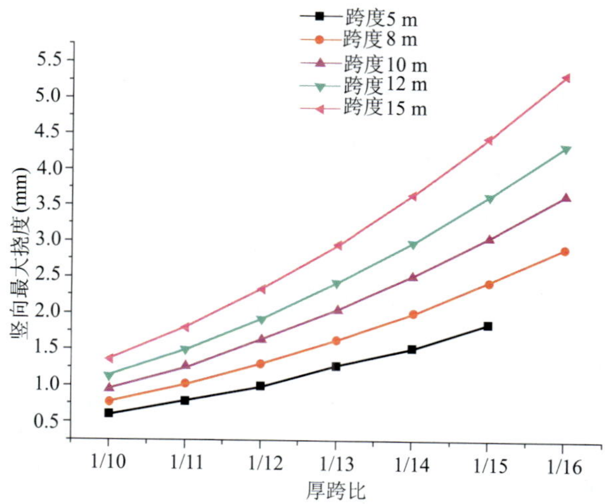

图 3.4-2　不同跨度承载板在竖向静活载作用下竖向最大挠度随厚跨比变化图

图 3.4-3、图 3.4-4 分别为不同跨度承载板在竖向静活载作用下竖向最大总位移、挠跨比随厚跨比变化图，图 3.4-4、图 3.4-5 为不同跨度承载板在竖向静活载作用下挠跨比、总位移跨度之比随厚跨比变化图，图 3.4-6 为不同跨度承载板在竖向静活载作用下板端转角随厚跨比变化图。

综合表 3.4-10～表 3.4-29 及图 3.4-2～图 3.4-5 可知，对于跨度为 5 m 的三跨一联桩板结构，其承载板的厚跨比只要不小于 1/14，其竖向刚度均能满足《高速铁路设计规范(试行)》的要求。对于跨度为 8 m、10 m、12 m、15 m 的三跨一联桩板结构,承载板的厚跨比取 1/10～1/16 时,其竖向刚度均能满足《高速铁路设计规范(试行)》的要求。

由表 3.4-10～表 3.4-29 及图 3.4-2～图 3.4-5 还可见,对于不同跨度的桩板结构,随着厚跨比降低,随着跨度的增大,静活载作用下承载板竖向挠度和竖向最大位移均逐渐增大;静活载作用下,随着厚跨比降低,承载板挠跨比和总位移与跨度之比均逐渐增大,当跨度大于 8 m 时,承载板挠跨比和总位移与跨度之比随跨度变化不明显,当跨度为 5 m 时,相比于跨度为 8 m 承载板挠跨比和总位移与跨度之比明显增大,但仍满足《高速铁路设计规范(试行)》的要求。

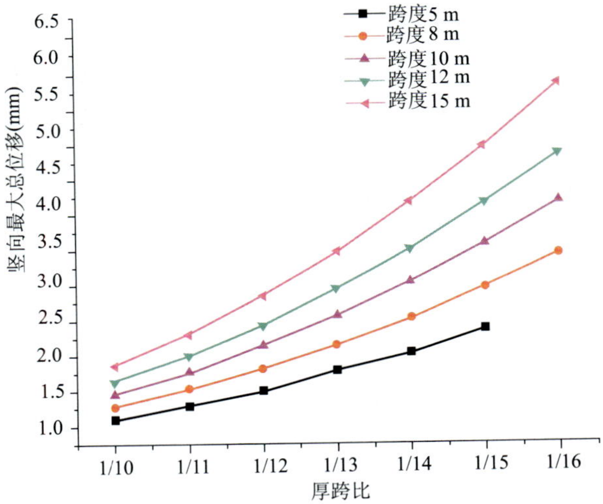

图 3.4-3　不同跨度承载板在竖向静活载作用下竖向最大总位移随厚跨比变化图

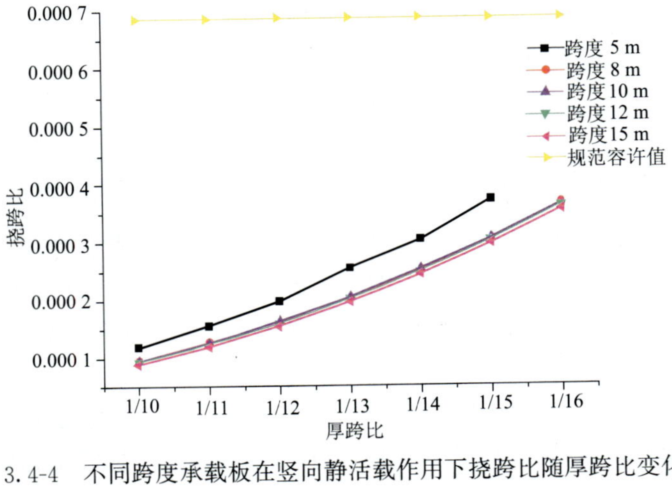

图 3.4-4　不同跨度承载板在竖向静活载作用下挠跨比随厚跨比变化图

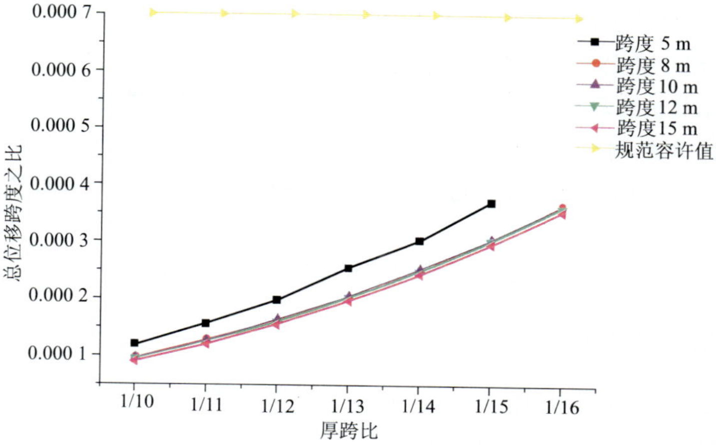

图 3.5-5 不同跨度承载板在竖向静活载作用下总位移跨度之比随厚跨比变化图

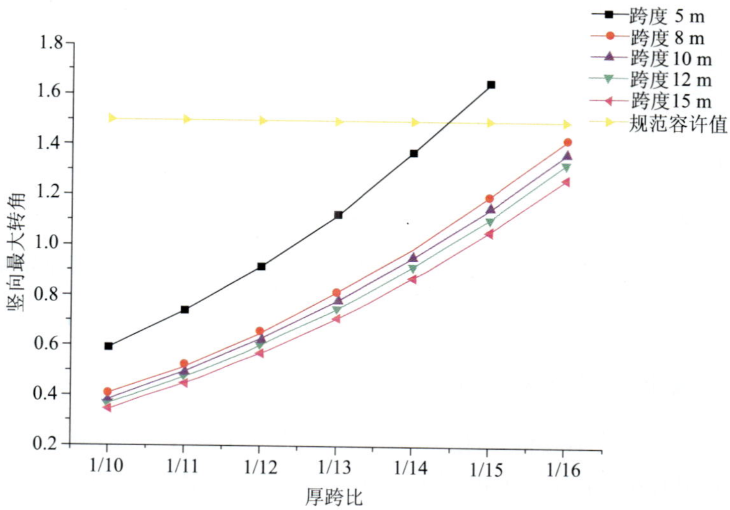

图 3.4-6 不同跨度承载板在竖向静活载作用下转角随厚跨比变化图($\times10^{-3}$ rad)

由图 3.4-6 可见,对于不同跨度的桩板结构,静活载作用下,随着厚跨比降低,承载板竖向最大转角均逐渐增大,当跨度大于 8 m 时,承载板竖向最大转角随跨度变化不明显,当跨度为 5 m 时,承载板竖向最大转角明显大于跨度为 8 m 时,且当厚跨比大于 1/14 时,承载板竖向最大转角将不满足《高速铁路设计规范(试行)》的要求。

初步结论:

随着承载板厚跨比的降低,虽然支点处因基础弹性而产生的位移变化不大,但承载板自身挠曲产生的跨中竖向位移增大，从而导致承载板跨中竖向总位移加大，承载板因自身挠曲所产生的跨中竖向位移占其总位移的比重也明显增加；对于跨度为 5 m 的三跨一联桩板结构，当承载板的厚跨比大于 1/14 时，板端竖向转角将不满足《高速铁路设计规范(试行)》规定的限值，对于跨度为 8 m、10 m、12 m、15 m 的三跨一联桩板结构，承载板的厚跨比取为 1/10～1/16，其竖向刚度均能满足《高速铁路设计规范(试行)》的要求。

3.5　基础刚度对结构性能影响

3.5.1　伸缩温度力的影响

基础刚度(托梁顶或桩顶)变化时，在结构整体升温 20 ℃情况下，支点纵向反力(单根桩基或单块板处)、承载板的轴力计算值如表 3.5-1 所示。

表 3.5-1　整体升温 20 ℃时桩板结构各支点纵向反力及中跨轴力(kN)

刚度	支点 1	支点 2	支点 3	支点 4	中跨轴力
1.2K	0	180.9	−180.9	0	−180.9
K	0	151.9	−151.9	0	−151.9
0.8K	0	123.8	−123.8	0	−123.8
0.5K	0	77.2	−77.2	0	−77.2
0.2K	0	30.3	−30.3	0	−30.3

由表 3.5-1 可见，基础纵向刚度越大，中跨轴力越大，反之，基础纵向刚度越小，中跨轴力越小。

3.5.2　承载板竖向刚度的影响

表 3.5-2 表示不同桩顶刚度时(其他参数同工点 1)静活载作用下承载板各关键点的竖向位移值(未计入温度影响)，表 3.5-3 为不同桩顶刚度时(其他参数同工点 1)静活载作用下承载板最大竖向位移值(计入温度影响)，图 3.5-1 表示桩顶刚度与承载板竖向位移的变化规律，图 3.5-2 为承载板挠度占其竖向总位移比例的关系(基础刚度 K 为工点 1 的设计值 $K_{b纵}$、$K_{b横}$、$K_{p纵}$、$K_{p横}$、$K_{b竖}$、$K_{p竖}$)。

表 3.5-2　不同桩顶刚度时静活载作用下承载板竖向位移值(未计入温度影响)(mm)

(1)	(2)	(3)	(4)	(5)	(6)	(7)	(6)/(4)	(7)/(5)
桩顶刚度	边桩桩顶竖向变形	中桩桩顶竖向变形	边跨跨中竖向总位移	中跨跨中竖向总位移	边跨跨中竖向挠度	中跨跨中竖向挠度	(边跨)跨中挠度/总位移	(中跨)跨中挠度/总位移
1.2K	0.314	0.566	1.375	1.084	0.935	0.518	68.00%	47.79%

续上表

(1)	(2)	(3)	(4)	(5)	(6)	(7)	(6)/(4)	(7)/(5)
桩顶刚度	边桩桩顶竖向变形	中桩桩顶竖向变形	边跨跨中竖向总位移	中跨跨中竖向总位移	边跨跨中竖向挠度	中跨跨中竖向挠度	(边跨)跨中挠度/总位移	(中跨)跨中挠度/总位移
K	0.379	0.677	1.456	1.175	0.928	0.498	63.74%	42.38%
0.8K	0.478	0.841	1.576	1.311	0.916	0.470	58.14%	35.85%
0.5K	0.781	1.325	1.933	1.731	0.880	0.406	45.53%	23.45%
0.2K	2.077	3.176	3.473	3.58	0.846	0.404	24.36%	11.28%

注:(6)、(7)列中承载板竖向挠度为承载板竖向总位移减去该跨两侧托梁处的竖向变形平均值。

表 3.5-3 不同桩顶刚度承载板的最大竖向总位移值(mm)

刚度	静活载最大竖向位移	0.5 倍温度引起挠度	总最大竖向位移	位移跨度比	挠跨比限值
1.2K	1.38	0.03	1.41	1/7 093	1/1 455
K	1.46	0.03	1.49	1/6 711	
0.8K	1.58	0.04	1.62	1/6 173	
0.5K	1.93	0.04	1.97	1/5 076	
0.2K	3.47	0.09	3.56	1/2 809	

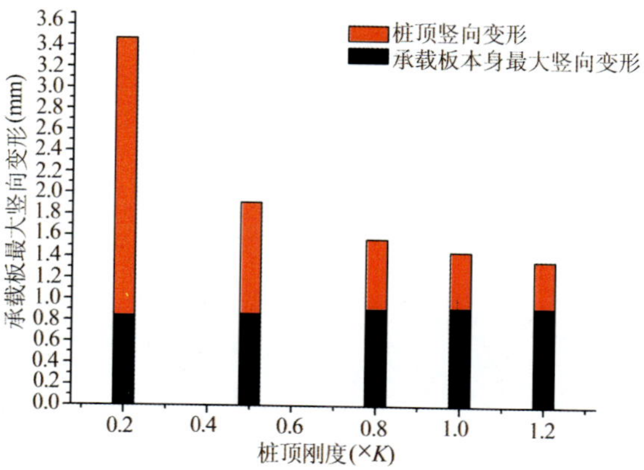

图 3.5-1 不同桩顶刚度时承载板变形值

由表 3.5-2 和图 3.5-1、图 3.5-2 可知,随着基础刚度变化,静活载引起的支点竖向总位移(包括桩顶竖向变形)变化较大,而跨中挠度变化较小,即随着基础刚度减小,支点竖向位移明显增大,而跨中竖向挠度(承载板自身的变形)略有减小,承载板竖向总位移中桩基位移所占比重逐渐增大。

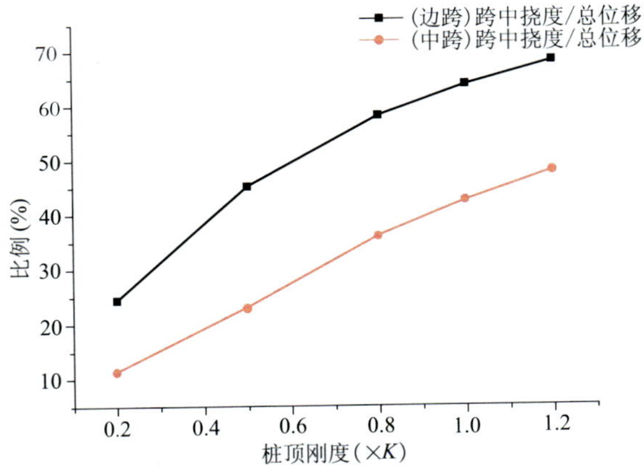

图 3.5-2　不同桩顶刚度时承载板变形比例分配

从表 3.5-3 可看出，随着基础刚度的降低，承载板位移与跨度之比增大，当基础刚度从 1.2K 降至 0.2K 时，承载板位移跨度比由 1/7 093 增大至 1/2 809，但对于工点 1 桩板结构，其竖向刚度仍满足《高速铁路设计规范(试行)》的要求。

初步结论：

板(承载板)梁(托梁)结构基础纵向刚度越大，承载板由整体升降温(年温差)引起的中跨轴力越大，反之亦然；随着基础竖向刚度减小，支点竖向位移明显增大，而跨中竖向挠度(承载板自身的变形)略有减小，承载板竖向总位移中桩基位移所占比重逐渐增大。

4 动力测试分析

在沪杭高速铁路联调联试及试运营的期间，对沪杭高铁松江段桩板结构路基及其过渡段动力性能进行了比较系统的现场实测，并实时测试了试验列车通过上述路段时的车体竖、横向振动加速度；通过对大量现场动力测试数据的整理分析，依据我国相关规范、标准及有关研究成果，对试验列车在沪杭高铁松江段桩板结构路基及其过渡段上的运营性能（运行安全性及舒适性）和路基结构振动特性进行了综合评判。

4.1 试验列车

在沪杭高速铁路联调联试及试验运行的同时，对桩板结构路基动力性能进行了系统测试，测试分两个阶段进行，第1阶段试验列车为 CRH_2-068C 及 CRH_2-061C 动车组，单列动车组为8节编组。单列动车组采取逐级提速的方式运行，其通过桩板结构路基区段的速度级为200、220、240、260、280、300、310、320、330 km/h，每个速度级运行1～4个往返；第2阶段试验列车为高速铁路试运营动车组，列车运行时速除两车次低于100 km外，其余车次均保持在330～350 km。

4.2 测试内容及方案

4.2.1 测试内容

为全面了解高速动车组通过桩板结构路基及其过渡段（桩筏结构路基）的动力性能，对桩板结构路基进行了如下测试工作。

(1)桩板结构路基竖、横向自振特性测试；

(2)桩板结构路基竖、横向振动位移测试；

(3)桩板结构路基竖、横向振动加速度测试；

(4)桩板结构路基上轨道板竖向振动加速度测试；

(5)桩板结构路基上竖、横向轮轨力测试；

(6)过渡段路基（桩筏结构）上轨道板竖向振动加速度测试；

(7)过渡段路基（桩筏结构）上竖、横向轮轨力测试；

(8)高速动车组通过桩板结构路基及其过渡段时车体竖、横向振动加速度测试。

4.2.2 试验方案

1. 自振频率和振动位移

分别在边支点(图 4.2-1 中Ⅰ-Ⅰ截面)、边跨跨中(图 4.2-1 中Ⅲ-Ⅲ截面)、中支点(图 4.2-1中Ⅳ-Ⅳ截面)和中跨跨中(图 4.2-1 中Ⅴ-Ⅴ截面)上行线承载板以及边支点(图 4.2-1 中Ⅰ-Ⅰ截面)托梁上布置竖向、横向振动位移传感器(图 4.2-2～图 4.2-5)测取桩板结构的振动位移响应,并采用余振法测取桩板结构路基的竖、横向自振频率。

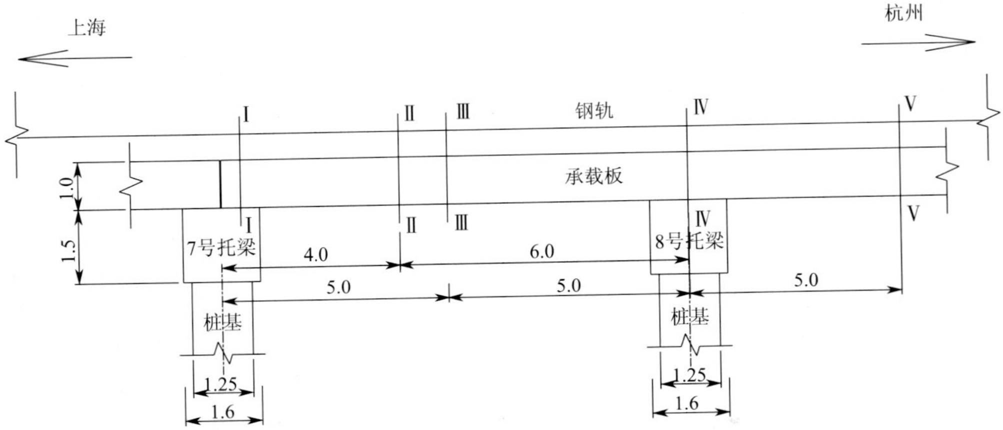

图 4.2-1　桩板结构测试断面布置图(m)

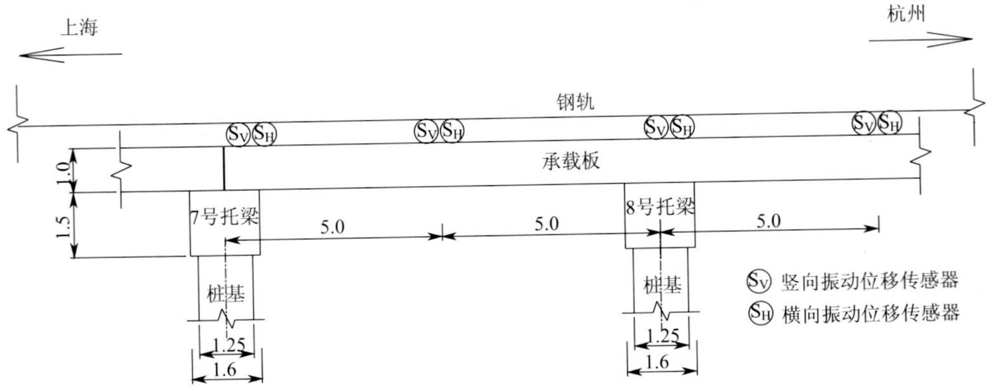

图 4.2-2　桩板结构振动位移测点立面布置图(m)

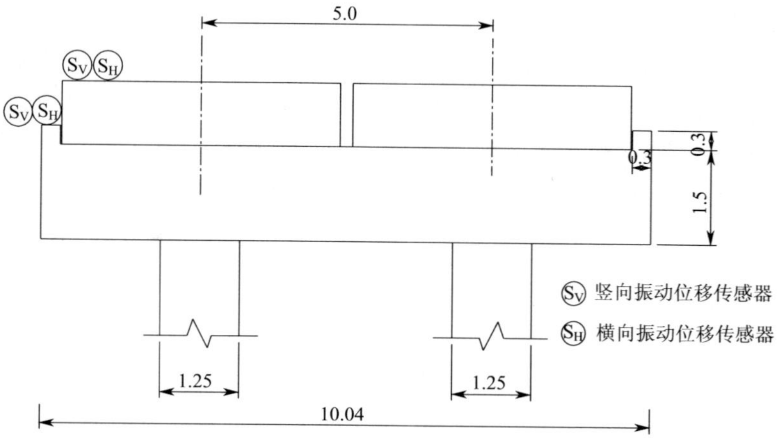

图 4.2-3 桩板结构振动位移测点边支点横断面布置图(m)

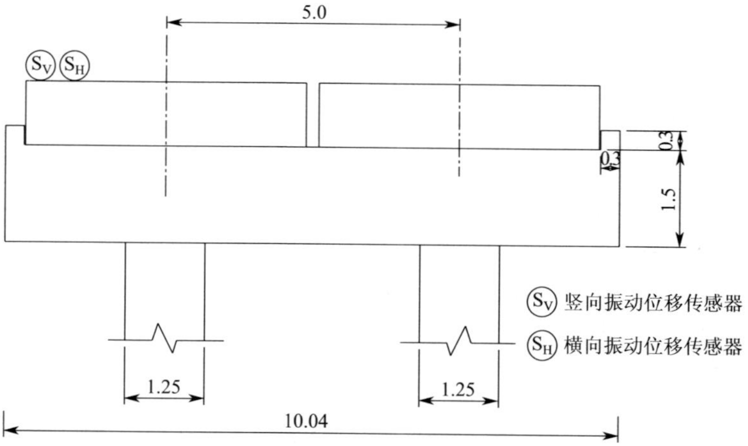

图 4.2-4 桩板结构振动位移测点中支点横断面布置图(m)

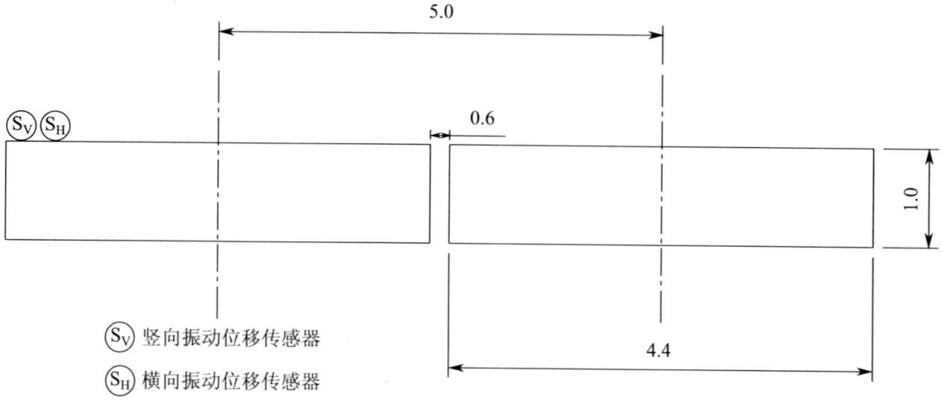

图 4.2-5 桩板结构振动位移测点跨中横断面布置图(m)

2. 加速度

分别在边支点(图 4.2-1 中Ⅰ-Ⅰ截面)、边跨跨中(图 4.2-1 中Ⅲ-Ⅲ截面)、中跨跨中(图 4.2-1中Ⅴ-Ⅴ截面)上行线承载板上设置竖向、横向振动加速度传感器(图 4.2-6～图 4.2-8)测取试验列车通过时桩板结构路基的振动加速度响应。图 4.2-9为布置在承载板上的竖、横向振动位移及加速度传感器。

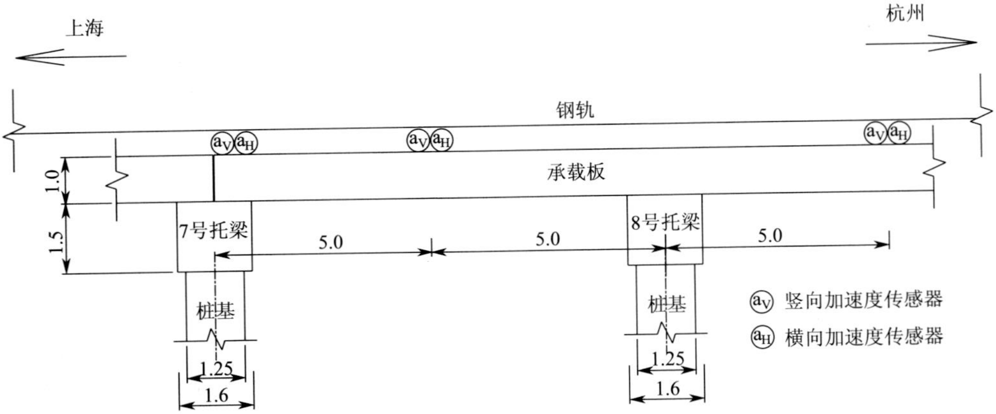

图 4.2-6 板梁结构振动加速度测点立面布置图(m)

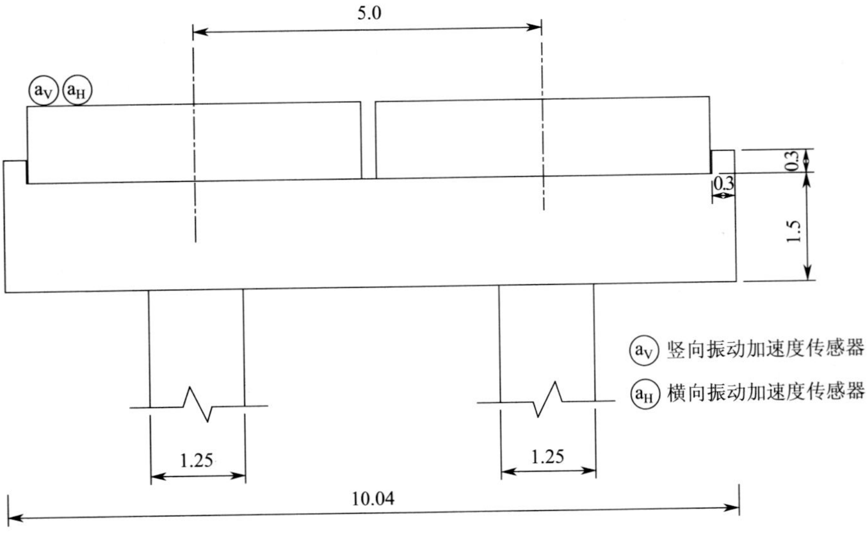

图 4.2-7 板梁结构振动加速度测点边支点横断面布置图(m)

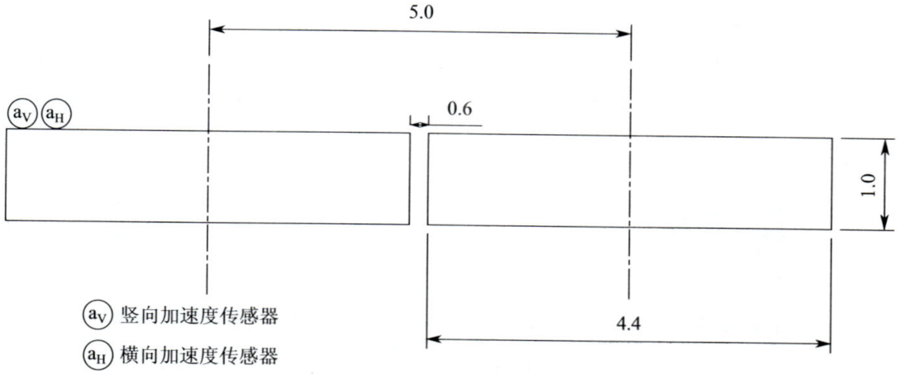

图 4.2-8 板梁结构振动加速度测点跨中横断面布置图(m)

图 4.2-9 布置在承载板上的振动位移及加速度传感器

3. 轨道板竖向振动加速度

在边跨跨中、中跨跨中(图 4.2-1 中Ⅲ-Ⅲ、Ⅴ-Ⅴ截面)上行线轨道板中心位置设置竖向振动加速度传感器，测取试验动车组通过时轨道板的竖向振动加速度。图 4.2-10为安装在轨道板上的竖向振动加速度传感器。

4. 路基上竖、横向轮轨力

在边支点(图 4.2-1 中Ⅰ-Ⅰ截面)及中跨跨中(图 4.2-1 中Ⅴ-Ⅴ截面)上行线钢轨上粘贴应变片，测取轮轨竖、横向作用力，计算分析试验列车通过桩板结构路基时的脱轨系数、轮重减载率、轮轨横向作用力等列车运行安全性控制参数。图 4.2-11 表示为测试轮轨力而粘贴在钢轨上的应变片，图 4.2-12 为轮轨力标定。

5. 过渡段路基(桩筏结构)上轨道板竖向振动加速度

在桩板结构路基上海端与桩筏结构连接处(图 4.2-13 中Ⅵ-Ⅵ、Ⅶ-Ⅶ截面)上行线路中心位置轨道板上设置竖向振动加速度传感器,测定列车通过时轨道板的竖向振动加速度。

图 4.2-10 安装在轨道板上的竖向振动加速度传感器

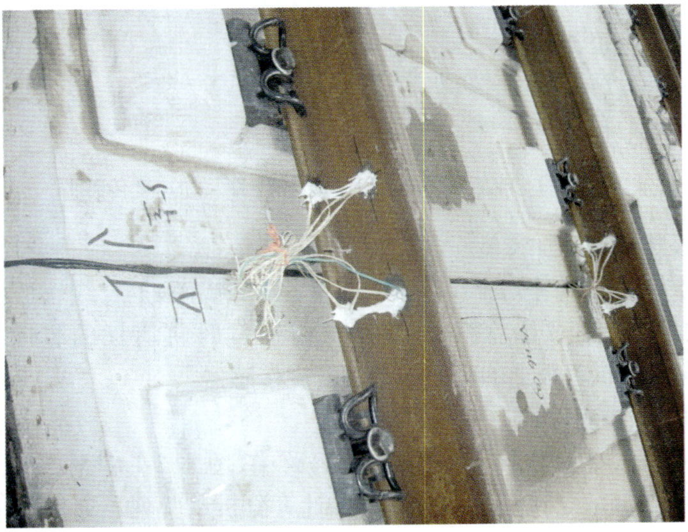

图 4.2-11 粘贴在钢轨上的应变片

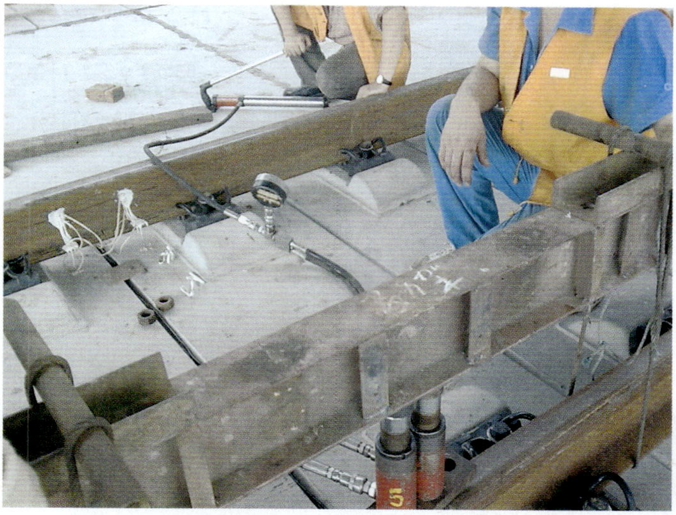

图 4.2-12 竖向轮轨力标定

6. 过渡段路基(桩筏结构)上竖、横向轮轨力

在桩板结构路基上海端与桩筏结构连接处(图 4.2-13 中Ⅵ-Ⅵ截面)上行线路钢轨上粘贴应变片,测定轮轨竖、横向作用力,计算分析试验列车通过过渡段路基(桩筏结构)时的脱轨系数、轮重减载率、轮轨横向作用力等列车运行安全性控制参数。

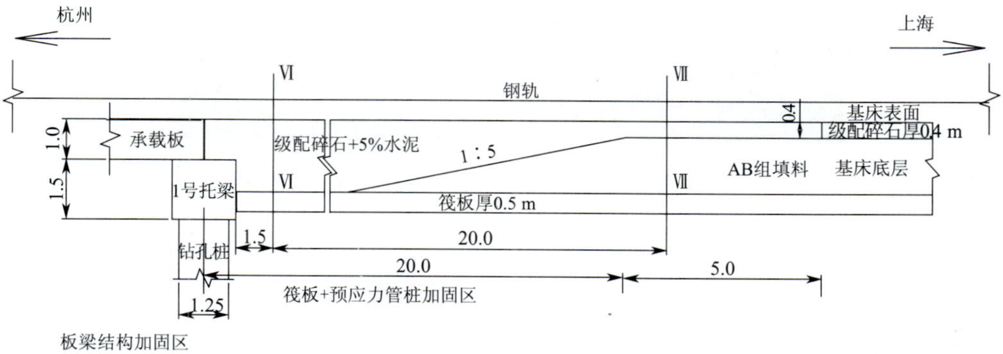

图 4.2-13 过渡段测试断面布置图(m)

7. 试验列车通过桩板结构路基及其过渡段时车体竖、横向加速度

分别在车体中部、端部底板上布置竖、横向加速度传感器,车辆端部的加速度拾振器放在距心盘一侧 1 m 处,车辆中间的加速度计放在底板中心线上(图 4.2-14),测试试验列车车体的竖向及横向加速度值,计算分析列车运行平稳性及乘客舒适性。图 4.2-15 表示安装在试验列车车体上的振动加速度传感器。

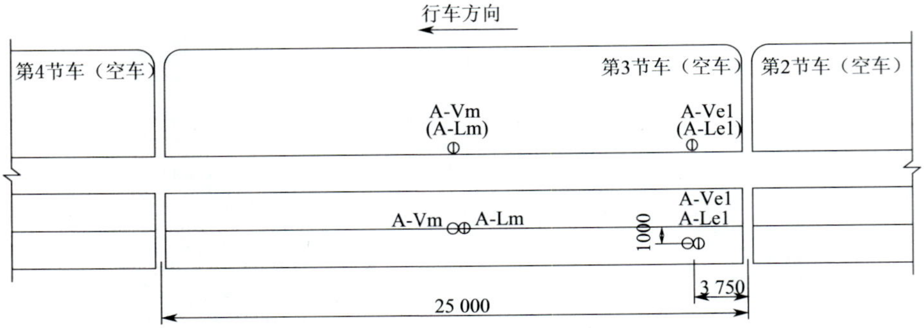

图 4.2-14　车体加速度测点布置图(mm)

图 4.2-15　安装在试验动车车体上的振动加速度传感器

4.3　评定标准

4.3.1　《高速铁路设计规范(试行)》(TB 10621—2009)

我国《高速铁路设计规范(试行)》第 7.3.5、7.3.6 条规定：

(1)简支梁竖向自振频率：$f \geqslant 80/L = 8.0$ Hz；

(2)脱轨系数：$Q/P \leqslant 0.8$；

(3)轮重减载率：$\Delta P/P \leqslant 0.6$；

(4)轮对横向水平力：$Q \leqslant 10 + P_0/3 = 49.00$ kN(P_0 为静轴重，单位 kN)；

(5)车体竖向振动加速度：$a_z \leqslant 0.13g$(半峰值)；

(6)车体横向振动加速度：$a_y \leqslant 0.10g$(半峰值)；

(7)Sperling 舒适度指标：$W \leqslant 2.50$ 优，$2.50 < W \leqslant 2.75$ 良，$2.75 < W \leqslant 3.00$ 合格；

(8)桥面板在 20 Hz 及以下强振频率作用下，无砟桥面竖向振动加速度：$a_z \leqslant 0.5g$。

4.3.2 相关标准及研究成果

依据科技基〔2008〕65 号中批复的客运专线 300～350 km/h 轨道不平顺动态管理值(简称《运营管理标准》)以及《客运专线铁路工程竣工验收动态检测指导意见》(铁建设〔2008〕7 号)可得表 4.3-1 所示车体加速度检测标准，其中，标准中Ⅰ、Ⅱ级为《客运专线铁路工程竣工验收动态检测指导意见》中的验收Ⅰ级和验收Ⅱ级，Ⅲ、Ⅳ级为《运营管理标准》中的Ⅲ、Ⅳ级。车体垂向加速度采用 20 Hz 低通滤波，车体横向加速度采用 10 Hz 低通滤波。

表 4.3-1 轨道状态检测标准(300～350 km/h)

项目	作业验收	计划维修	舒适度	临时补修	限速 200 km/h
车体垂直加速度(m/s^2)	—	1.0	1.5	2.0	2.5
车体水平加速度(m/s^2)	—	0.6	0.9	1.5	2.0

《高速动车组整车试验规范》(铁运〔2008〕28 号)规定的列车运行安全性评判标准如表 4.3-2所示。根据无砟轨道路基振动加速度测试经验，振动加速度 $A_v < 1.00g$。

表 4.3-2 列车运行安全性评判标准

参数名称	评判标准	备注
脱轨系数 $D_q = Q/P$	$\leqslant 0.80$	
轮重减载率 $U_r = \Delta P/P$	$\leqslant 0.80$	
轮轴横向力 $H = \lvert Q_1 - Q_2 \rvert$(kN)	$\lvert Q_1 - Q_2 \rvert \leqslant 10 + P_0/3 = 49.00$($P_0$ 为静轴重)	
轮轨垂直力 P(kN)	$\leqslant 255$	轨道结构设计荷载

4.4 测试结果

4.4.1 竖、横向自振频率

表 4.4-1 表示桩板结构路基实测竖、横向自振频率，图 4.4-1～图 4.4-5 为桩板结构路基典型的竖、横向余振波形及其对应的功率谱。

表 4.4-1　桩板结构路基实测竖、横向自振频率(Hz)

测点位置	竖向频率	横向频率	备注
Ⅰ-Ⅰ截面托梁	—	1.342 8	
Ⅰ-Ⅰ截面承载板	3.173 8	1.342 8	
Ⅲ-Ⅲ截面承载板	3.173 8	1.342 8	
Ⅳ-Ⅳ截面承载板	3.173 8	1.342 8	
Ⅴ-Ⅴ截面承载板	3.173 8	1.342 8	

从表 4.4-1 可看出，板(承载板)梁(托梁)结构自振特性与测点位置无关，竖、横向自振频率分别为 3.173 8 Hz、1.342 8 Hz，横向自振频率小于竖向自振频率。这表明，桩板结构路基的横向刚度低于竖向刚度。

由图 4.4-2(a)、图 4.4-3(a)、图 4.4-5(a)以及图 4.4-1～图 4.4-5 可知，桩板结构各控制截面的竖向及横向余振曲线线形相似、相位相同。综合表 4.4-1 及图 4.4-1～图 4.4-5 可知，桩板结构路基主要呈现由地基振动带动板梁结构作刚体运动的振动形态，桩板结构路基的竖、横向基频主要由桩基(包括地基土)的竖、横向刚度控制。

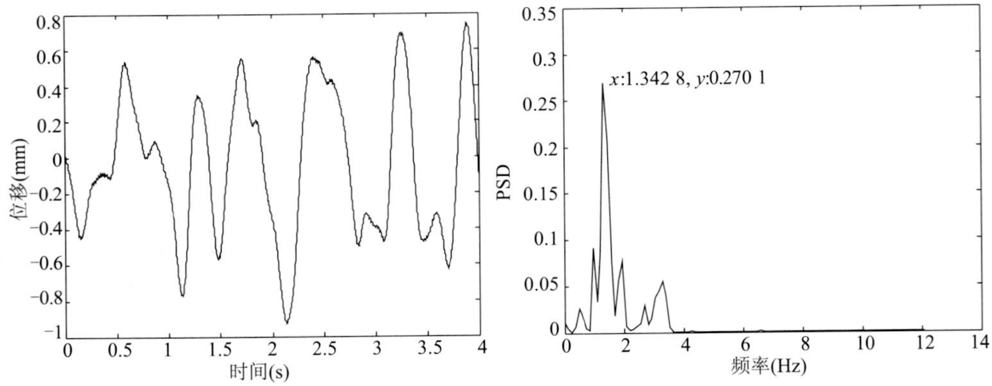

图 4.4-1　边支点托梁(Ⅰ-Ⅰ截面)横向典型余振曲线及其功率谱

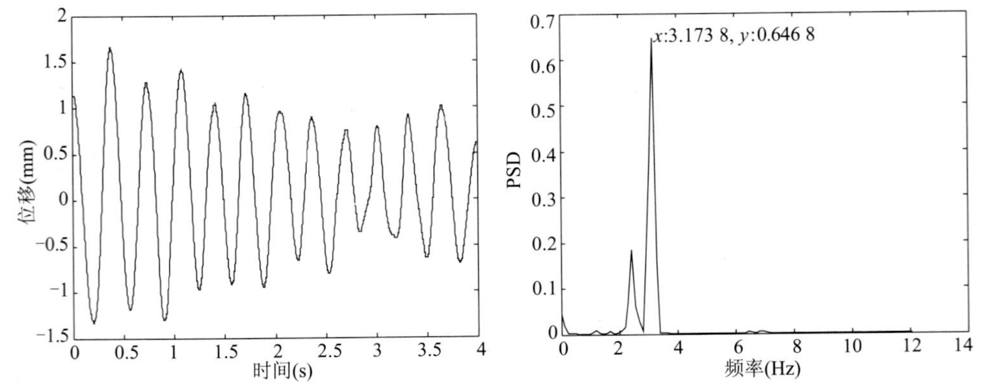

图 4.4-2(a)　Ⅰ-Ⅰ截面承载板竖向典型余振曲线及其功率谱

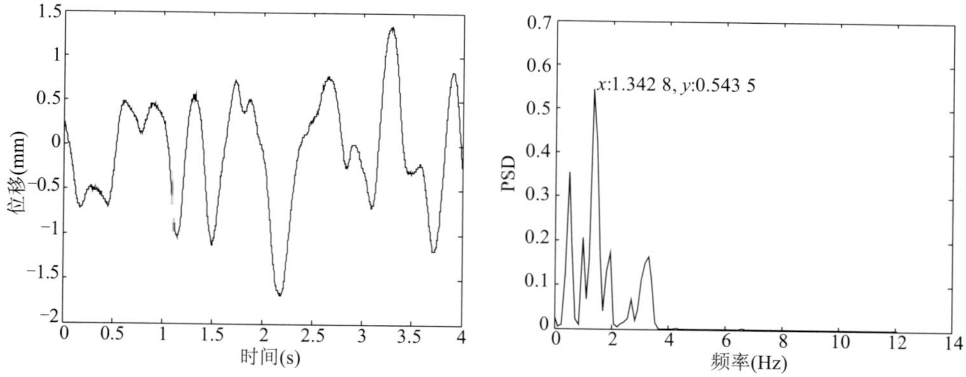

图 4.4-2(b) Ⅰ-Ⅰ截面承载板横向典型余振曲线及其功率谱

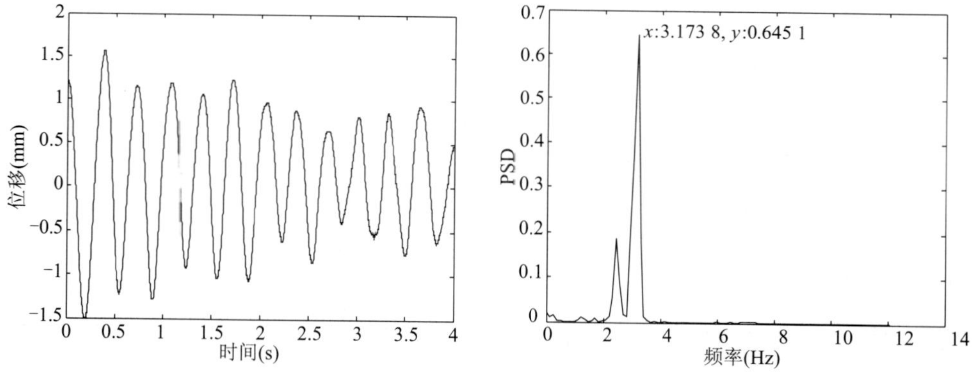

图 4.4-3(a) Ⅲ-Ⅲ截面承载板竖向典型余振曲线及其功率谱

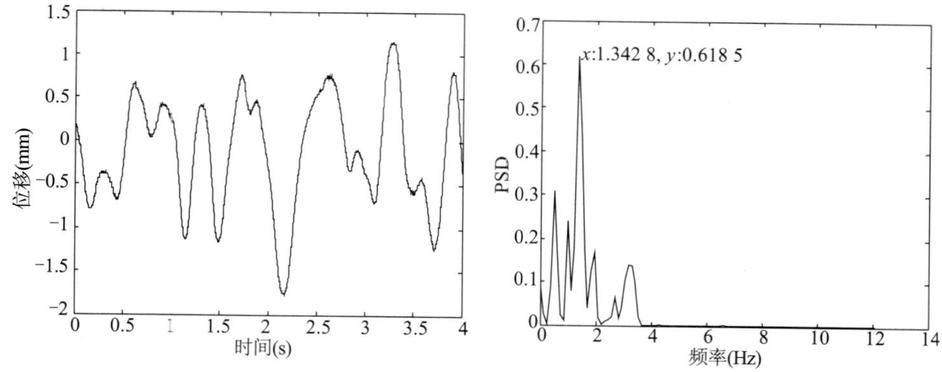

图 4.4-3(b) Ⅲ-Ⅲ截面承载板横向典型余振曲线及其功率谱

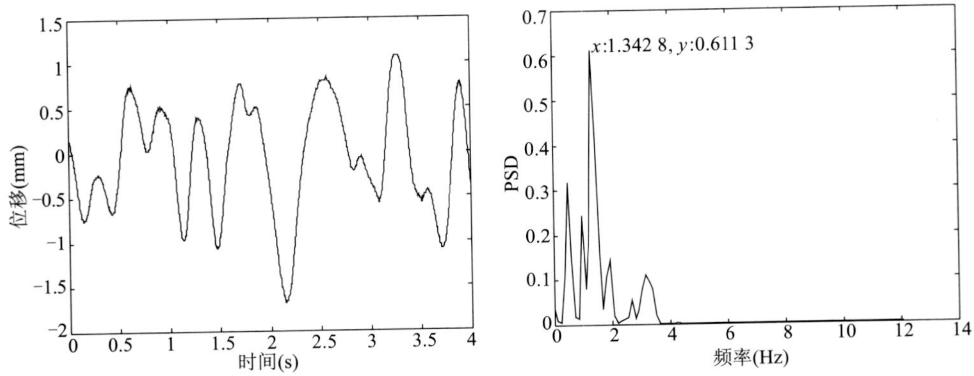

图 4.4-4 Ⅳ-Ⅳ截面承载板横向典型余振曲线及其功率谱

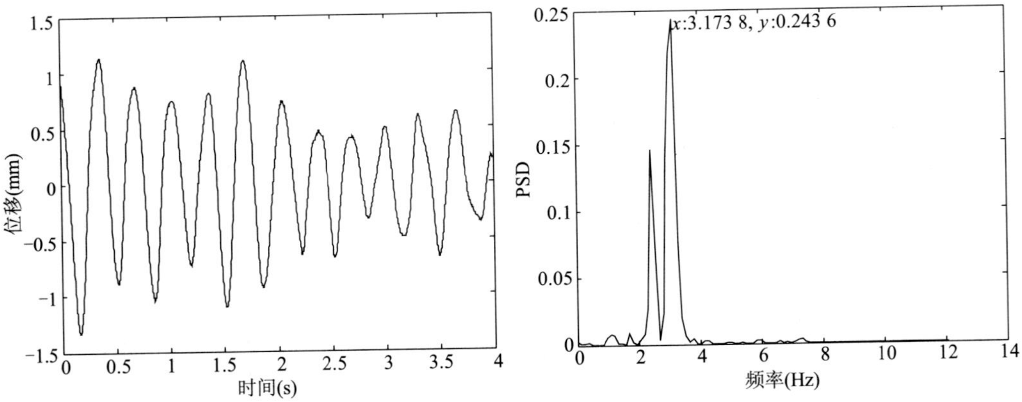

图 4.4-5(a) Ⅴ-Ⅴ截面承载板竖向典型余振曲线及其功率谱

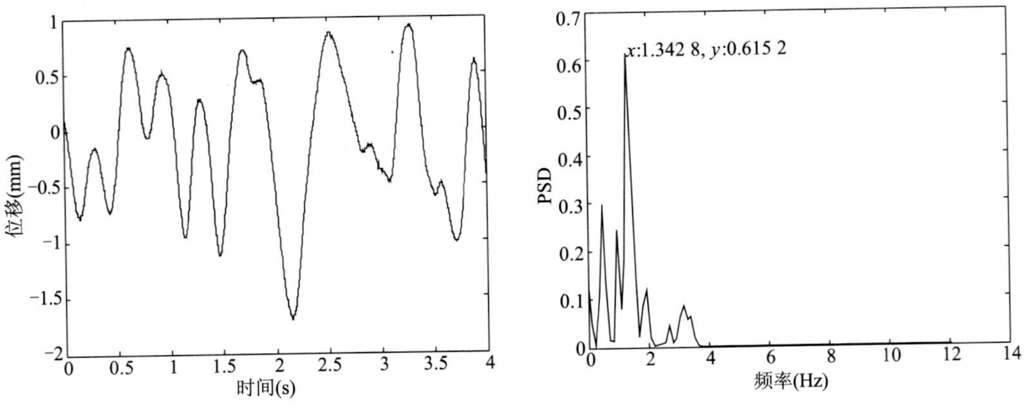

图 4.4-5(b) Ⅴ-Ⅴ截面承载板横向典型余振曲线及其功率谱

初步结论：

(1)沪杭高速铁路松江段桩板结构路基实测竖、横向自振频率分别为 3.173 8 Hz、1.342 8 Hz，桩板结构路基系统刚度横向小于竖向。

(2)桩板结构路基主要表现为由软土地基振动带动板梁结构作刚体运动的态势。

4.4.2 竖、横向振动位移响应

表 4.4-2、表 4.4-3 分别表示试验动车组通过时桩板结构路基实测竖、横向动位移振幅最大值和平均值，图 4.4-6～图 4.4-10 为试验列车通过时桩板结构路基竖、横向振动位移的典型时程曲线，图 4.4-11～4.4-15 为桩板结构路基竖、横向动位移振幅与车速的关系图。

表 4.4-2 桩板结构路基实测竖向动位移振幅(mm)

速度区间(km/h) / 测点位置	V≤80		150<V≤250		250<V≤300		300<V≤350	
	最大值	平均值	最大值	平均值	最大值	平均值	最大值	平均值
Ⅰ-Ⅰ截面托梁	0.048	0.047	—	—	—	—	0.094	0.087
Ⅰ-Ⅰ截面承载板	0.046	0.044	0.125	0.111	0.395	0.141	0.317	0.128
Ⅲ-Ⅲ截面承载板	0.065	0.062	0.086	0.079	0.114	0.088	0.135	0.090
Ⅳ-Ⅳ截面承载板	0.036	0.035	—	—	—	—	0.100	0.064
Ⅴ-Ⅴ截面承载板	0.110	0.076	0.068	0.055	0.180	0.083	0.204	0.095

表 4.4-3 桩板结构路基实测横向动位移振幅(mm)

速度区间(km/h) / 测点位置	V≤80		150<V≤250		250<V≤300		300<V≤350	
	最大值	平均值	最大值	平均值	最大值	平均值	最大值	平均值
Ⅰ-Ⅰ截面托梁	0.036	0.025	0.034	0.034	0.045	0.043	0.103	0.047
Ⅰ-Ⅰ截面承载板	0.027	0.021	0.066	0.047	0.322	0.087	0.114	0.050
Ⅲ-Ⅲ截面承载板	0.014	0.014	0.193	0.107	0.435	0.120	0.321	0.075
Ⅳ-Ⅳ截面承载板	0.015	0.013	0.072	0.038	0.054	0.029	0.228	0.058
Ⅴ-Ⅴ截面承载板	0.020	0.016	0.257	0.093	0.282	0.154	0.233	0.098

从表 4.4-2、表 4.4-3 可看出，试验动车组以不同速度通过桩板结构路基时，承载板竖、横向动位移最大振幅分别为 0.395 mm 及 0.435 mm(跨度的 1/253 16 和 1/229 88)，分别出现在边支点及边跨跨中截面，边支点托梁最大竖、横向振幅分别为 0.094 mm 及 0.103 mm。板(承载板)梁(托梁)结构的竖、横向振幅实测值不大，高

速列车通过桩板结构路基时板梁结构的竖、横向振幅较小。

由表 4.4-2 及表 4.4-3 还可看出，尽管承载板的竖、横向最大振幅达到0.4 mm左右，并且在出现该最大值的 250 至 300 km 试验列车运行时速区间内承载板的竖、横向振幅平均值也最大，分别为 0.141 mm 和 0.154 mm，但承载板竖、横向振幅平均值还不到其最大值的一半。

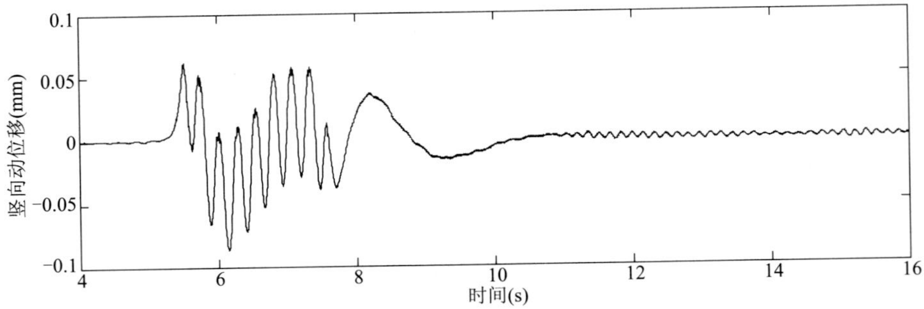

图 4.4-6(a)　边支点托梁（Ⅰ-Ⅰ截面）竖向振动位移典型时程曲线（V=341.3 km/h）

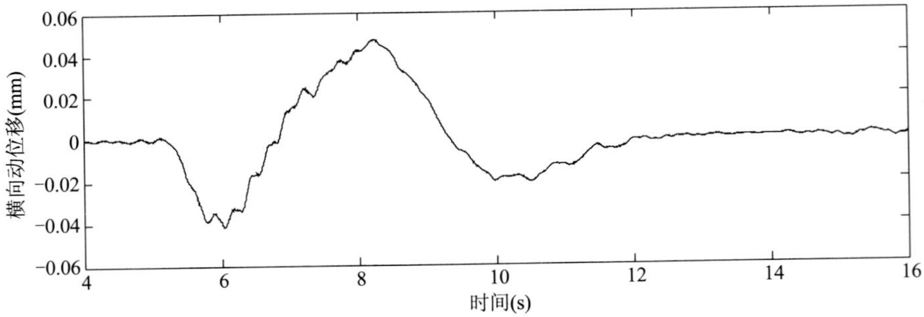

图 4.4-6(b)　边支点托梁（Ⅰ-Ⅰ截面）横向振动位移典型时程曲线（V=341.3 km/h）

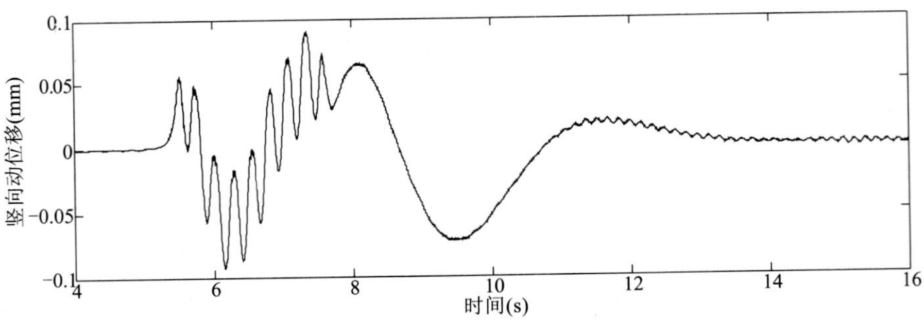

图 4.4-7(a)　Ⅰ-Ⅰ截面承载板竖向振动位移典型时程曲线（V=341.3 km/h）

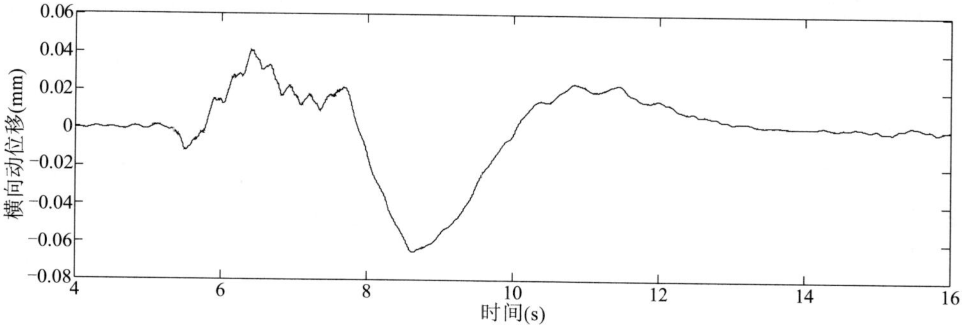

图 4. 4-7(b)　Ⅰ-Ⅰ截面承载板横向振动位移典型时程曲线(V=341. 3 km/h)

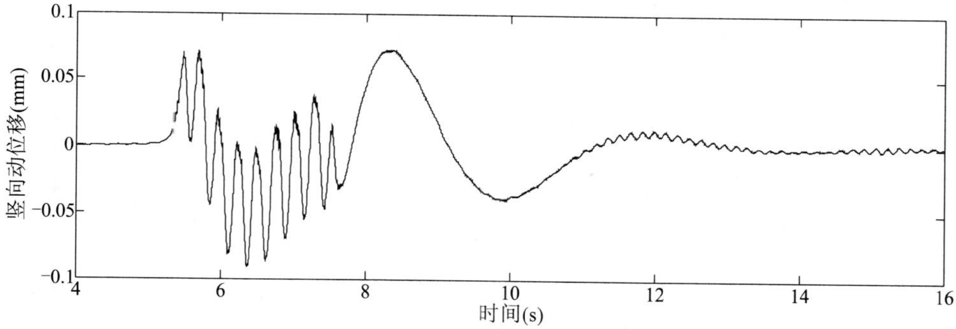

图 4. 4-8(a)　Ⅲ-Ⅲ截面承载板竖向振动位移典型时程曲线(V=341. 3 km/h)

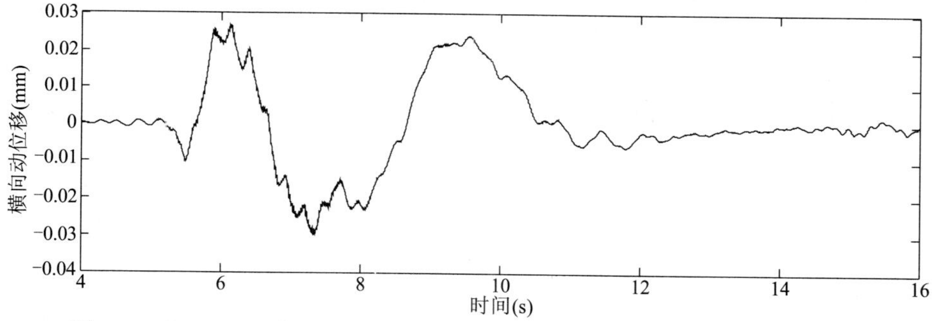

图 4. 4-8(b)　Ⅲ-Ⅲ截面承载板横向振动位移典型时程曲线(V=341. 3 km/h)

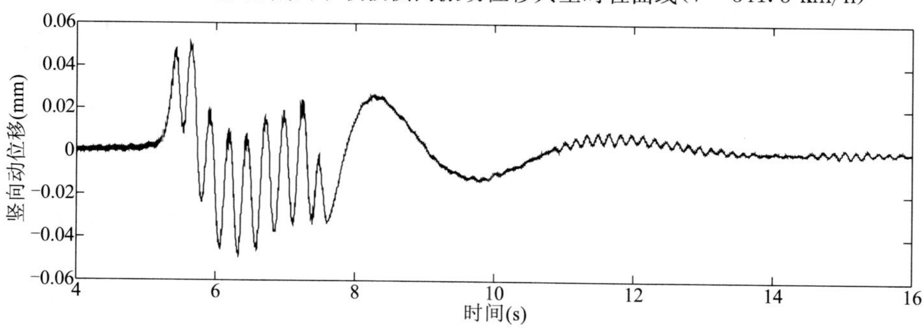

图 4. 4-9(a)　Ⅳ-Ⅳ截面承载板竖向振动位移典型时程曲线(V=341. 3 km/h)

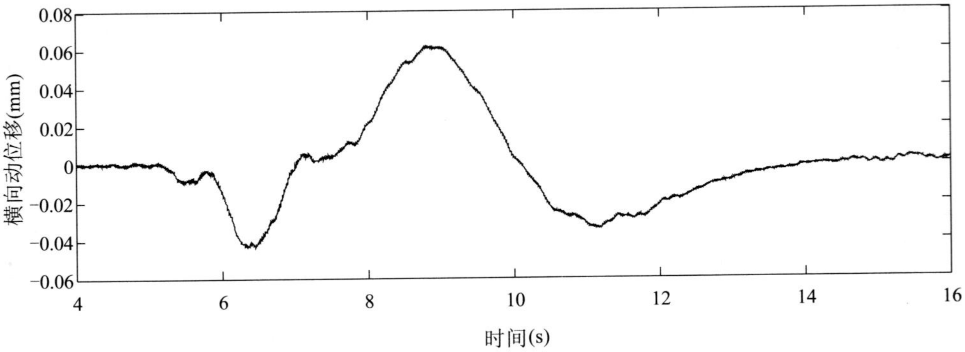

图 4.4-9(b)　Ⅳ-Ⅳ截面承载板横向振动位移典型时程曲线(V=341.3 km/h)

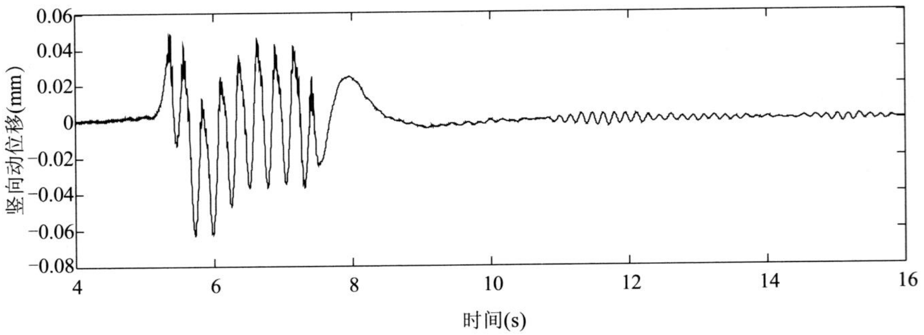

图 4.4-10(a)　Ⅴ-Ⅴ截面承载板竖向振动位移典型时程曲线(V=341.3 km/h)

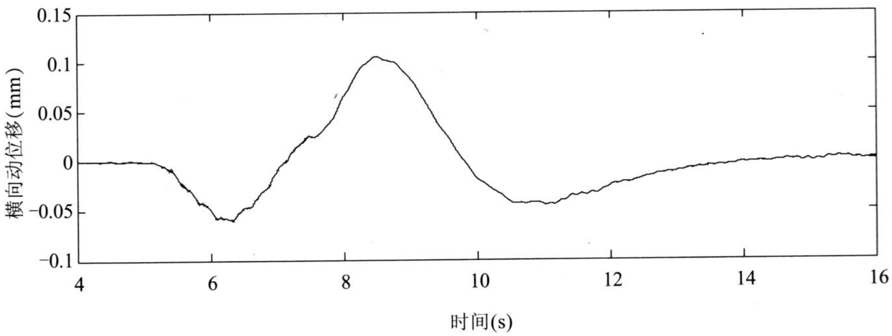

图 4.4-10(b)　Ⅴ-Ⅴ截面承载板横向振动位移典型时程曲线(V=341.3 km/h)

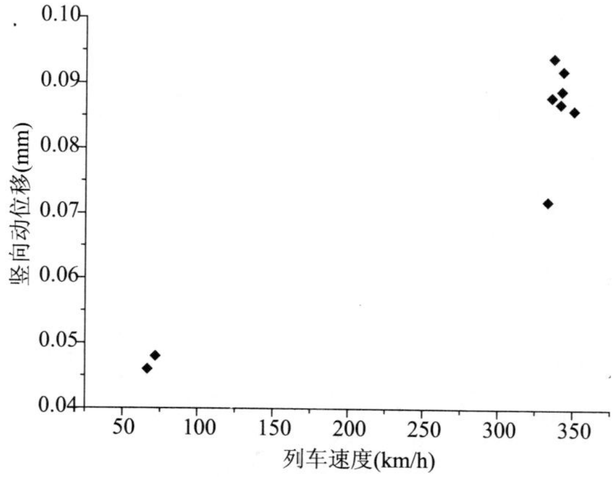

图 4.4-11(a) 边支点托梁(Ⅰ-Ⅰ截面)竖向动位移振幅与车速的分布散点图

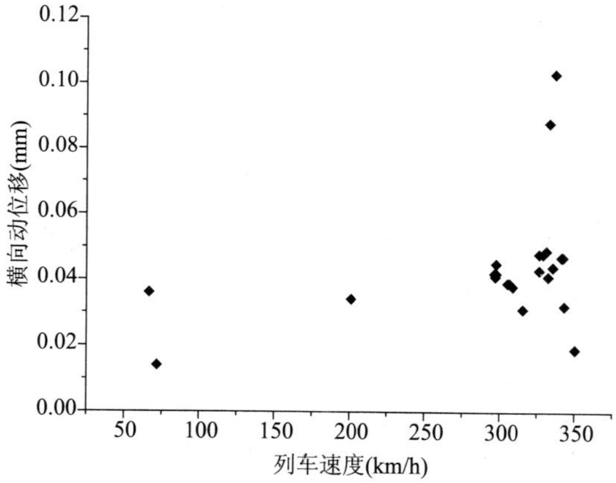

图 4.4-11(b) 边支点托梁(Ⅰ-Ⅰ截面)横向动位移振幅与车速的分布散点图

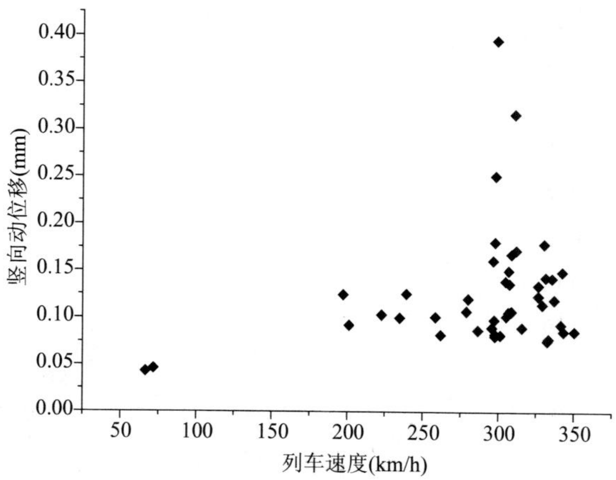

图 4.4-12(a) Ⅰ-Ⅰ截面承载板竖向动位移振幅与车速的分布散点图

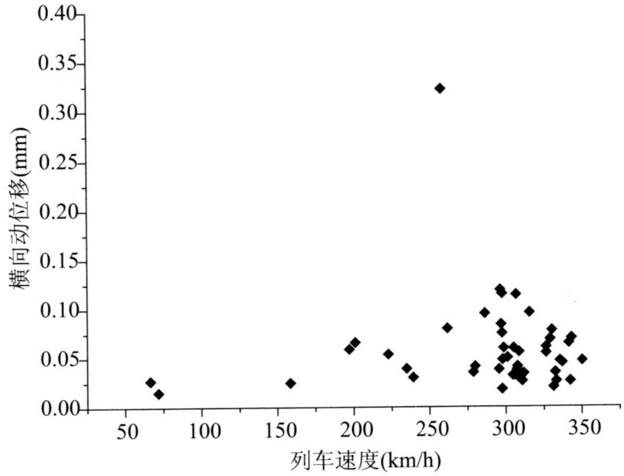

图 4.4-12(b)　Ⅰ-Ⅰ截面承载板横向动位移振幅与车速的分布散点图

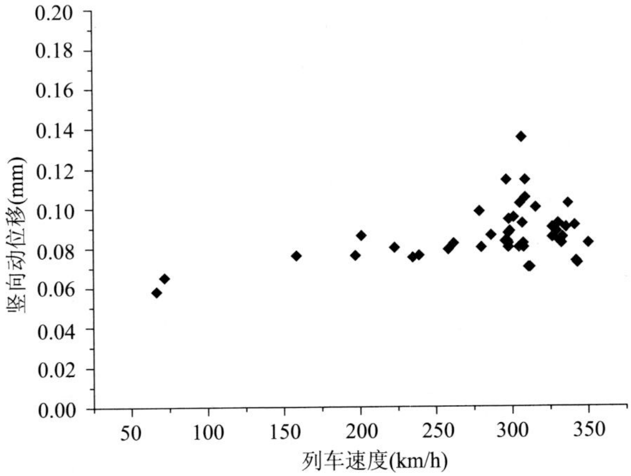

图 4.4-13(a)　Ⅲ-Ⅲ截面承载板竖向动位移振幅与车速的分布散点图

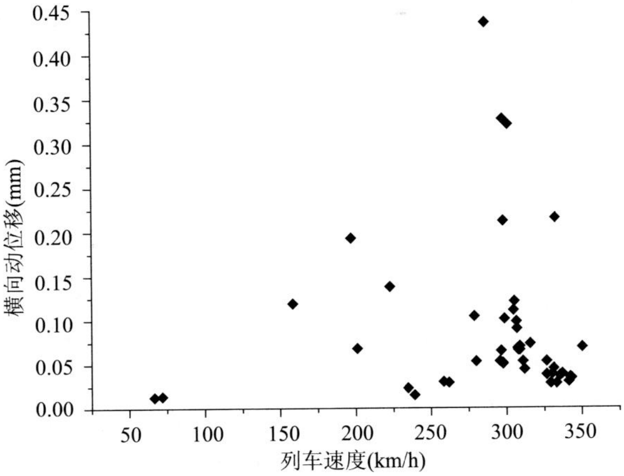

图 4.4-13(b)　Ⅲ-Ⅲ截面承载板横向动位移振幅与车速的分布散点图

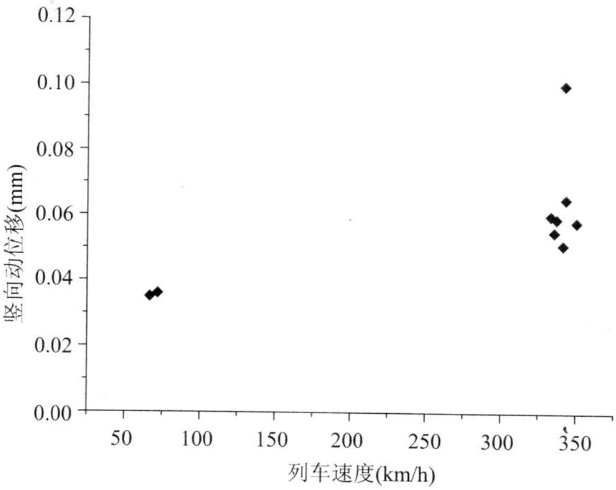

图 4.4-14(a) Ⅳ-Ⅳ截面承载板竖向动位移振幅与车速的分布散点图

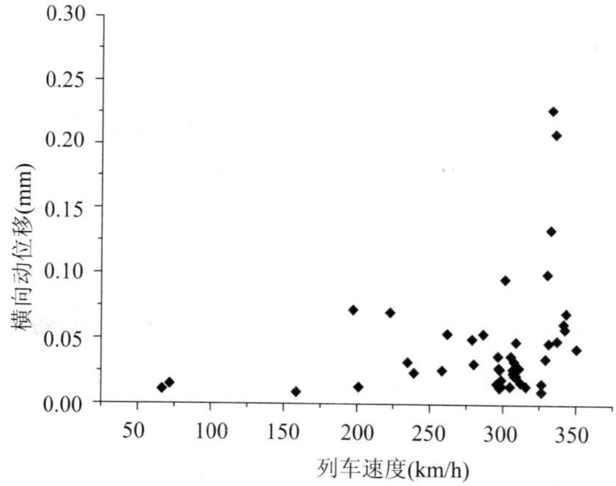

图 4.4-14(b) Ⅳ-Ⅳ截面承载板横向动位移振幅与车速的分布散点图

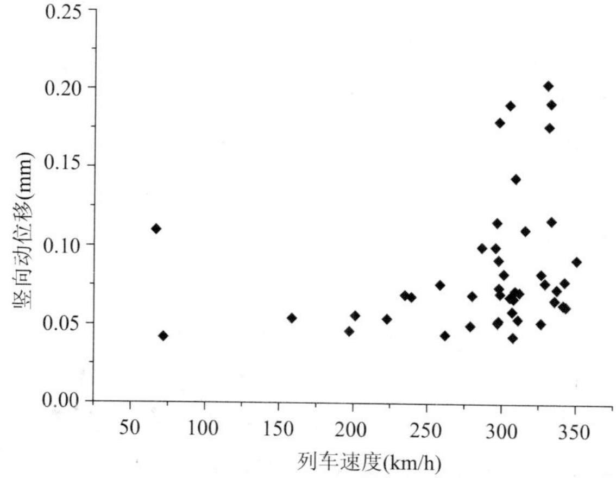

图 4.4-15(a) Ⅴ-Ⅴ截面承载板竖向动位移振幅与车速的分布散点图

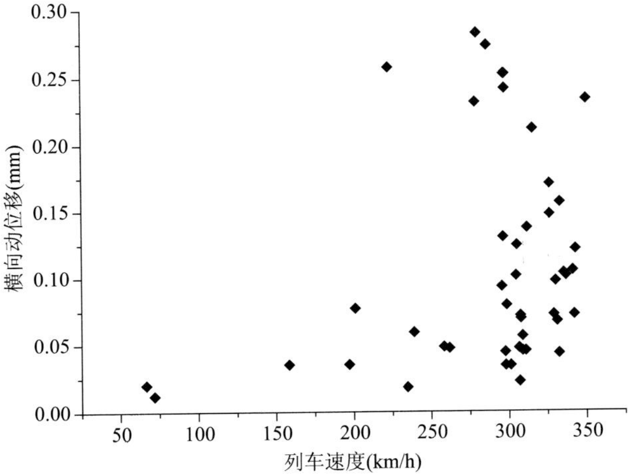

图 4.4-15(b) Ⅴ-Ⅴ截面承载板横向动位移振幅与车速的分布散点图

综合图 4.4-6～图 4.4-10 可看出，板梁结构竖、横向振动位移波形线形相似，相位基本一致(或反向)，并且当列车即将驶离桩板结构路基时，板梁结构竖向呈现出明显的土体振动特征，由此可知，软土地基桩板结构路基竖、横向振动总体表现为以土体振动带动板梁结构运动的形态，且其横向振动周期明显长于竖向。从图 4.4-6～图 4.4-10 还可看出，除少数车次引起相对较大的竖、横向振幅外，大多数车次产生的板梁结构竖、横向振动位移都比较小。

综合图 4.4-11～图 4.4-15 可知，尽管各车次试验列车通过时桩板结构路基实测竖、横向动位移振幅比较离散，但托梁及承载板的竖、横向振幅总体上随着车速的提高而增大。

初步结论：

①试验动车组以不同速度通过桩板结构路基时，承载板竖、横向动位移振幅最大实测值分别为 0.395 mm 及 0.435 mm(相当于跨度的 1/253 16 和 1/229 88)，两者分别出现在边支点及边跨跨中截面；边支点托梁竖、横向振幅最大测试值分别为 0.094 mm 及 0.103 mm；板(承载板)梁(托梁)结构的竖、横向振幅实测值总体上较小。

②列车运行在桩板结构路基上及驶离桩板结构路基过程的板梁结构竖、横向振动位移实测波形再次表明，软土地基桩板结构路基竖、横向振动总体表现为以土体振动带动板梁结构运动的形态，且其振动周期横向明显长于竖向。

③托梁及承载板的竖、横向动位移振幅总体上表现为随着车速的提高而增大的态势，但在 300～350 km/h 区段有变化。

4.4.3　竖、横向振动加速度响应

表 4.4-4、表 4.4-5 分别表示试验动车组通过时桩板结构路基实测竖、横向加速度振幅最大值和平均值；图 4.4-16～图 4.4-18 为桩板结构路基竖、横向加速度振幅与车速的关系图，加速度滤波频率均为 20 Hz。

表 4.4-4　桩板结构路基实测竖向加速度振幅(g)

速度区间(km/h) 测点位置	$V \leqslant 80$		$150 < V \leqslant 250$		$250 < V \leqslant 300$		$300 < V \leqslant 350$	
	最大值	平均值	最大值	平均值	最大值	平均值	最大值	平均值
Ⅰ-Ⅰ截面承载板	0.000 53	0.000 39	0.001 65	0.001 36	0.002 03	0.001 81	0.003 28	0.002 46
Ⅲ-Ⅲ截面承载板	0.000 89	0.000 67	0.011 89	0.007 41	0.028 19	0.014 61	0.032 63	0.009 78
Ⅴ-Ⅴ截面承载板	0.000 81	0.000 69	0.002 21	0.001 70	0.002 71	0.002 37	0.004 08	0.003 02

表 4.4-5　桩板结构路基实测横向加速度振幅(g)

速度区间(km/h) 测点位置	$V \leqslant 80$		$150 < V \leqslant 250$		$250 < V \leqslant 300$		$300 < V \leqslant 350$	
	最大值	平均值	最大值	平均值	最大值	平均值	最大值	平均值
Ⅰ-Ⅰ截面承载板	0.000 25	0.000 22	0.000 40	0.000 35	0.000 50	0.000 38	0.001 02	0.000 52
Ⅲ-Ⅲ截面承载板	0.000 54	0.000 35	0.000 48	0.000 41	0.000 61	0.000 40	0.001 85	0.000 62
Ⅴ-Ⅴ截面承载板	0.000 44	0.000 36	0.000 72	0.000 56	0.001 12	0.000 72	0.003 59	0.001 31

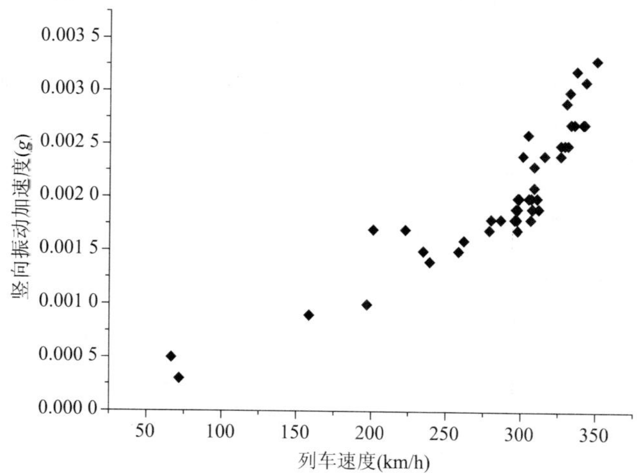

图 4.4-16(a)　Ⅰ-Ⅰ截面承载板竖向加速度振幅与车速的分布散点图

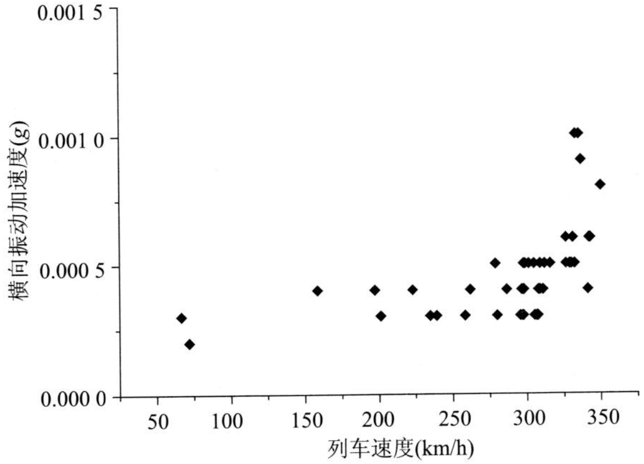

图 4.4-16(b)　Ⅰ-Ⅰ截面承载板横向加速度振幅与车速的分布散点图

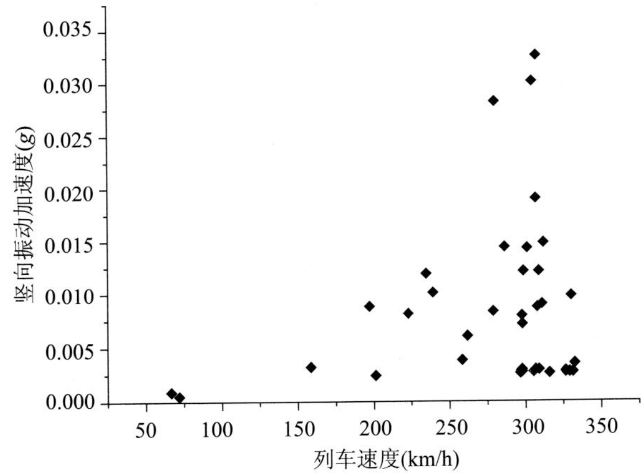

图 4.4-17(a)　Ⅲ-Ⅲ截面承载板竖向加速度振幅与车速的分布散点图

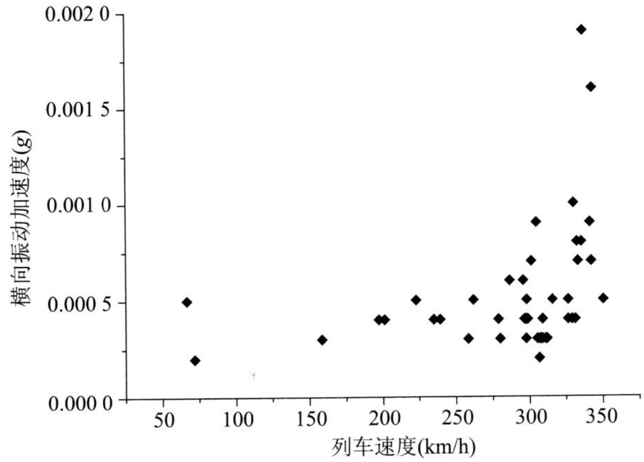

图 4.4-17(b)　Ⅲ-Ⅲ截面承载板横向加速度振幅与车速的分布散点图

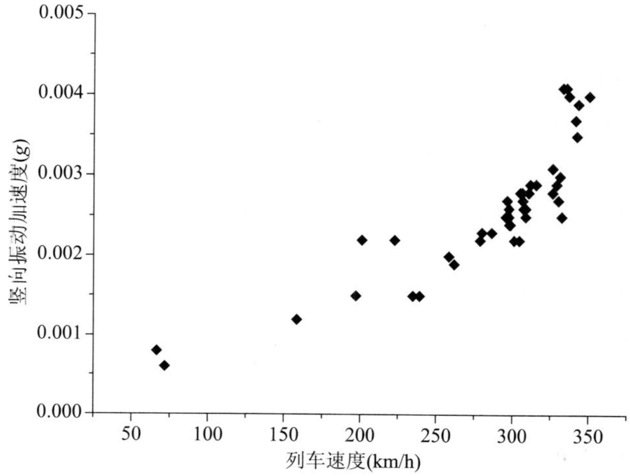

图 4.4-18(a) Ⅴ-Ⅴ截面承载板竖向加速度振幅与车速的分布散点图

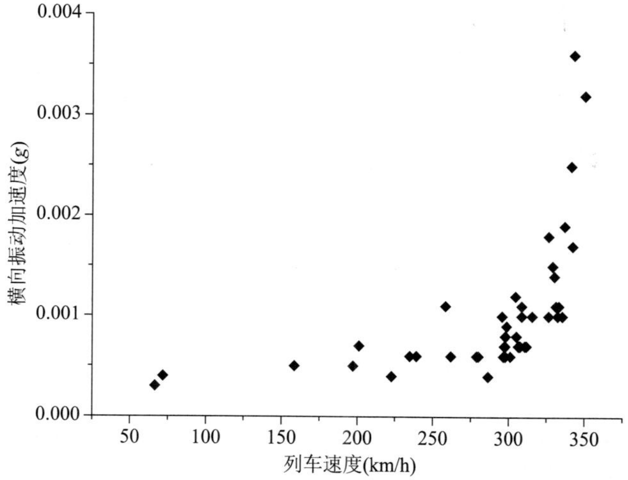

图 4.4-18(b) Ⅴ-Ⅴ截面承载板横向加速度振幅与车速的分布散点图

从表 4.4-4、表 4.4-5 可看出，试验动车组以不同速度通过桩板结构路基时，承载板的竖、横向振动加速度实测值不大，承载板竖、横向加速度最大振幅分别为 0.032 63g（远小于《高速铁路设计规范（试行）》（TB 10621—2009）的桥面板在 20 Hz 及以下强振频率作用下，无砟桥面竖向振动加速度 $a_z \leqslant 0.5g$ 的规定）及 0.003 59g（也远小于《铁路桥梁检定规范》铁运函〔2004〕120 号的当列车通过时，桥跨结构在荷载平面的横向振动加速度 $a_H \leqslant 0.14g$ 的规定），分别出现在边跨和中跨跨中截面。

综合图 4.4-16～图 4.4-18 可知，尽管各车次试验列车通过时桩板结构路基实测竖、横向加速度振幅比较离散，但承载板的竖、横向加速度振幅均呈现随车速提高而增大的特征。

比较表 4.4-4 与表 4.4-5 及图 4.4-16(a)～图 4.4-18(a)与图 4.4-16(b)～图 4.4-18(b)可看出，由于板梁结构-桩基(包括土体)系统的横向自振频率小于竖向自振频率，承载板横向振动加速度明显小于竖向实测值。

初步结论：

①试验动车组以不同速度通过桩板结构路基时，承载板竖、横向加速度振幅最大实测值分别为 0.032 63g 及 0.003 59g，两者分别出现在边跨和中跨跨中截面；承载板振动加速度实测值横向明显小于竖向，并均远小于相关铁路规范对桥跨结构在荷载平面的横向振动加速度的限值规定。

②承载板典型截面竖、横向加速度振幅现场测试值均呈现随车速提高而增大的特征。

4.4.4　轮轨动力学指标

表 4.4-6、表 4.4-7 分别表示试验动车组通过桩板结构路基Ⅰ-Ⅰ、Ⅴ-Ⅴ截面实测轮轨动力学参数最大值；图 4.4-19 表示试验列车通过桩板结构路基轮轨竖、横向作用力的典型时程曲线；图 4.4-20、图 4.4-21 分别为试验列车通过桩板结构路基Ⅰ-Ⅰ、Ⅴ-Ⅴ截面最大脱轨系数、轮轨横向水平力及轮重减载率与车速的关系图。

表 4.4-6　试验列车通过时桩板结构路基Ⅰ-Ⅰ截面实测轮轨动力学指标最大值

动力学参数 / 速度区间(km/h)	脱轨系数最大值		轮重减载率最大值		轮轨横向水平力最大值(kN)	
	内轨	外轨	内轨	外轨	内轨	外轨
$V\leqslant 80$	0.13	0.16	0.11	0.11	−7.09	13.64
$150<V\leqslant 250$	—	—	0.20	0.43	—	—
$250<V\leqslant 300$	0.46	0.14	0.24	0.45	44.32	−9.64
$300<V\leqslant 350$	0.40	0.27	0.34	0.42	36.02	21.71

注：内轨为沪杭高铁上行线内侧钢轨，外轨为沪杭高铁上行线外侧钢轨。

表 4.4-7　试验列车通过时桩板结构路基Ⅴ-Ⅴ截面实测轮轨动力学指标最大值

动力学参数 / 速度区间(km/h)	脱轨系数最大值		轮重减载率最大值		轮轨横向水平力最大值(kN)	
	内轨	外轨	内轨	外轨	内轨	外轨
$V\leqslant 80$	0.11	0.08	0.16	0.25	8.56	6.19
$150<V\leqslant 250$	—	—	0.07	0.13	—	—
$250<V\leqslant 300$	0.16	0.08	0.31	0.38	−11.86	−6.19
$300<V\leqslant 350$	0.27	0.50	0.11	0.52	−28.83	−30.47

注：内轨为沪杭高铁上行线内侧钢轨，外轨为沪杭高铁上行线外侧钢轨。

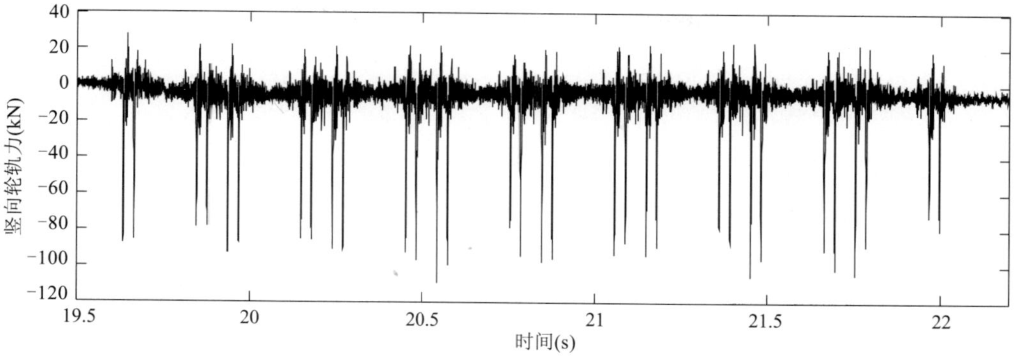

图 4.4-19(a)　试验列车通过桩板结构路基V-V截面轮轨竖向作用力典型时程曲线(V=297.6 km/h)

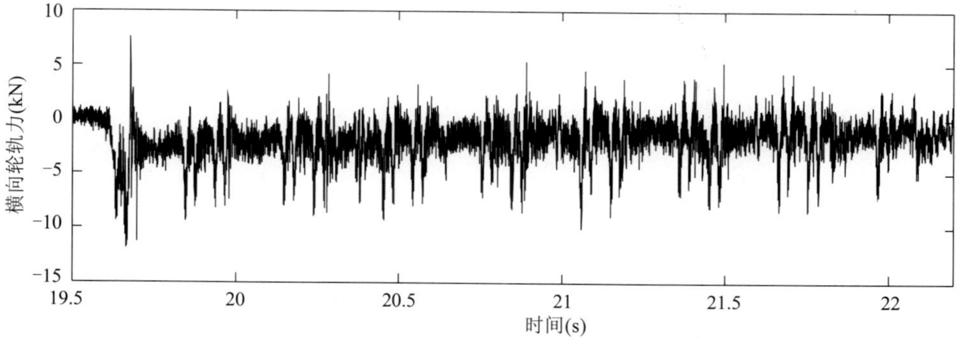

图 4.4-19(b)　试验列车通过桩板结构路基V-V截面轮轨横向作用力典型时程曲线(V=297.6 km/h)

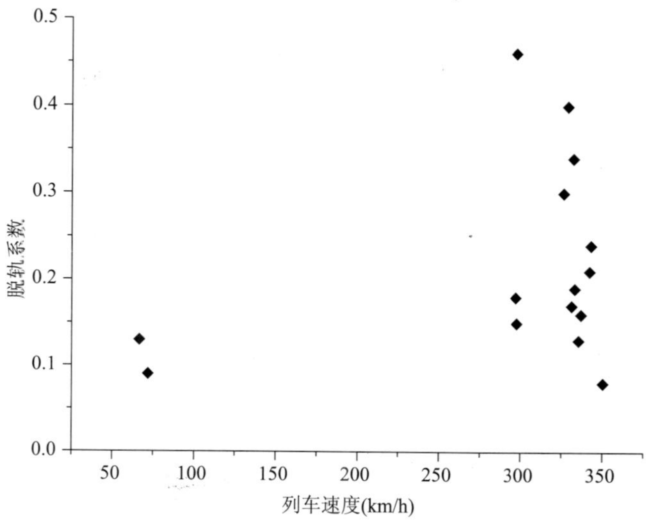

图 4.4-20(a)　试验列车通过桩板结构路基Ⅰ-Ⅰ截面内轨最大脱轨系数与车速的关系图

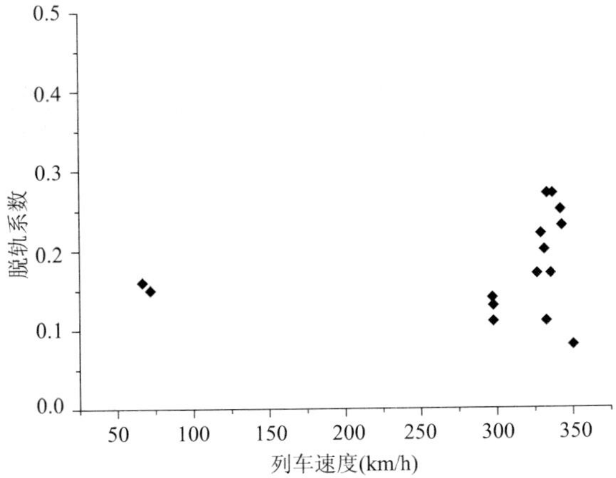

图 4.4-20(b) 试验列车通过桩板结构路基Ⅰ-Ⅰ截面外轨最大脱轨系数与车速的关系图

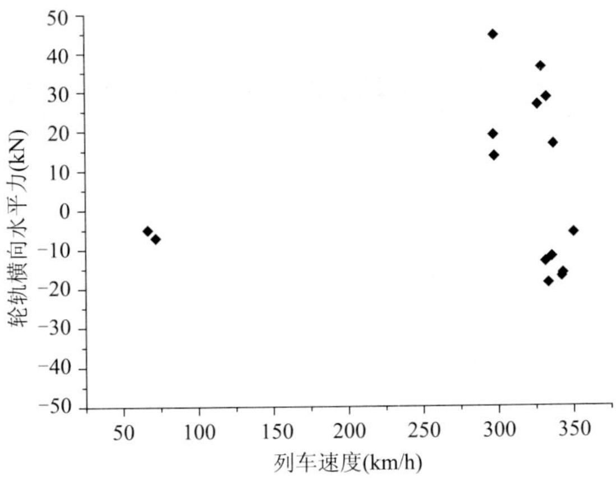

图 4.4-20(c) 试验列车通过桩板结构路基Ⅰ-Ⅰ截面内轨最大轮轨横向水平力与车速的关系图

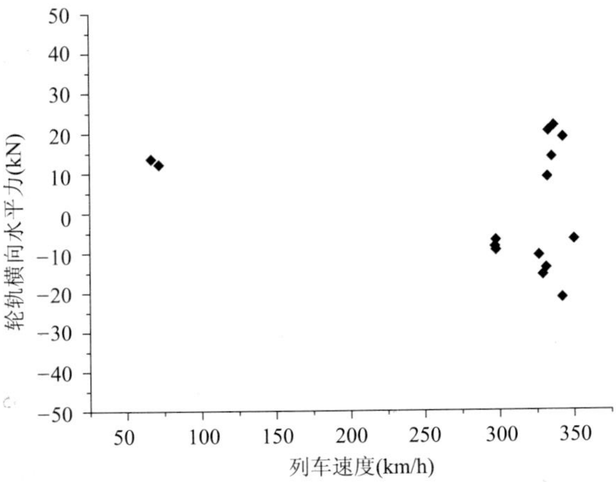

图 4.4-20(d) 试验列车通过桩板结构路基Ⅰ-Ⅰ截面外轨最大轮轨横向水平力与车速的关系图

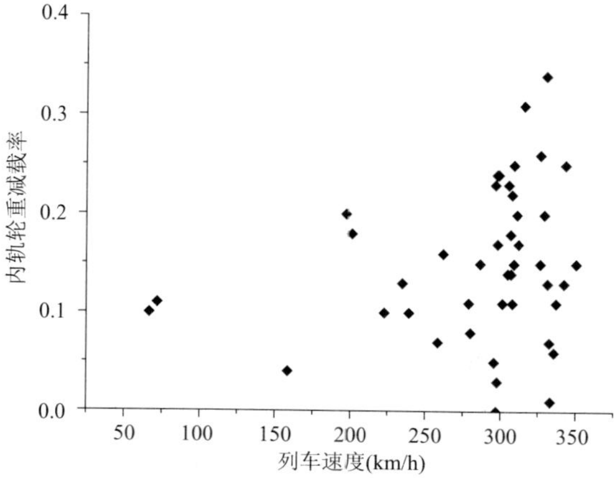

图 4.4-20(e) 试验列车通过桩板结构路基Ⅰ-Ⅰ截面内轨轮重减载率与车速的关系图

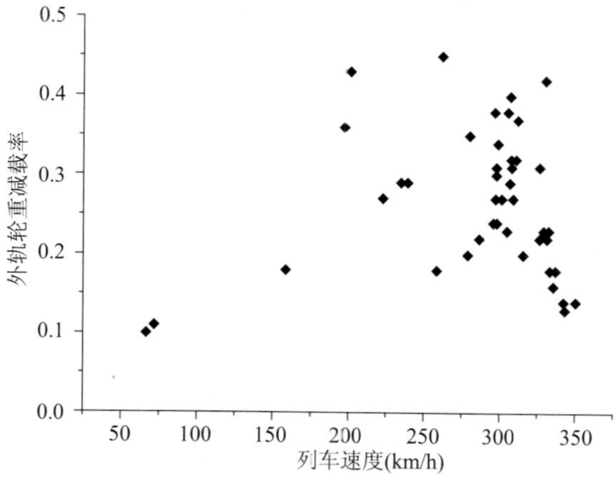

图 4.4-20(f) 试验列车通过桩板结构路基Ⅰ-Ⅰ截面外轨轮重减载率与车速的关系图

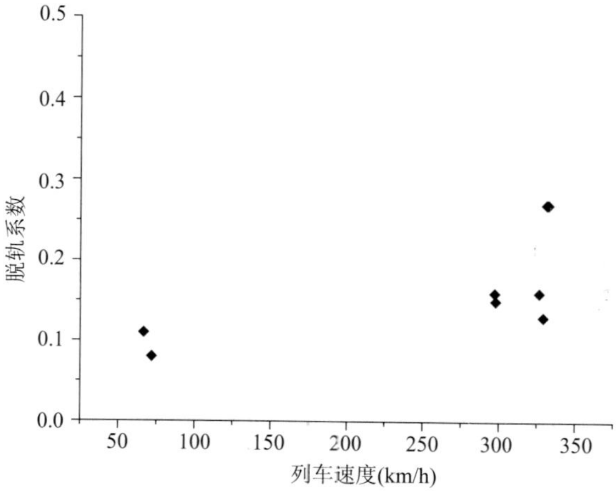

图 4.4-21(a) 试验列车通过桩板结构路基Ⅴ-Ⅴ截面内轨最大脱轨系数与车速的关系图

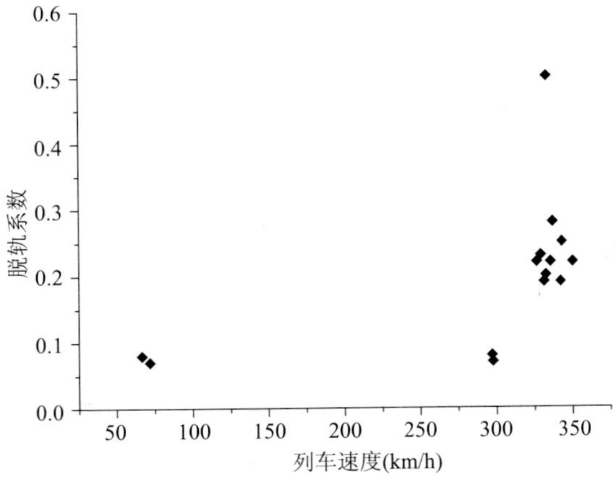

图 4.4-21(b)　试验列车通过桩板结构路基Ⅴ-Ⅴ截面外轨最大脱轨系数与车速的关系图

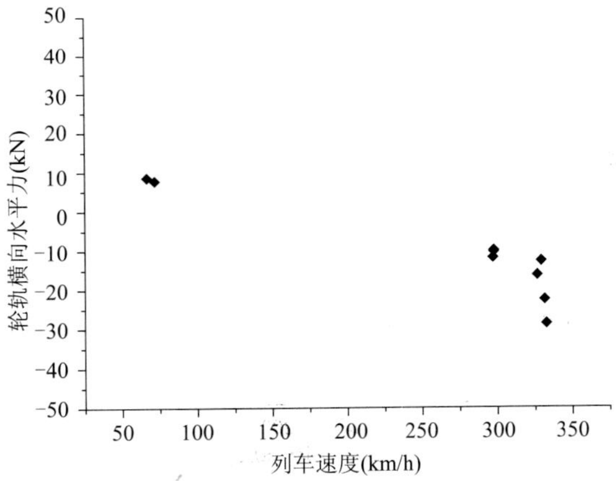

图 4.4-21(c)　试验列车通过桩板结构路基Ⅴ-Ⅴ截面内轨最大轮轨横向水平力与车速的关系图

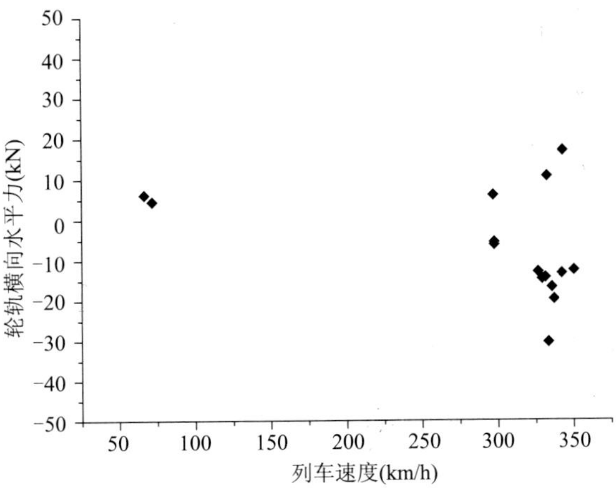

图 4.4-21(d)　试验列车通过桩板结构路基Ⅴ-Ⅴ截面外轨最大轮轨横向水平力与车速的关系图

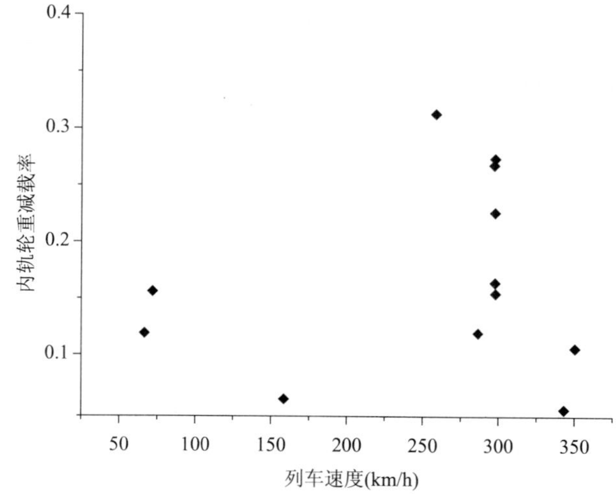

图 4.4-21(e) 试验列车通过桩板结构路基Ⅴ-Ⅴ截面内轨轮重减载率与车速的关系图

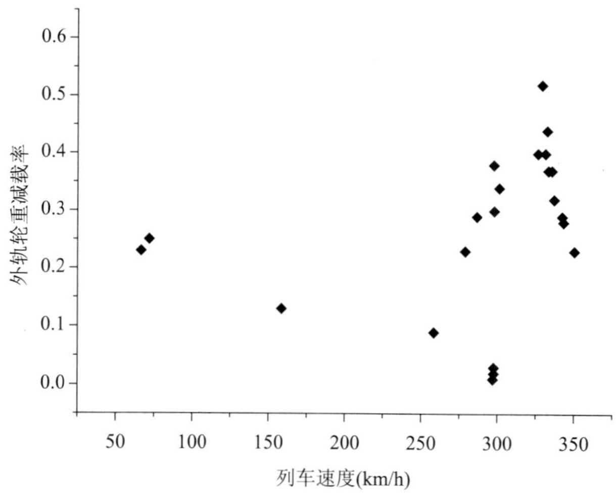

图 4.4-21(f) 试验列车通过桩板结构路基Ⅴ-Ⅴ截面外轨轮重减载率与车速的关系图

从表 4.4-6、表 4.4-7 可看出，试验动车组以不同速度通过桩板结构路基时，在Ⅰ-Ⅰ截面(边支点截面)测得的最大脱轨系数、轮重减载率及轮轨横向水平力分别为 0.46、0.45 及 44.32 kN，在Ⅴ-Ⅴ截面(中跨跨中截面)测取的脱轨系数、轮重减载率及轮轨横向水平力最大值分别为 0.50、0.52 及 30.47 kN，Ⅴ-Ⅴ截面(中跨跨中截面)的脱轨系数及轮重减载率最大实测值略大于Ⅰ-Ⅰ截面(边支点截面)的测试值，两断面轮轨动力学参数实测值均满足《高速动车组整车试验规范》(铁运〔2008〕28

号)及《高速铁路设计规范(试行)》(TB 10621—2009)规定的列车运行安全性评判标准,该测试结果表明,沪杭高速铁路松江段桩板结构路基能够满足高速动车组安全运营的要求。

综合表 4.4-6、表 4.4-7 及图 4.4-20、图 4.4-21 可知,尽管各车次试验列车通过时在桩板结构路基上实测的脱轨系数、轮重减载率及轮轨横向水平力值比较离散,但实测各轮轨动力学参数总体上表现为随车速提高而增大的特点。

初步结论:

①试验动车组以不同速度通过时,在桩板结构路基轨道上实测的脱轨系数、轮重减载率及轮轨横向水平力最大值分别为 0.50、0.52 及 44.32 kN,满足相关规范对列车运行安全性的评判标准,沪杭高速铁路松江段桩板结构路基能够满足高速动车组安全运营的要求。

②列车通过桩板结构路基时实测的各轮轨动力学指标总体上表现为随车速提高而增大的特点,但在 300～350 km/h 区段有变化。

4.4.5 轨道板竖向振动加速度响应

表 4.4-8 表示试验列车通过桩板结构路基及其过渡段时实测轨道板竖向加速度振幅最大值和平均值;图 4.4-22～图 4.4-25 为桩板结构路基及其过渡段竖向加速度振幅与车速的关系图,加速度滤波频率均为 20 Hz。

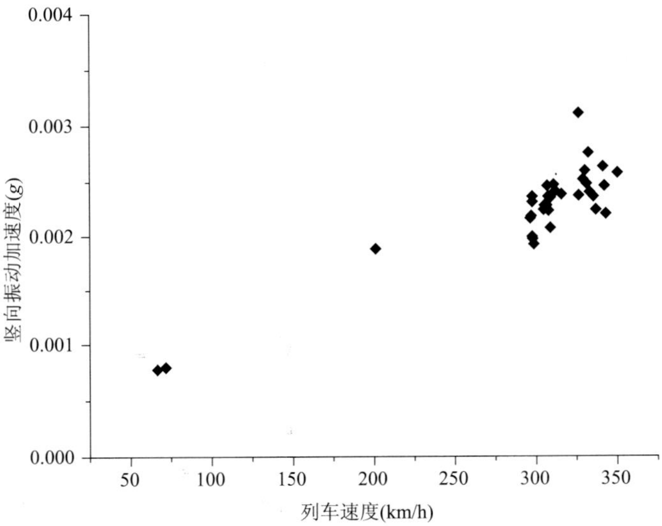

图 4.4-22 试验列车通过桩板结构路基Ⅲ-Ⅲ截面轨道板竖向加速度与车速的关系图

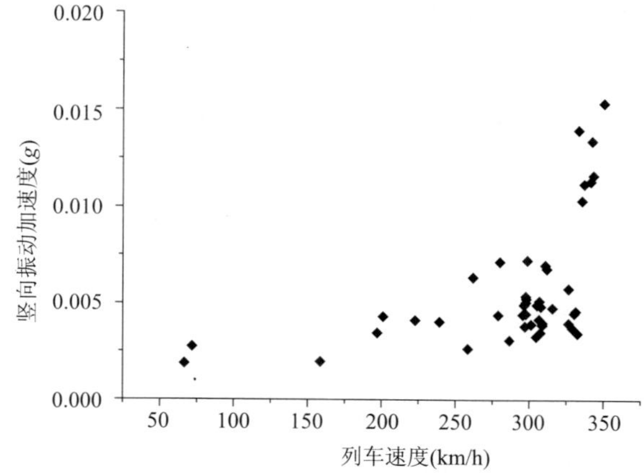

图 4.4-23 试验列车通过桩板结构路基Ⅴ-Ⅴ截面轨道板竖向加速度与车速的关系图

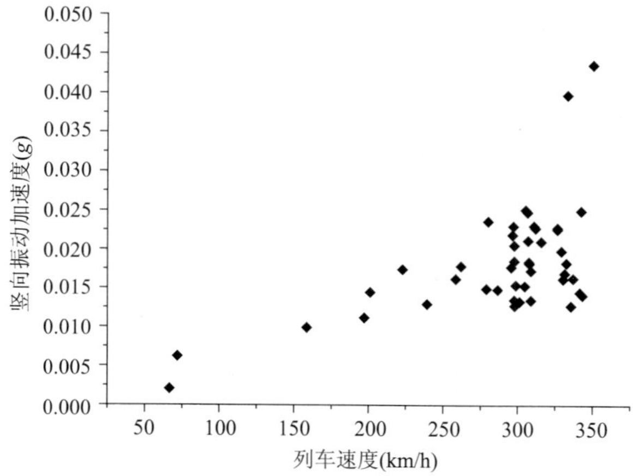

图 4.4-24 试验列车通过过渡段Ⅵ-Ⅵ截面轨道板竖向加速度与车速的关系图

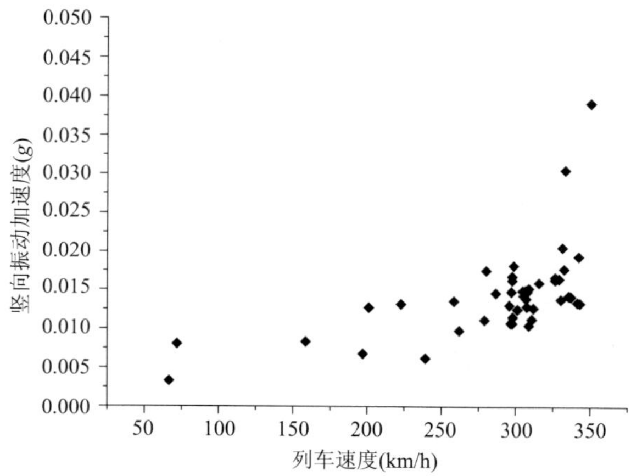

图 4.4-25 试验列车通过过渡段Ⅶ-Ⅶ截面轨道板竖向加速度与车速的关系图

表 4.4-8　试验列车通过板梁结构路基及其过渡段时实测轨道板竖向振动加速度响应(g)

测点位置 \ 速度区间(km/h)	$V≤80$		$150<V≤250$		$250<V≤300$		$250<V≤350$	
	最大值	平均值	最大值	平均值	最大值	平均值	最大值	平均值
桩板结构路基Ⅲ-Ⅲ截面	0.000 8	0.000 8	0.001 9	0.001 9	0.002 4	0.002 1	0.003 1	0.002 4
桩板结构路基Ⅴ-Ⅴ截面	0.002 7	0.002 3	0.004 3	0.003 6	0.007 2	0.004 9	0.015 4	0.006 8
过渡段Ⅵ-Ⅵ截面	0.006 2	0.004 1	0.017 4	0.013 2	0.023 6	0.017 7	0.043 6	0.020 6
过渡段Ⅶ-Ⅶ截面	0.008 0	0.005 7	0.013 2	0.009 4	0.018 2	0.013 7	0.039 2	0.016 4

从表 4.4-8 可看出,试验动车组以不同速度通过桩板结构路基及过渡段(桩筏结构路基)时,在桩板结构路基(边跨和中跨跨中截面)以及过渡段(Ⅵ-Ⅵ和Ⅶ-Ⅶ截面)上测得的轨道板最大竖向加速度幅值(滤波频率均为 20 Hz)分别为 0.015 4g 及 0.043 6g,过渡段轨道板上的竖向振动加速度测试值大于桩板结构路基上的实测值,但两者均较小,并远小于无砟轨道路基竖向振动加速度 $A_v<1.00g$ 的测试经验值。由此可知,沪杭高速铁路松江段软土地基加固段,无论是桩板结构路基还是其过渡段(桩筏结构路基)其列车通过时的振动响应均在合理范围内。

综合表 4.4-8 及图 4.4-22～图 4.4-25 可知,尽管各车次试验列车通过时在桩板结构路基及过渡段的轨道板上实测的竖向振动加速度值比较离散,但轨道板竖向振动加速度实测值明显随着车速的提高而增大。

初步结论:

沪杭高速铁路松江段软土地基加固区域,其列车通过时的振动响应均在合理范围内。桩板结构路基及过渡段上轨道板竖向振动加速度的现场实测值随着车速的提高而明显增大。

4.4.6　过渡段轮轨动力学指标测试

表 4.4-9 表示试验列车通过时过渡段Ⅵ-Ⅵ截面实测轮轨动力学指标最大值;图 4.4-26为试验列车通过时过渡段Ⅵ-Ⅵ截面最大脱轨系数、轮轨横向水平力与车速的关系图。

表 4.4-9　试验列车通过时过渡段Ⅵ-Ⅵ截面实测轮轨动力学指标最大值

速度区间(km/h) \ 动力学参数	脱轨系数最大值		轮轨横向水平力最大值(kN)	
	内轨	外轨	内轨	外轨
$V≤80$	0.05	—	3.58	—
$150<V≤250$	0.07	—	5.12	—
$250<V≤300$	0.14	—	−9.65	—
$300<V≤350$	0.22	—	17.86	—

注:内轨为沪杭高铁上行线内侧钢轨,外轨为沪杭高铁上行线外侧钢轨。

从表 4.4-9 可看出，试验动车组以不同速度通过过渡段（桩筏结构路基）时，在Ⅶ-Ⅶ截面测得的最大脱轨系数及轮轨横向水平力分别为 0.22 及 17.86 kN，满足《高速动车组整车试验规范》（铁运〔2008〕28 号）及《高速铁路设计规范（试行）》（TB 10621—2009）规定的列车运行安全性评判标准，由此可知，沪杭高速铁路松江段桩板结构路基的过渡段也能够满足高速动车组安全运营的要求。

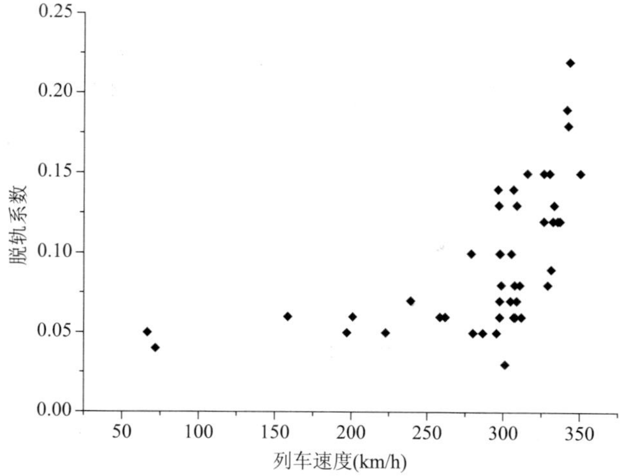

图 4.4-26(a) 试验列车通过过渡段Ⅵ-Ⅵ截面内轨最大脱轨系数与车速的关系图

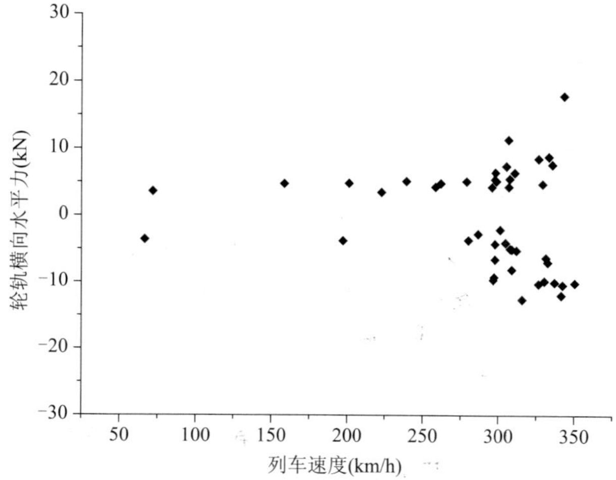

图 4.4-26(b) 试验列车通过过渡段Ⅵ-Ⅵ截面内轨最大轮轨横向水平力与车速的关系图

综合表 4.4-9 及图 4.4-26 可知，尽管各车次试验列车通过时在过渡段上实测的脱轨系数及轮轨横向水平力值比较离散，但实测各轮轨动力学参数尤其是脱轨系数还是呈现随车速提高而增大的特征。

初步结论：

试验动车组以不同速度通过时，在过渡段（桩筏结构路基）轨道上实测的最大脱轨系数及轮轨横向水平力分别为 0.22 及 17.86 kN，满足相关铁路规定的列车运行安全性评判标准。

4.4.7　试验列车动力响应

表 4.4-10、表 4.4-11 分别表示试验列车通过桩板结构路基及其过渡段时实测车体竖、横向振动加速度幅值和 Sperling 舒适度指标最大值；图 4.4-27、图 4.4-28 分别为试验列车通过桩板结构路基及其过渡段时车体加速度以及 Sperling 舒适度指标与车速的关系图。车体垂向加速度采用 20 Hz 低通滤波，车体横向加速度采用 10 Hz 低通滤波。

表 4.4-10　车体加速度振幅最大实测值（g）

速度区间(km/h)			200<V≤250	250<V≤300	300<V≤350
桩板结构路基	车体竖向加速度	车体中部	0.033 5	0.039 3	0.061 0
		车体端部	0.023 7	0.054 4	0.059 9
	车体横向加速度	车体中部	0.015 5	0.015 6	0.036 5
		车体端部	0.028 7	0.022 2	0.032 6
过渡段	车体竖向加速度	车体中部	0.022 2	0.037 2	0.055 1
		车体端部	0.031 0	0.038 3	0.046 0
	车体横向加速度	车体中部	0.019 9	0.011 9	0.029 5
		车体端部	0.024 7	0.018 1	0.036 8

从表 4.4-10 可看出，试验动车组以不同速度通过桩板结构路基时，车体竖、横向振动加速度最大实测值分别为 0.061 0g、0.036 5g；试验列车通过过渡段时，车体竖、横向振动加速度最大实测值分别为 0.055 1g、0.036 8g，均满足《高速铁路设计规范(试行)》(TB 10621—2009)、客运专线 300～350 km/h 轨道不平顺动态管理值（简称《运营管理标准》）以及《客运专线铁路工程竣工验收动态检测指导意见》（铁建设〔2008〕7 号）对车体振动加速度的限值规定。

表 4.4-11　列车通过桩板结构路基及过渡段时 Sperling 指标最大实测值

速度区间(km/h)		200<V≤250	250<V≤300	300<V≤350
竖向	车体中部	1.889	2.035	1.658
	车体端部	1.609	1.681	1.722
横向	车体中部	2.250	2.238	2.414
	车体端部	1.768	1.886	1.624

从表 4.4-11 也可看出,试验列车以不同速度通过桩板结构路基及过渡段时,车体竖、横向 Sperling 舒适度指标最大实测值分别为 2.035、2.414,均小于 2.500,列车运营舒适度均达到优。

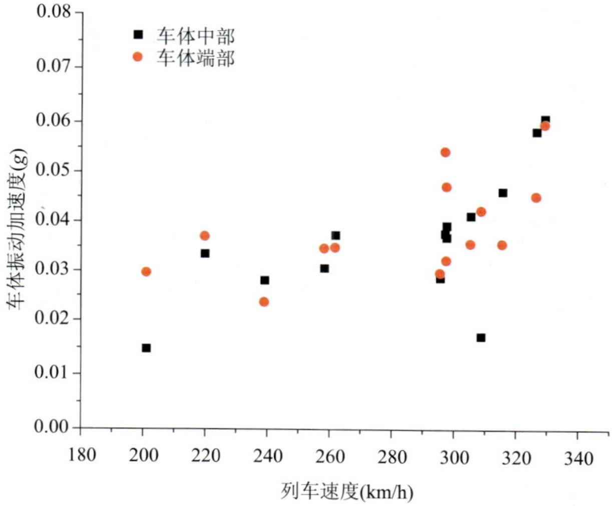

图 4.4-27(a) 试验列车通过桩板结构路基车体竖向加速度振幅与车速的关系图

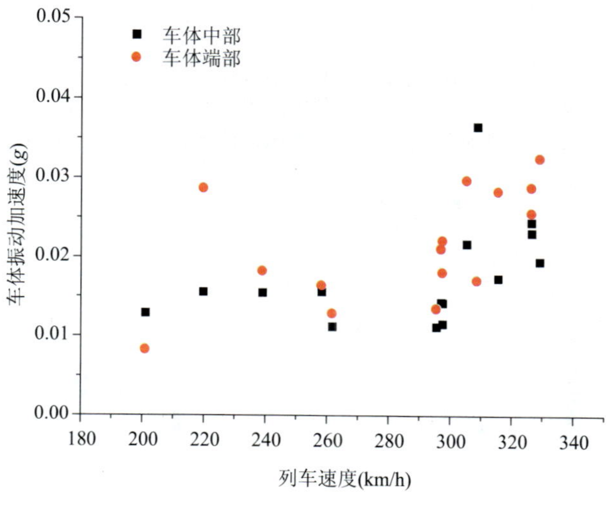

图 4.4-27(b) 试验列车通过桩板结构路基车体横向加速度振幅与车速的关系图

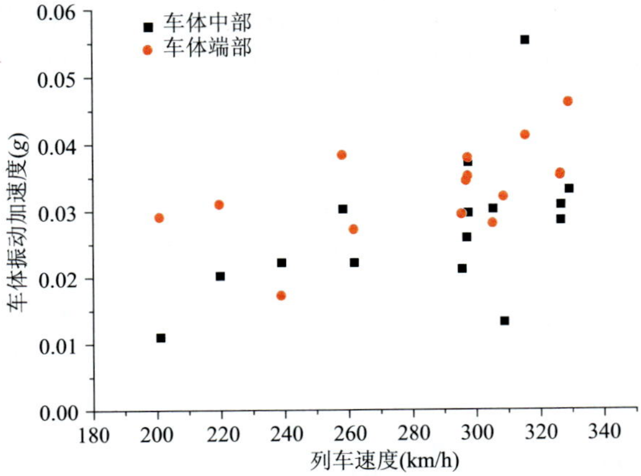

图 4.4-27(c) 试验列车通过过渡段车体竖向加速度振幅与车速的关系图

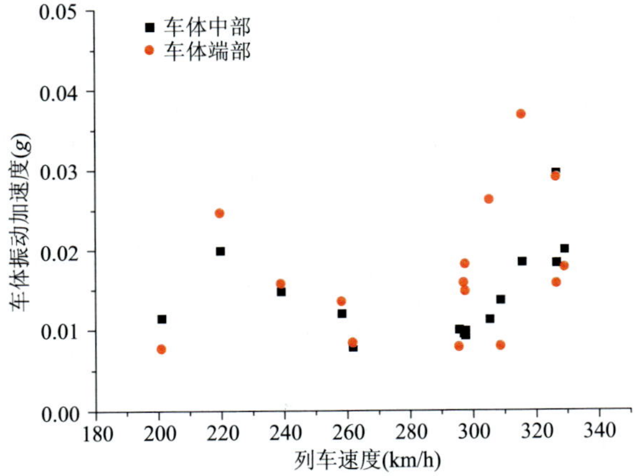

图 4.4-27(d) 试验列车通过过渡段车体横向加速度振幅与车速的关系图

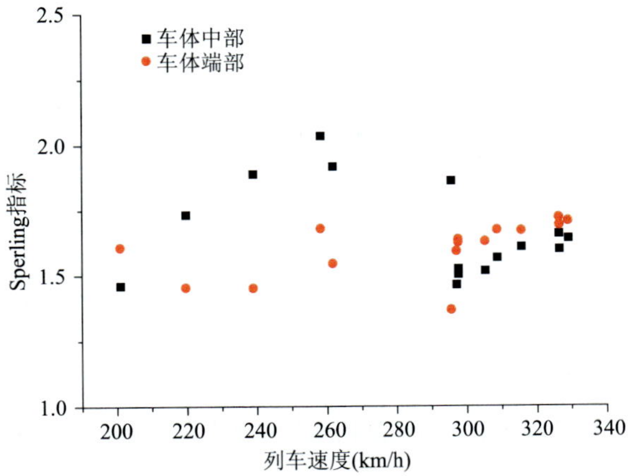

图 4.4-28(a) 车体竖向振动 Sperling 指标与车速关系

根据承载板与托梁连接的实际构造，在每联桩板结构的中支点位置，承载板与托梁间在桩基作用位置(桩基直径 1.25 m 范围内)固结，即采用刚臂单元连结，在其他位置承载板与托梁间没有任何连接；在每联桩板结构的两端支点位置，按两种工况考虑：

(1)工况 1：承载板与托梁间完全连接，即承载板与托梁间采用刚臂单元连接；

(2)工况 2：承载板与托梁间水平方向没有任何连接，即假定承载板与托梁完全脱开。

图 5.1-1 为桩板结构路基动力计算模型，图 5.1-2 表示桩板结构路基与过渡段连接部位计算模型局部放大图，整个分析模型共有节点 10 492 个，单元总数为 13 828 个，其中，托梁单元 190 个，钢轨梁单元 796 个，刚臂单元 2 284 个；乳化沥青砂浆连接单元 2 000个；轨道板单元 1 760 个，底座(支承层)板壳单元 2 676 个，承载板单元 2 336 个；桩基弹性约束、扣件及过渡段地基支承约束 Matrix27 单元分别为 20、800 及 966 个。

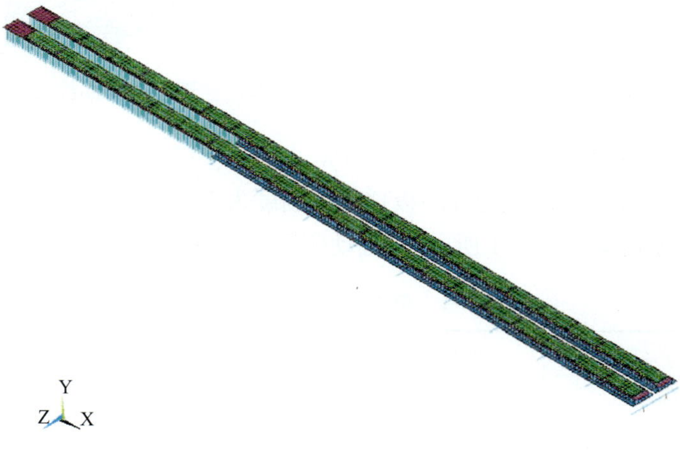

图 5.1-1 按 m 法计算桩基等效刚度的桩板结构路基动力分析模型

2. 主要计算参数

参照《客运专线扣件系统暂行技术条件》及《高速铁路设计规范(试行)》(TB 10621—2009)规定，参数选取如下：

(1)扣件竖向静刚度为 25×10^6 N/m，动刚度取为静刚度的 1.5 倍，即为 37.5×10^6 N/m，扣件的横向动刚度取为 80×10^7 N/m；

(2)轨道板混凝土强度为 C55，弹性模量 $E=3.6\times10^4$ MPa；

(3)乳化沥青砂浆弹性模量取为 200 MPa；

(4)底座(支承层)、承载板及托梁混凝土强度均为 C40，弹性模量 $E=3.4\times10^4$ MPa，由于底座(支承层)、承载板及托梁均为钢筋混凝土结构，考虑到混凝土的弹性模量在多次重复荷载作用后降低 20%～25%，因此，底座（支承层）、承载板及托梁的弹性模量取为 $0.8E=2.72\times10^4$ MPa；

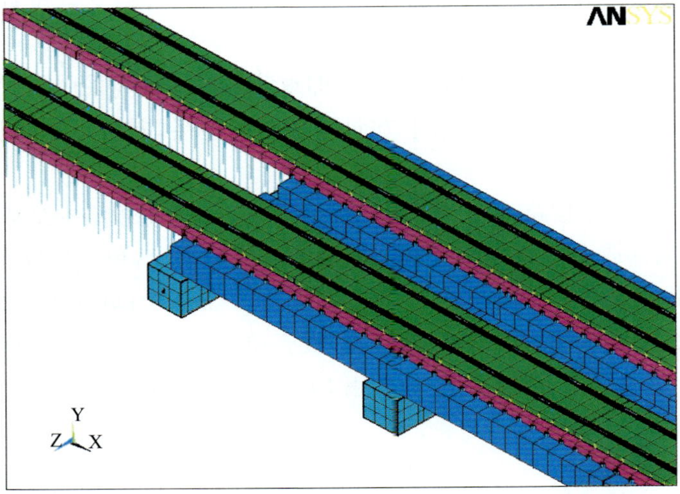

图 5.1-2　桩板结构路基与过渡段连接部位计算模型局部放大图

（5）过渡段填料弹性模量取为 268 MPa。

m 法计算的桩筏结构（过渡段）板顶竖向刚度为 1.49×10^{10} N/m；按 m 法计算的单桩桩顶等效刚度如表 5.1-1 所示，基础动刚度取为静刚度的 2.0 倍。

表 5.1-1　单桩桩顶等效刚度（N/m）

纵向	竖向	横向	绕纵轴转动	绕竖轴转动	绕横轴转动
1.63×10^8	0	0	0	0	4.02×10^8
0	1.48×10^9	0	0	0	0
0	0	1.52×10^8	-3.82×10^8	0	0
0	0	-3.82×10^8	1.60×10^9	0	0
0	0	0	0	3.24×10^8	0
4.01×10^8	0	0	0	0	1.64×10^9

3. 计算结果

工况 1（在每联桩板结构的两端支点位置，承载板与托梁间完全连接，即承载板与托梁铰接，以下简称有连接）、工况 2（在每联桩板结构的两端支点位置，承载板与托梁完全脱开，以下简称无连接）桩板结构路基（包括过渡段）前 15 阶自振频率计算值分别如表 5.1-2、表 5.1-3 所示。

表 5.1-2 工况 1 桩板结构(有连接)路基(承载板厚 1.0 m)计算自振频率

阶数	频率(Hz)	振型描述
1	7.743	板(承载板)梁(托梁)结构整体横向平动
2	15.881	桩板结构横向反对称振动
3	20.956	桩板结构整体绕纵轴转动
4	21.224	板(承载板)梁(托梁)结构整体竖向平动
5	25.018	桩板结构横向正对称振动
6	28.437	两块承载板对称绕纵轴对称转动(托梁竖向挠曲)
7	29.208	桩板结构整体绕纵轴扭转振动
8	29.924	桩板结构竖向反对称振动
9	33.768	两块承载板分别绕纵轴扭转振动
10	34.588	桩板结构横向反对称振动
11	39.738	过渡段板式轨道结构竖向振动
12	39.738	过渡段板式轨道结构竖向振动
13	41.351	两块承载板分别绕纵轴转动
14	43.348	承载板扭转振动
15	44.124	承载板横向挠曲振动

表 5.1-3 工况 2 桩板结构(无连接)路基(承载板厚 1.0 m)计算自振频率

阶数	频率(Hz)	振型描述
1	6.671	板(承载板)梁(托梁)结构整体横向平动
2	14.149	每联承载板边支点托梁横向平动
3	14.682	各联板(承载板)梁(托梁)结构横向不同步振动
4	16.873	两块承载板分别绕纵轴对称转动(托梁竖向挠曲)
5	17.304	板(承载板)梁(托梁)结构整体竖向平动
6	17.503	两块承载板反相位竖向平动
7	20.675	桩板结构整体绕纵轴扭转振动
8	21.332	各联桩板结构竖向不同步振动
9	22.103	桩板结构整体绕纵轴扭转振动
10	23.568	两块承载板分别绕纵轴对称转动(托梁竖向挠曲)
11	27.643	承载板竖向挠曲振动
12	27.688	桩板结构整体绕纵轴扭转振动
13	32.230	两块承载板分别绕纵轴对称转动(托梁竖向挠曲)
14	35.060	承载板横向挠曲振动
15	39.735	过渡段板式轨道竖向挠曲振动

综合表 5.1-2、表 5.1-3 可知，对于工点 1 桩板结构路基，由于其桩基础的刚度小于板（承载板）梁（托梁）结构的刚度，因此，桩板结构路基首先出现的振动形式是板梁结构作刚体横向、竖向平动及绕纵轴刚体转动，此外，由于桩基横向刚度小于其竖向刚度，因而，板梁结构横向刚体平动早于竖向整体平动，由此表明，工点 1 桩板结构路基的竖、横向刚度主要由其桩基础刚度控制，要提高桩板结构路基的整体刚度首先要提高其桩基础的刚度，尤其是其横向刚度；承载板与桩基应有合理的刚度匹配，方可有效发挥承载板的刚度效应。

比较表 5.1-2 与表 5.1-3 可看出，工况 1（每联桩板结构边支点承载板与托梁间有连接）较工况 2（无连接）板（承载板）梁（托梁）结构整体横、竖向平动频率分别高 16.0%及 22.6%，工况 2 桩板结构路基由于在每联桩板结构边支点处承载板与托梁间完全脱开，因而在板梁结构整体平动振型后出现了每联桩板结构边支点托梁的横向平动模态。

表 5.1-4 及表 5.1-5 分别表示工况 3（承载板厚度调整为 0.8 m，其他条件同工况 1）和工况 4（承载板厚度调整为 0.8 m，其他条件同工况 2）桩板结构路基（包括过渡段）前 15 阶自振频率计算值。

表 5.1-4 工况 3 桩板结构（有连接）路基（承载板厚 0.8 m）计算自振频率

阶数	频率(Hz)	振型描述
1	7.882	板（承载板）梁（托梁）结构整体横向平动
2	15.670	桩板结构横向反对称振动
3	21.713	桩板结构整体绕纵轴转动
4	22.023	板（承载板）梁（托梁）结构整体竖向平动
5	24.456	桩板结构横向正对称振动
6	27.301	承载板整体绕纵轴扭转振动
7	27.799	桩板结构竖向反对称振动（承载板竖向挠曲）
8	29.176	两块承载板分别绕纵轴对称转动（托梁竖向挠曲）
9	33.308	两块承载板分别绕纵轴扭转振动
10	33.685	承载板横向挠曲振动
11	37.483	桩板结构整体绕纵轴扭转振动
12	38.284	承载板竖向挠曲振动
13	39.474	两块承载板分别绕纵轴扭转振动

续上表

阶数	频率(Hz)	振型描述
14	39.742	过渡段板式轨道结构竖向振动
15	39.749	过渡段板式轨道结构竖向振动

表 5.1-5　工况 4 桩板结构(无连接)路基(承载板厚 0.8 m)计算自振频率

阶数	频率(Hz)	振型描述
1	6.788	板(承载板)梁(托梁)结构整体横向平动
2	14.031	每联承载板边支点托梁横向平动
3	14.641	各联板(承载板)梁(托梁)结构横向反对称振动
4	17.993	两块承载板分别绕纵轴对称转动(托梁竖向挠曲)
5	18.135	两块承载板竖向反相位平动
6	18.277	两块承载板分别绕纵轴对称转动(托梁竖向挠曲)
7	21.098	桩板结构绕纵轴扭转振动
8	21.735	各联桩板结构竖向反对称振动
9	22.238	承载板扭转＋桩板结构横向正对称振动
10	24.063	两块承载板分别绕纵轴转动
11	27.643	桩板结构横向正对称振动＋承载板扭转
12	27.830	承载板竖向挠曲振动
13	32.145	两块承载板分别绕纵轴转动(含扭转振动)
14	34.557	承载板横向反对称振动
15	39.732	过渡段板式轨道结构竖向振动

表 5.1-6　各工况桩板结构路基典型频率比较

工况	1	3	2	4	(3－1)/1	(4－2)/2
承载板厚(m)	1.0	0.8	1.0	0.8	－20%	－20%
厚跨比	1/10	1/12.5	1/10	1/12.5	—	—
板梁结构整体横向平动频率(Hz)	7.743	7.882	6.671	6.788	1.80%	1.75%
桩板结构横向反对称振动频率(Hz)	15.881	15.670	14.682	14.641	－1.33%	－0.28%
板梁结构整体竖向平动频率(Hz)	21.224	22.023	17.304	18.135	3.76%	4.80%
桩板结构竖向反对称振动频率(Hz)	29.924	27.799	27.643	21.735	－7.10%	－21.37%
承载板横向挠曲振动(Hz)	44.124	35.060	33.685	27.643	－20.54%	－17.94%
备注	每联边支点板(承载板)梁(托梁)铰接		每联边支点板(承载板)梁(托梁)不连接			

综合表 5.1-2～表 5.1-5 可得表 5.1-6 所示各工况桩板结构路基典型主频的比较情况。从表 5.1-6 可看出，承载板厚度由 1.0 m 降为 0.8 m(厚跨比由 1/10 降为 1/12.5)，板(承载板)梁(托梁)结构横、竖向平动频率(对应板梁结构竖、横向刚体模态)提高 1.80%～4.80%，但以承载板竖、横向挠曲为主的板梁结构振动频率则分别降低 7.10%～21.37%，前者主要是由于承载板的厚度降低后，板梁结构的质量减小，而桩基刚度不变，因此，板梁结构横、竖向刚体振动频率有所提高，后者同样是因为承载板的厚度降低，其自身的竖、横向挠曲刚度明显减小，从而导致以承载板自身挠曲振动为主的模态频率显著降低。

鉴于桩板结构路基的横、竖向刚体振动模态频率明显低于对应的承载板横、竖向挠曲振动频率，因此，总体上讲，适当降低承载板的厚度不仅能减小结构自重和工程成本，还能适当改善桩板结构路基的动力特性。

综上可知，桩板结构路基的动力特性主要由其基础刚度控制，由于板梁结构的跨度小，承载板自身的挠曲刚度较大，为提高桩板结构路基的系统刚度，宜适当加强其基础刚度，而适当减小承载板的厚度或增大承载板的跨度，以达到降低工程造价，优化结构设计的目标。

5.1.2 土-桩-托梁-承载板系统的结构动力特性(方法 2)

1. 计算模型

针对工点 1 桩板结构路基，采用有限元分析软件 Ansys，以实体单元建立土-桩-梁板结构系统振动的三联桩板结构路基动力特性分析模型(图 5.1-3、图 5.1-4、图 5.1-5)。其中，承载板厚 1.0 m，长 10.0 m，宽 4.4 m；托梁长 10.0 m，宽 1.6 m，高 1.5 m。

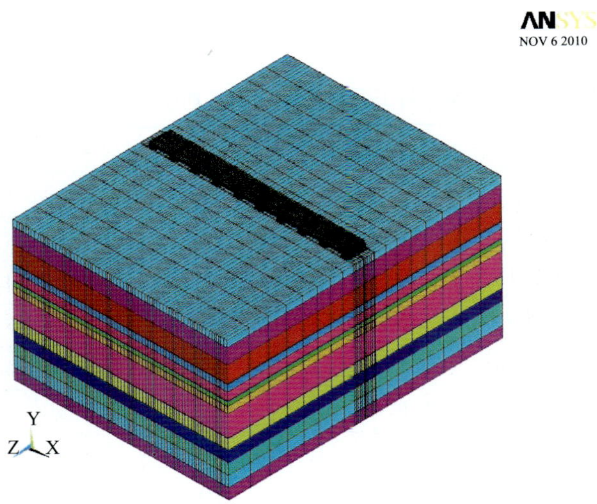

图 5.1-3 土-桩-托梁-承载板系统动力分析有限元模型

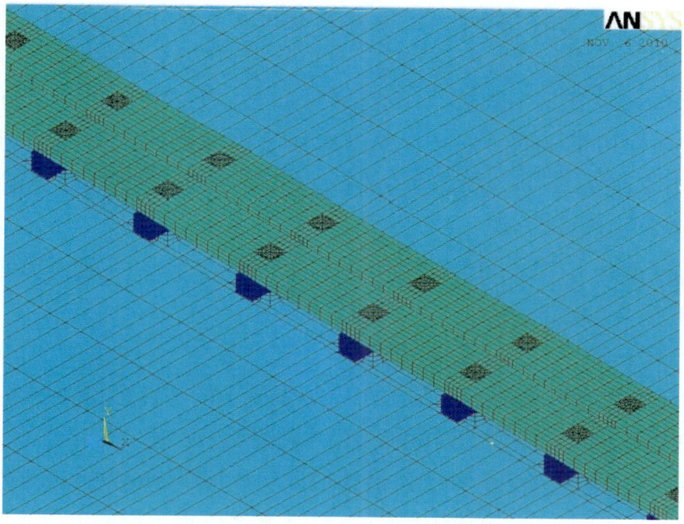

图 5.1-4 托梁-承载板计算模型局部放大图

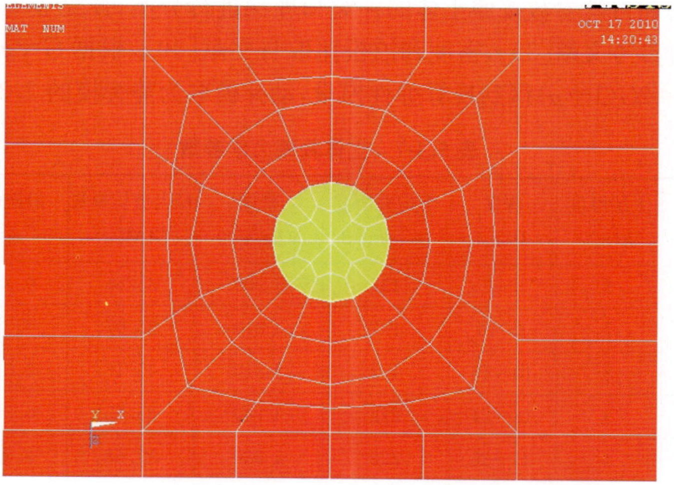

图 5.1-5 桩及其周围土体的单元划分

(1)在每联桩板结构两边支点位置，通过耦合承载板与托梁接触面上的节点在竖向和横向的平动自由度(主从节点法)模拟承载板和托梁的铰接状态，而托梁与桩基(桩基直径 1.25 m 范围内)则共用其相接触的节点模拟托梁与桩基的固结构造特性。

(2)在每联桩板结构中支点位置，通过共用桩基、托梁及承载板相接触的节点(桩基直径 1.25 m 范围内)来模拟承载板、托梁和桩基的固结状态。桩长 45 m，直径 1.25 m，桩基横断面划分 24 个单元。

(3)计算模型所取土体范围为：竖向取至桩底以下 20 m，横向沿桩板结构前后两侧边界各外伸 65 m，纵向沿桩板结构左右两端（托梁边缘）各外伸 4.2 m，即整个模型为：65 m（竖向）×140 m（横向）×100 m（纵向）。假定桩土间变形协调，即通过共用节点的方式来模拟桩土间的连接。模型底面土体节点假定为固结，其他边界处假定为自由，鉴于本研究不讨论桩板结构路基的纵向振动，为节约计算时间，不失一般性，限制所有节点的纵向位移。

整个分析模型共有 73 090 个节点，62 060 个单元，其中承载板单元 8 460 个，托梁 5 280 个，桩基 4 800 个，土体 43 520 个。

2. 主要计算参数

承载板及托梁均为钢筋混凝土结构，考虑到混凝土的弹性模量在多次重复荷载作用后降低 20%～25%，因此，承载板及托梁的弹性模量取为 $0.8E=2.72\times10^4$ MPa。

桩板结构路基上的二期恒载作为质量施加到承载板中，承载板的等效质量密度取为 2 600×1.327 3=3 451 kg/m^3，泊松比为 0.2；钻孔灌注桩也为钢筋混凝土结构，其弹性模量取为 $0.8E=2.64\times10^4$ MPa；托梁及桩的质量密度均取为2 600 kg/m^3；泊松比为 0.2。

土体的物理力学参数按照土体的种类和埋深进行分类，详见表 5.1-7，其中平均剪切波速取自参考文献[39]，密度和泊松比取自文献[40]，根据 $G=\rho v^2$ 得到最大剪切模量，由 $E=2G(1+\mu)$得到换算弹性模量，动弹模取为静弹模的 2.3 倍。

表 5.1-7　土体物理力学参数

土层描述	土层厚度 h(m)	深度 H(m)	平均剪切波速 v(m/s)	密度 ρ(kg/m^3)	最大剪切模量 G(MPa)	泊松比 m	换算弹模 E(MPa)
粉质黏土软可塑	3	0～3	137	1 900	35.66	0.38	98.42
淤泥质黏土流塑	7	3～10	137	1 810	33.97	0.38	93.76
	8	10～18	158	1 810	45.18	0.38	124.71
粉质黏土软塑	3	18～21	222	1 740	85.75	0.38	236.68
粉质黏土硬可塑	4	21～25	222	1 980	97.58	0.38	269.33
粉土密实饱和	2	25～27	222	1 880	92.65	0.38	255.72
细沙土密实饱和	3	27～30	222	1 880	92.65	0.38	255.72
	10	30～40	267	1 880	134.02	0.38	369.90
	5	40～45	296	1 880	164.72	0.38	454.62
粉质黏土软塑	5	45～50	296	1 970	172.60	0.38	476.39
	5	50～55	314	1 970	194.23	0.38	536.09
粉质黏土硬可塑	5	55～60	314	1 970	194.23	0.38	536.09
	5	60～65	330	1 970	214.53	0.38	592.11

3. 计算结果

采用土体-桩-托梁-承载板结构模型计算的桩板结构路基前 15 阶自振频率如表 5.1-8 所示，图 5.1-6～图 5.1-15 为桩板结构路基前 10 阶主振型。

表 5.1-8 桩板结构路基自振频率及振型描述

阶数	频率(Hz)	振型描述
1	1.352 7	土体横向对称振动带动板(承载板)梁(托梁)结构横向平动
2	1.958 2	土体振动带动承载板扭转振动
3	2.045 2	横向两侧土体对称向中间涌动
4	2.380 2	横向两侧土体反对称向中间涌动
5	2.870 9	土体反向竖向振动带动板梁结构横向平动
6	2.912 9	土体的横向对称振动带动板梁结构横向平动
7	3.071 5	土体的上下振动带动桩板结构竖向刚体平动
8	3.120 5	横向两侧土体对称向中间涌动
9	3.194 1	土块竖向振动带动板梁结构扭转振动
10	3.322 3	土体横向振动带动桩板结构横向振动
11	3.475 6	土体竖向振动
12	3.478 9	土体竖向振动带动桩板结构竖向振动
13	3.634 8	土体竖向振动
14	3.658 1	板梁结构绕纵轴刚体转动
15	3.738 2	土体竖向振动带动板梁结构竖向振动

综合表 5.1-8 及图 5.1-6～图 5.1-15 可知，采用土体-桩-托梁-承载板结构模型计算桩板结构路基动力特性，其前 15 阶主模态均以土体振动为主，板(承载板)梁(托梁)结构基本上呈现由土体振动所带动的刚体运动；桩板结构路基横、竖向基频分别为 1.352 7 Hz 和 3.071 5 Hz，土体-桩-托梁-承载板系统横向刚度低于竖向刚度。因此，桩板结构路基的竖、横向刚度主要由土体与桩基刚度控制，要提高桩板结构路基的整体刚度首先要提高其桩基础的刚度。

初步结论：

①就桩板结构路基而言，其竖、横向刚度主要由其基础(桩基及其周围土体)刚度控制，要提高桩板结构路基的整体刚度首先要提高其基础的刚度，尤其是其横向刚度；板(承载板)梁(托梁)结构与基础应有合理的刚度匹配，方可有效发挥承载板的刚度效应。

②为提高桩板结构路基的系统刚度，宜适当加强其基础刚度，而适当减小承载板的厚度或增大承载板的跨度，以达到降低工程造价，优化结构设计的目标。

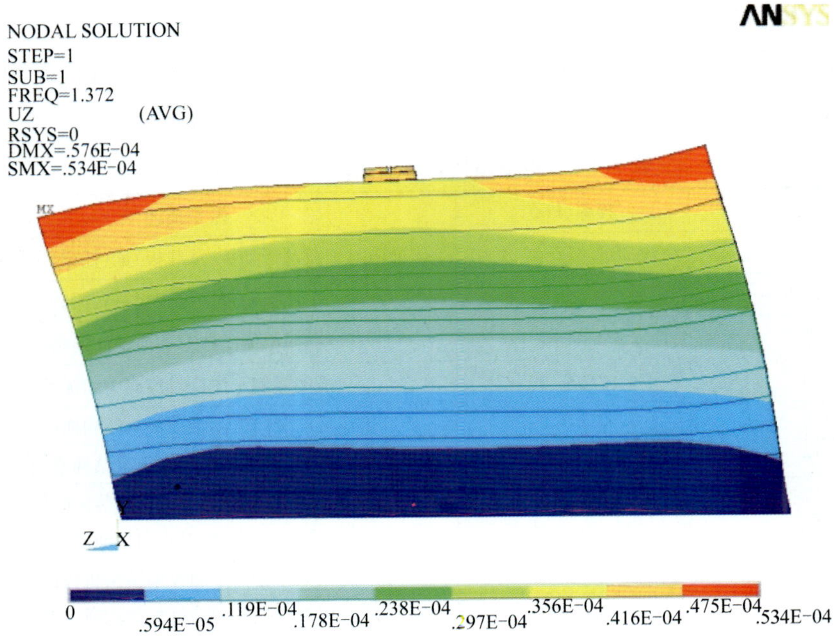

(a)

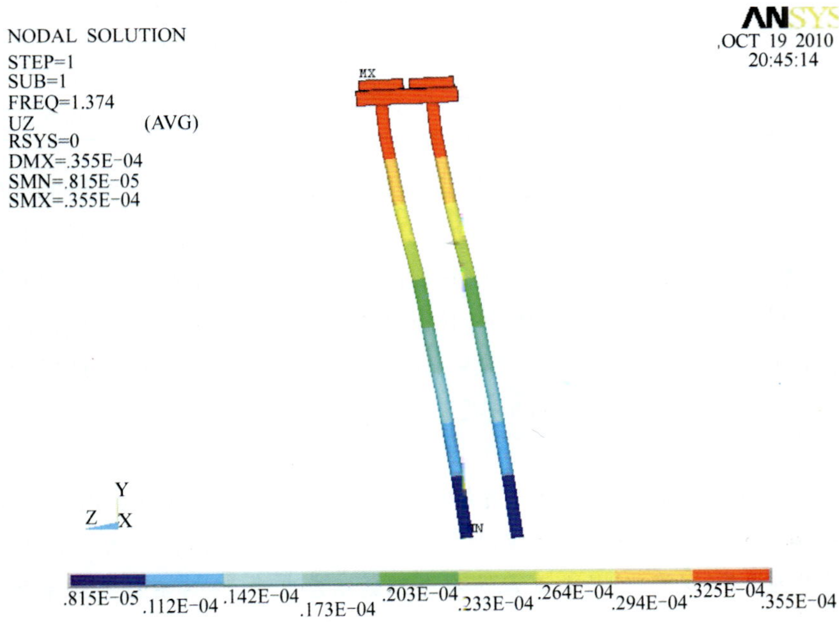

(b)

图 5.1-6　土体横向对称振动带动板梁结构横向平动(f=1.352 7 Hz)

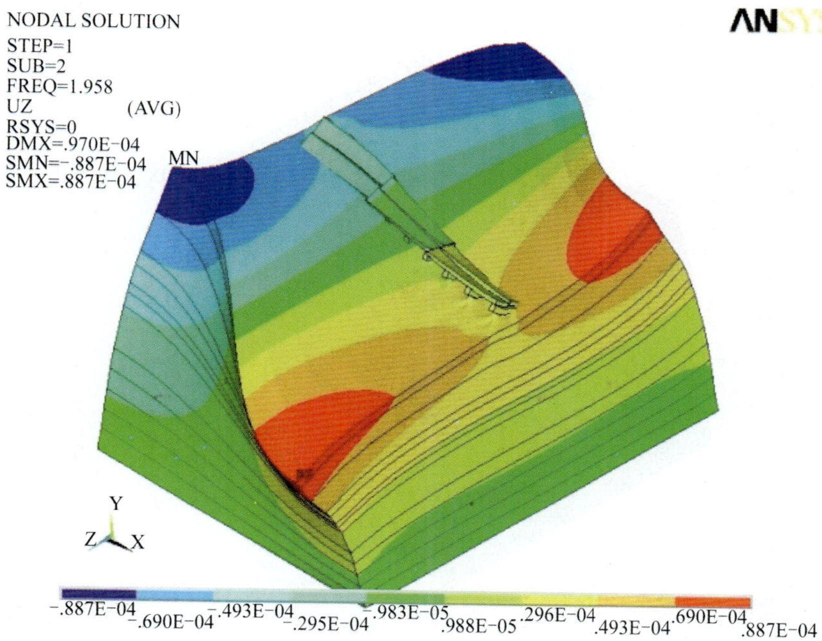

(a)

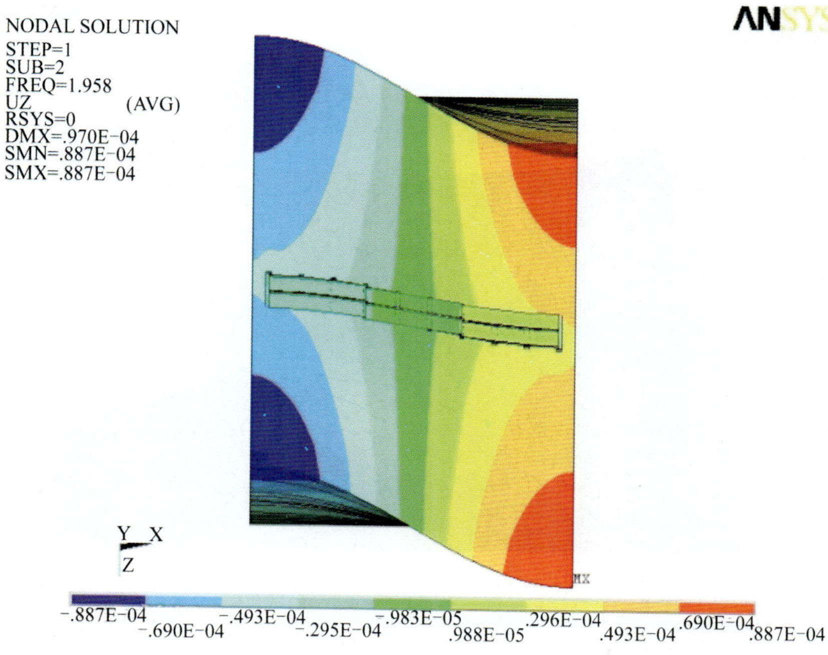

(b)

图 5.1-7 土体振动带动承载板扭转振动(f=1.958 2 Hz)

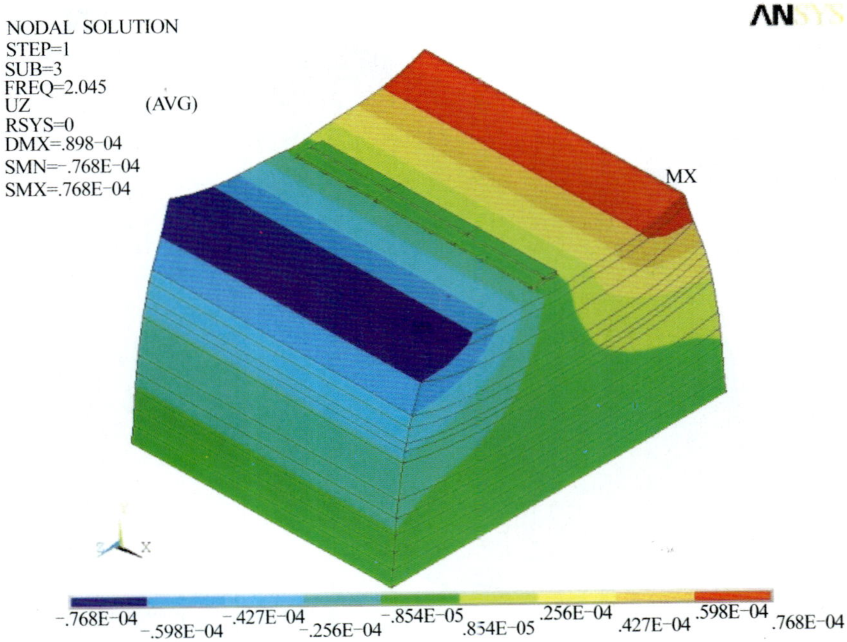

(a)

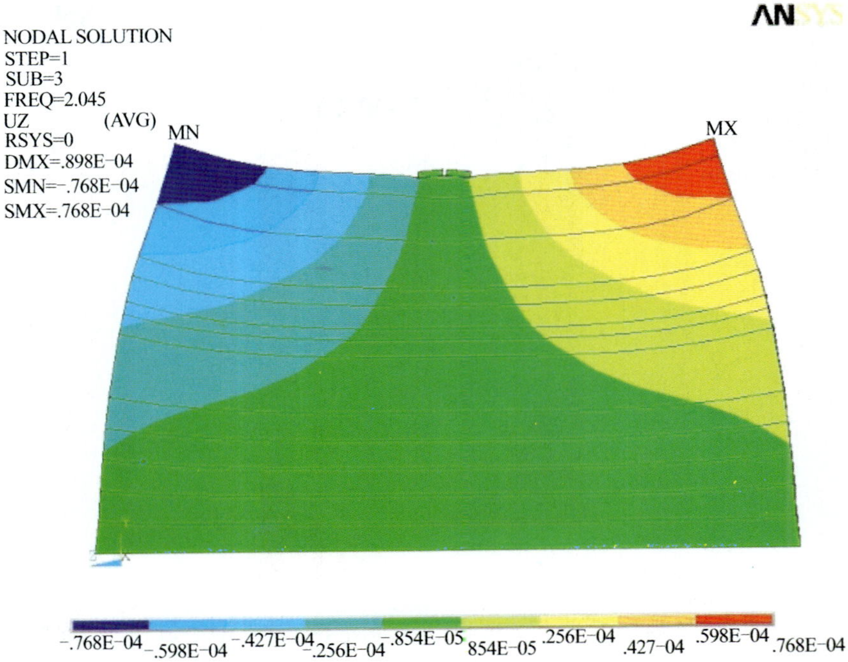

(b)

图 5.1-8 横向两侧土体对称向中间涌动(f=2.045 2 Hz)

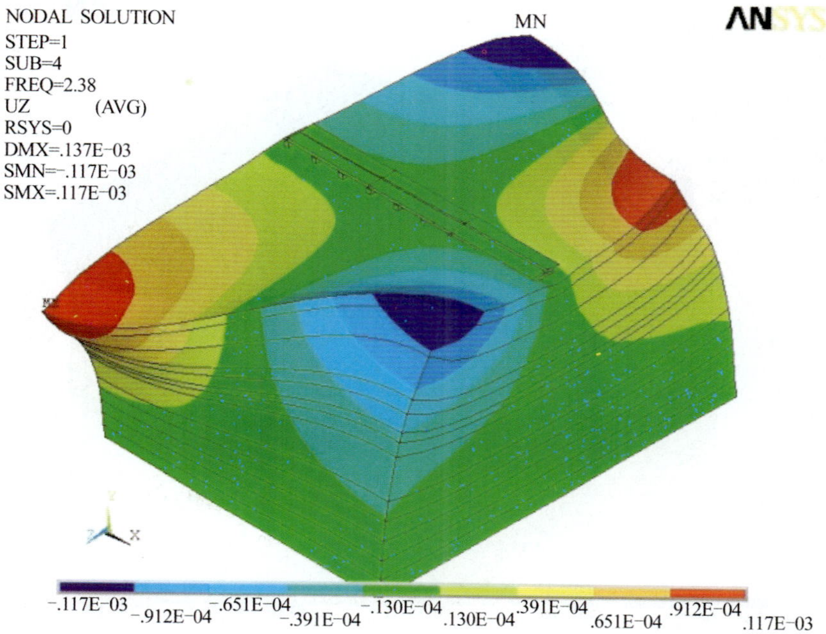

(a)

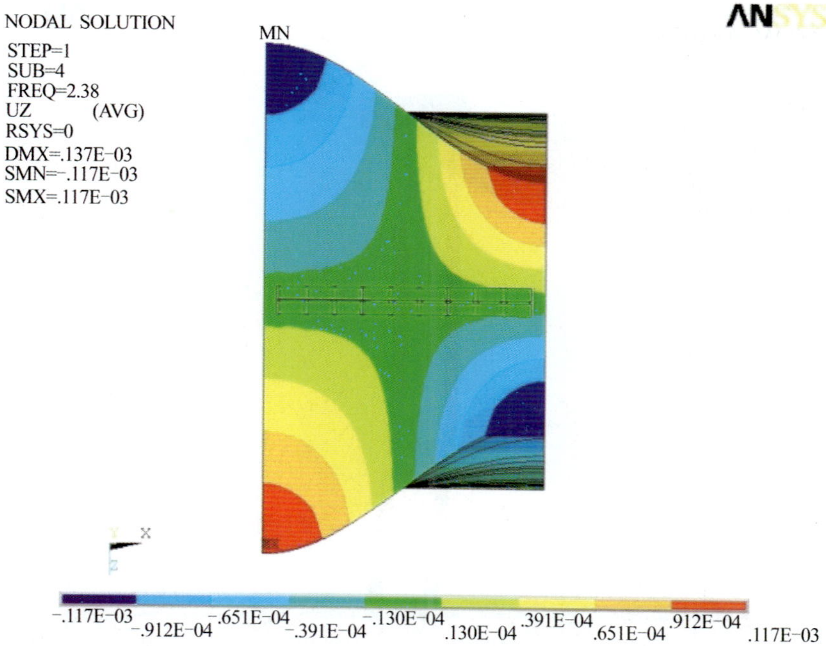

(b)

图 5.1-9 横向两侧土体反对称向中间涌动(f=2.380 2 Hz)

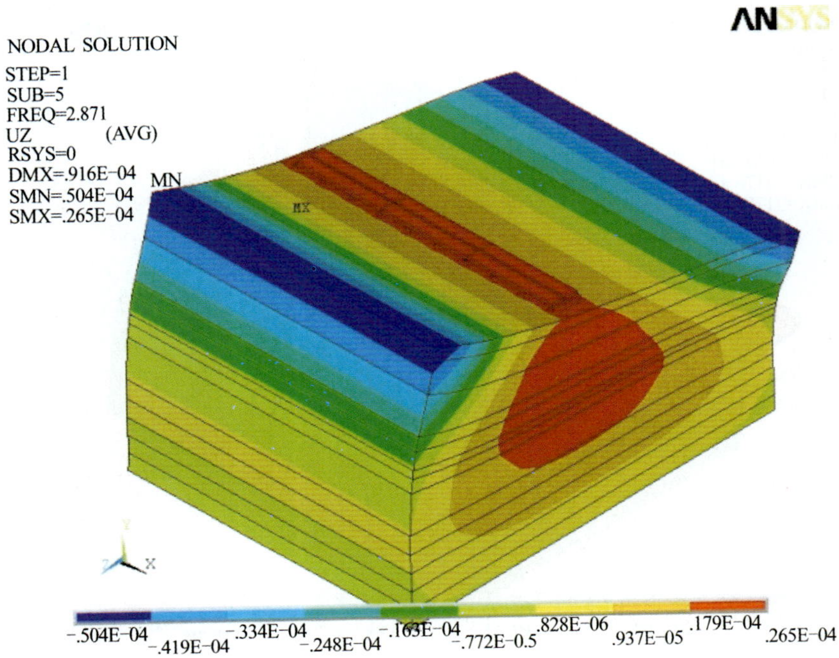

(a)

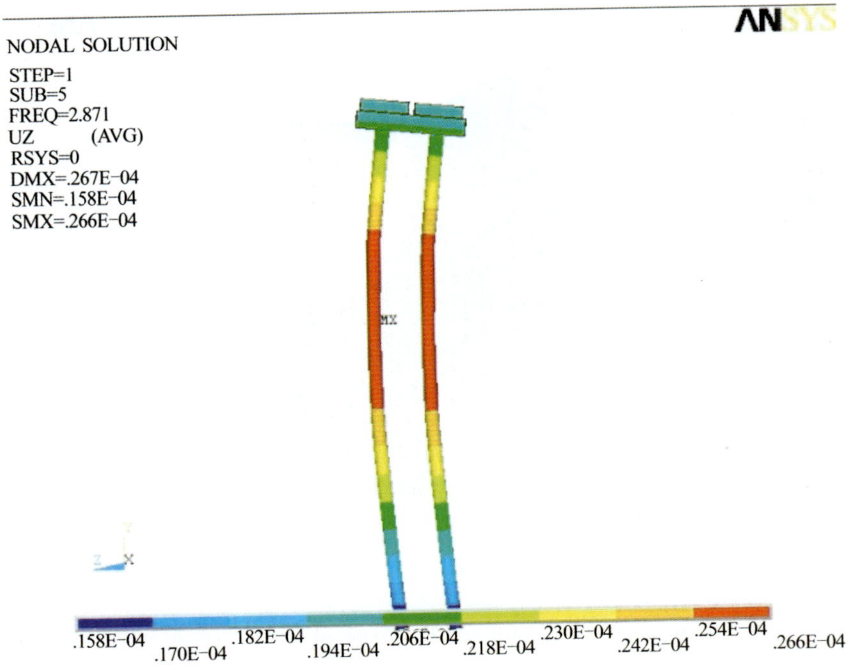

(b)

图 5.1-10　土体反向竖向振动带动板梁结构横向平动(f=2.870 9 Hz)

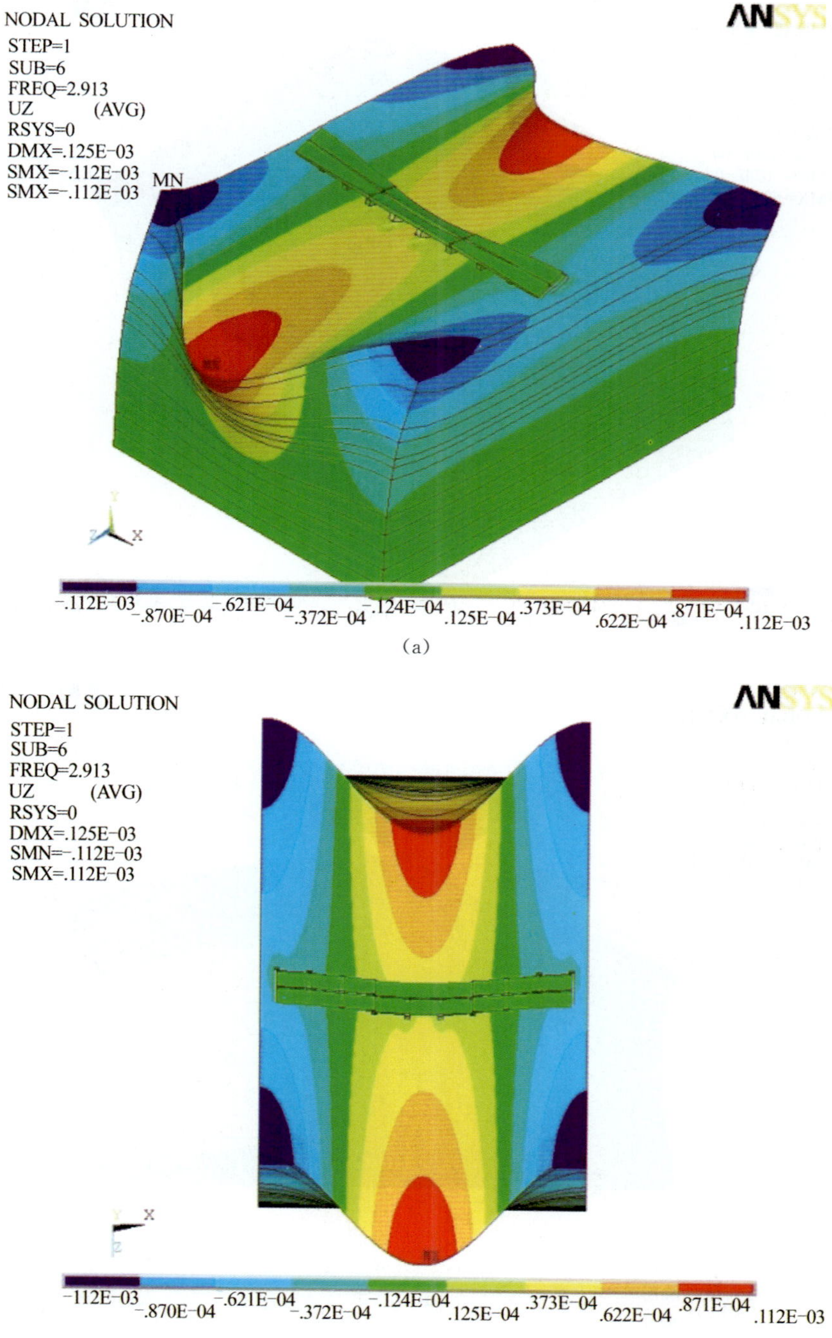

(a)

(b)

图 5.1-11　横向两侧土体对称向中间涌动(f=2.912 9 Hz)

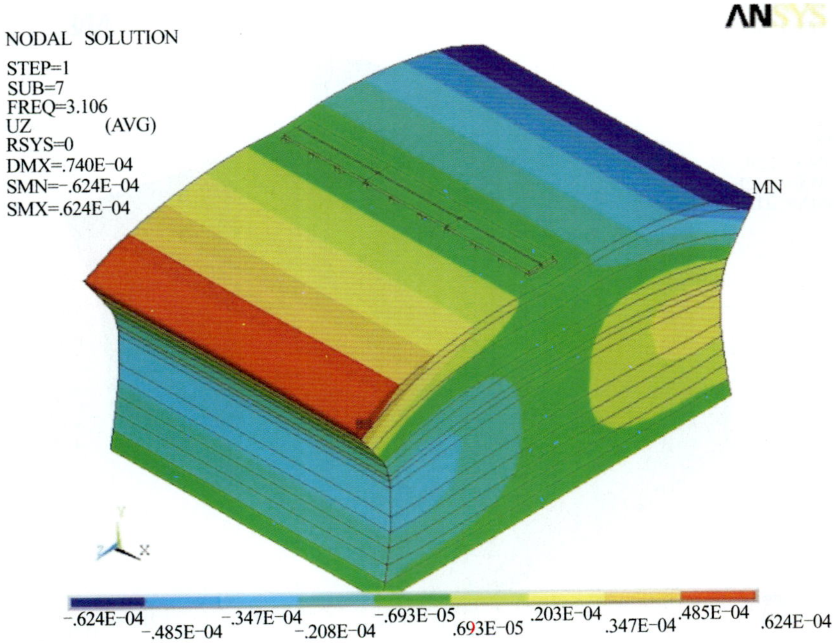

(a)

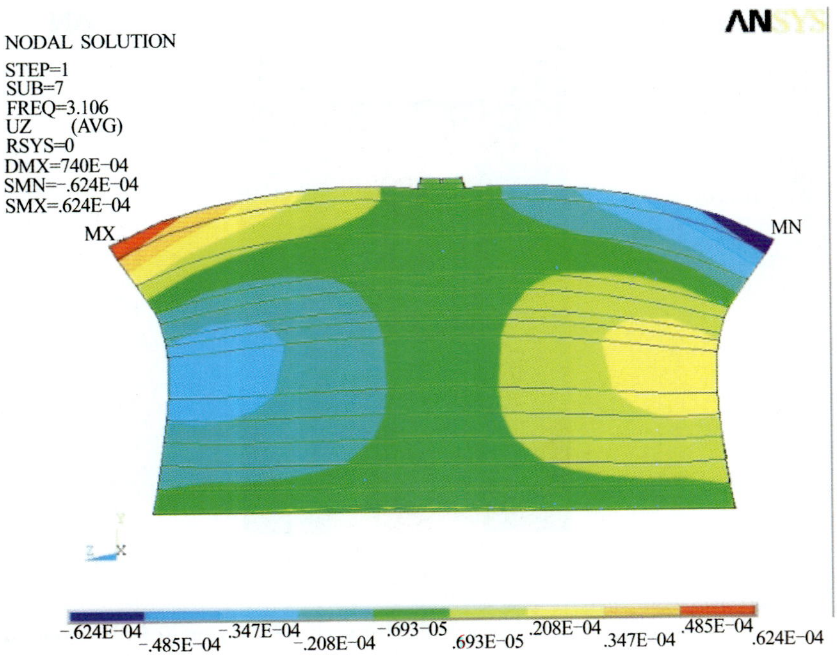

(b)

图 5.1-12　土体的上下振动带动桩板结构竖向刚体平动（f=3.071 5 Hz）

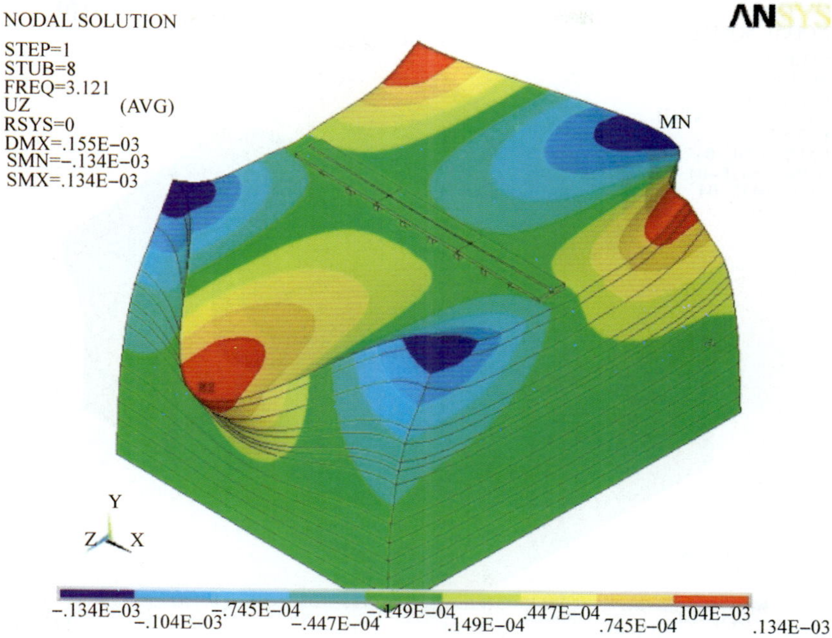

(a)

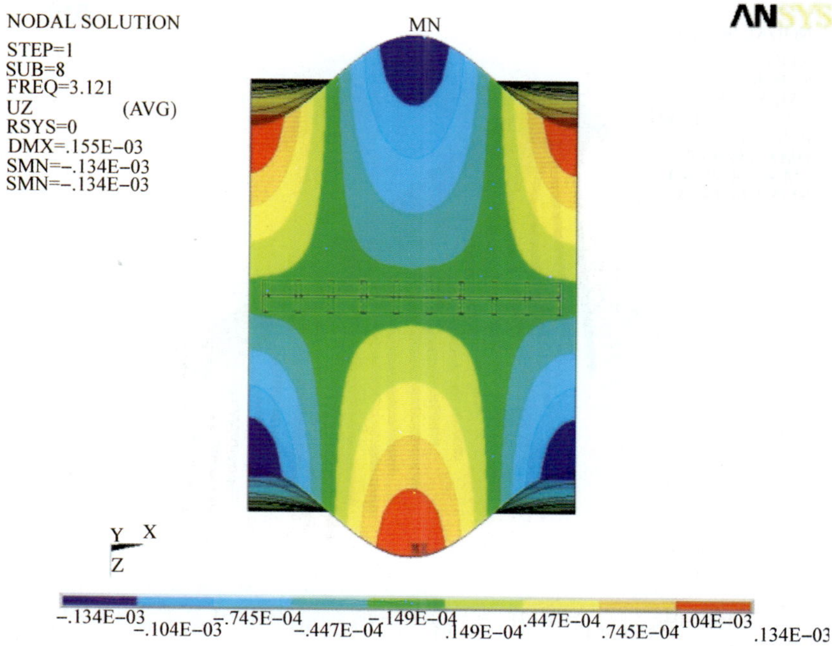

(b)

图 5.1-13 横向两侧土体对称向中间涌动(f=3.120 5 Hz)

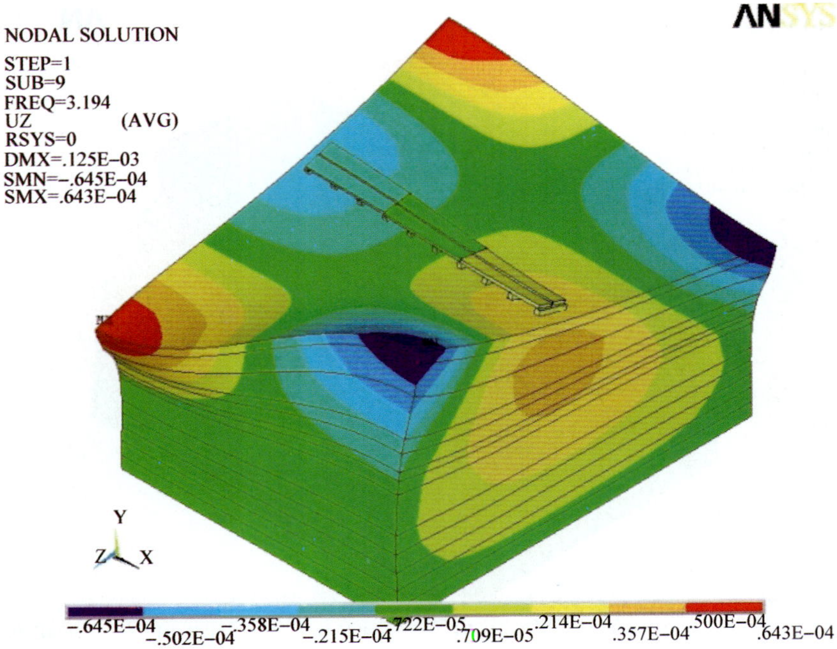

(a)

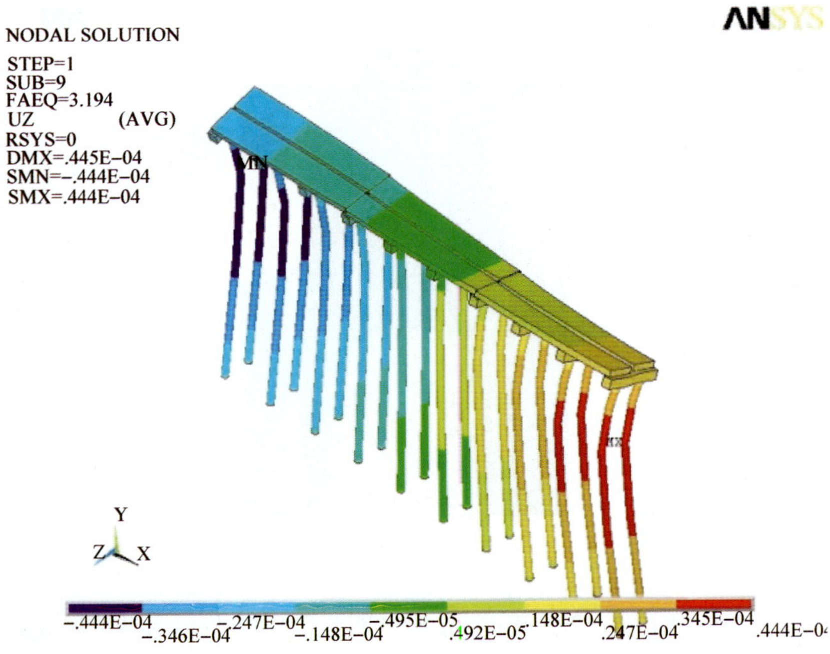

(b)

图 5.1-14　土块竖向振动带动板梁结构扭转振动(f=3.194 1 Hz)

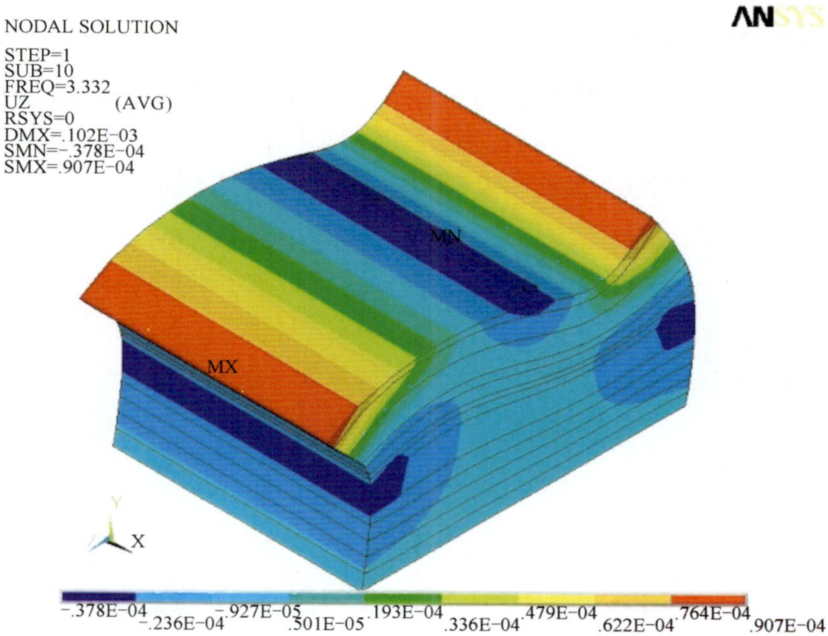

(a)

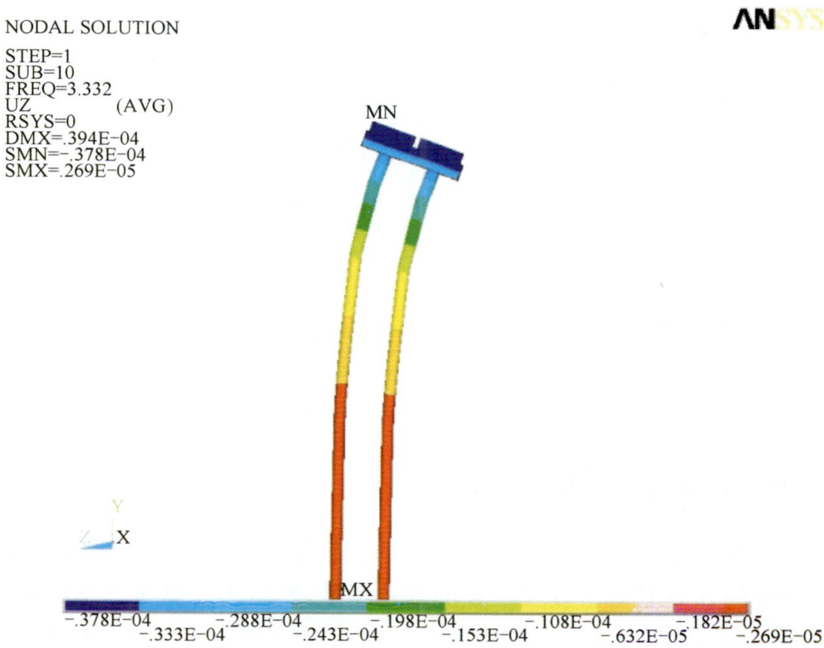

(b)

图 5.1-15　土体横向振动带动桩板结构横向振动(f=3.322 3 Hz)

5.1.3　动力特性实测结果

采用余振法测取桩板结构路基的动力特性，工点 1 桩板结构路基的实测横、竖向自振频率分别为 1.342 8 Hz 和 3.173 8 Hz，图 5.1-16、图 5.1-17 分别表示工点 1 桩板结构路基实测横、竖向振动典型余振波形及其对应的功率谱，详细测试资料可参见 4.4.1 节。

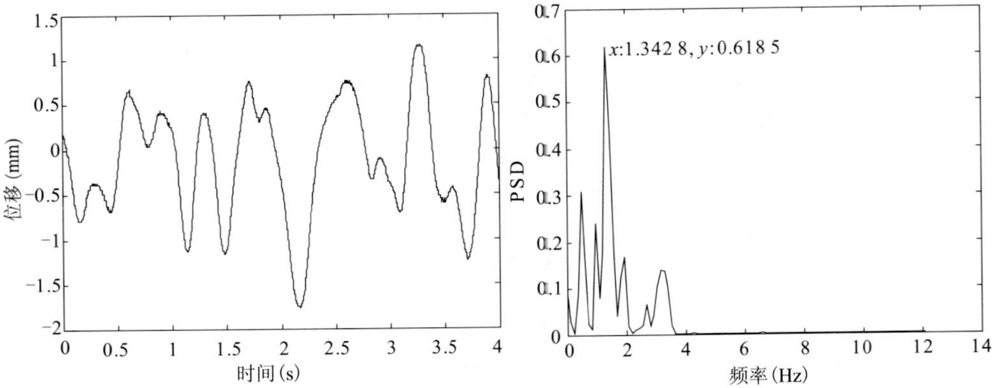

图 5.1-16　工点 1 桩板结构路基实测横向典型余振波形及其功率谱

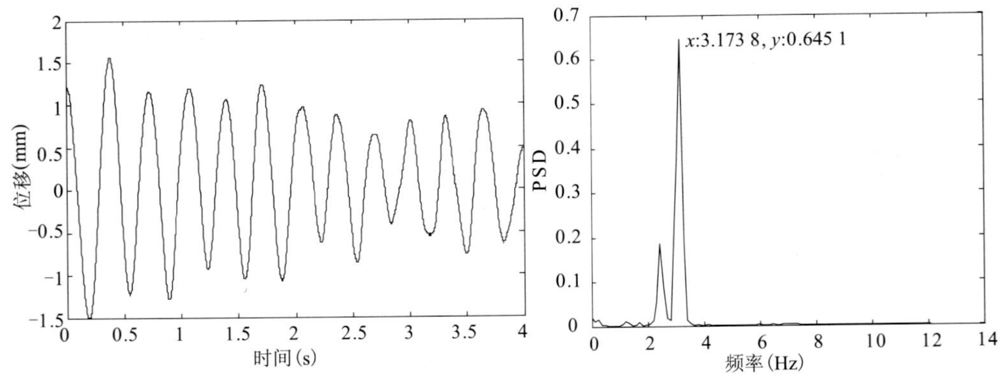

图 5.1-17　工点 1 桩板结构路基实测竖向典型余振波形及其功率谱

5.1.4　自振频率理论计算与实测值比较

桩板结构路基自振频率理论与实测值的比较如表 5.1-9 所示。从表 5.1-9 可看出，采用传统的 m 法计算桩基在桩顶的等效刚度，然后再计算考虑基础弹性的桩板结构的自振频率，其计算值与实测值相差较大；而直接建立土体-桩-托梁-承载板系统有限元模型，考虑土体刚度及质量参与计算所得的桩板结构路基自振频率与实测值比较接近。由此表明，对于桩板结构路基，不宜简单沿用计算桥梁结构自振特性的传统方法，即采用 m 法考虑基础弹性对结构动力特性的影响，而应将土体、桩、托梁及承载板作为完整的振动系统计算其动力特性。

传统的桥梁结构，一般采用群桩基础，桩基刚度一般情况下比结构自身刚度大，其振动主要由结构刚度控制，基础弹性只是对结构系统刚度起折减作用；但就桩板结构路基而言，每个托梁下只有少数几根桩基，且桩长较短，其桩基刚度远小于传统桥梁结构的群桩基础，且板（承载板）梁（托梁）结构跨度小，刚度大，因此，对于桩板结构路基，其振动主要由基础振动控制，桩基周围土体振动对桩板结构路基系统的振动起着举足轻重的作用，因此，建立土体-桩-托梁-承载板系统有限元模型，考虑桩基周围土体刚度和质量的振动参与，方能正确计算桩板结构路基的自振特性。

表 5.1-9 桩板结构路基自振频率理论与实测值(Hz)

方向＼频率	理论计算值		实测值	(理论－实测)/实测	
	方法 1	方法 2		方法 1	方法 2
横向	7.743 0	1.352 7	1.342 8	476.63%	0.74%
竖向	21.224 0	3.071 5	3.173 8	591.45%	－3.22%

初步结论：

①对于工点 1（沪杭高铁松江段）桩板结构路基，其横、竖向基频均为土体振动所带动的板（承载板）梁（托梁）结构刚体平动，采用土体-桩-托梁-承载板系统模型计算的横、竖向基频分别为 1.352 7 Hz 和 3.071 5 Hz；横、竖向实测基频分别为 1.342 8 Hz和 3.173 8 Hz，两者比较接近。

②鉴于桩板结构路基特有的构造特点，不宜简单沿用计算桥梁结构自振特性的传统方法，即采用 m 法考虑基础弹性对结构动力特性的影响，而应将土体、桩、托梁及承载板作为完整的振动系统计算其动力特性。

③仿真计算所得的高速动车组通过桩板结构路基及其过渡段（桩筏结构路基，下同）时列车和路基结构的动力响应与现场实测结果总体上较为接近，列车-桩板结构-土体空间耦合振动计算结果可靠。

5.2 车板空间耦合振动分析

5.2.1 车辆计算模型

1. 车辆构造特点及基本假定

高速动车组通常由若干动车和拖车组成，而每一节车辆又包含车体、转向架、轮对、悬挂装置、制动装置、车辆内部设备等部件，就研究列车与桩板结构路基空间耦合振动而言，主要关注的是车体、转向架、轮对以及悬挂装置（图 5.2-1、图 5.2-2）的力学参数和动力特性。

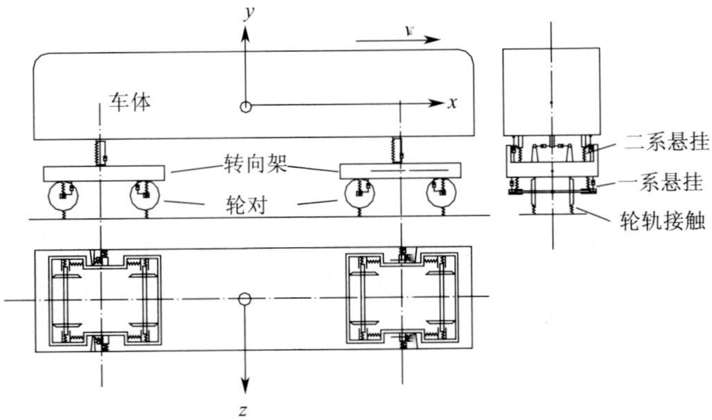

图 5.2-1　二系悬挂四轴铁道车辆空间模型

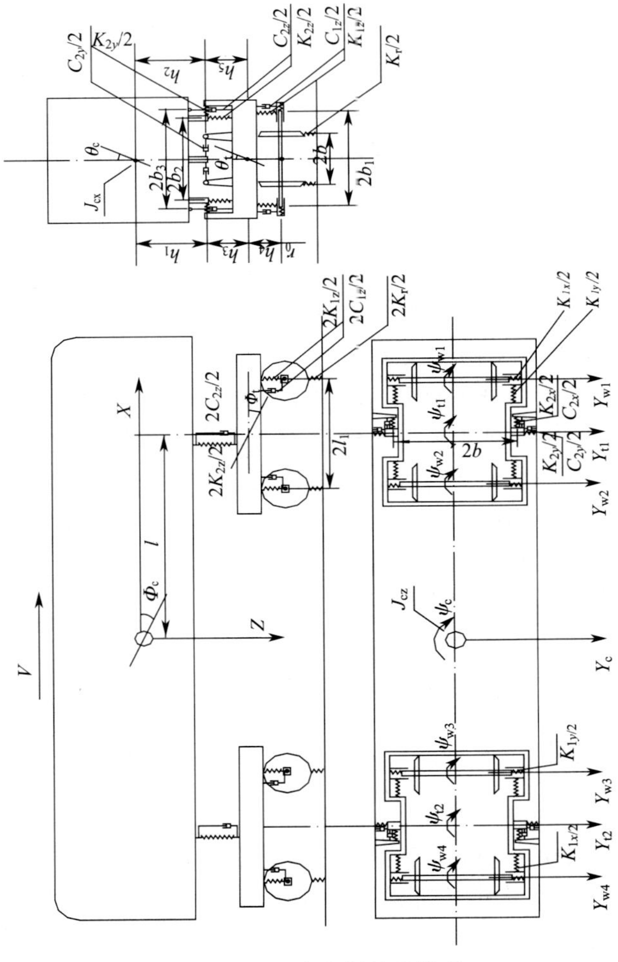

图 5.2-2　整车空间计算模型

可基于以下基本假定建立高速列车动力计算模型：

(1)轮对、转向架和车体均考虑为柔性体，通过赋予柔性体足够大的刚度来实现刚体的模拟；

(2)考虑车体、转向架和轮对各个部件具有空间各个方向的运动自由度，通过增加约束的方式来限制任一不考虑的自由度；

(3)前、后车辆之间有搭钩连接，其约束非常弱，各节车辆组成列车时，不考虑前后车辆之间振动的相互影响；

(4)一系和二系悬挂装置的刚度和阻尼均按等效线性化原则处理为线弹性弹簧和黏滞阻尼；

(5)车辆各部件在其平衡位置附近作小幅振动。

2. 车辆计算模型

采用 Ansys 软件建立车辆的有限元模型(图 5.2-3)，车体、转向架和轮对均采用梁单元(Beam188)模拟，具体步骤为：

(1)定义确定车体、转向架和轮对空间几何位置的节点；

(2)基于这些节点建立相应的梁单元以形成车辆骨架，并赋予这些梁单元一定的材料特性和截面特性，采用质量单元(Mass21)调整车体、转向架和轮对的质量特性；

(3)利用刚臂单元(Beam188)和弹簧单元(Combin14)适当地连接车体与转向架、转向架与轮对；

(4)根据需要约束相应的节点自由度。

3. 车辆动力平衡方程

(1)物理坐标下的车辆动力平衡方程

基于车辆有限元模型，其运动微分方程可表示为：

$$[m_v]\{\ddot{\delta}_v\}+[c_v]\{\dot{\delta}_v\}+[k_v]\{\delta_v\}+\{f_{vn}\}=\{f_{vc}\}+\{f_{ve}\} \tag{5-1}$$

式中 $[m_v]$、$[c_v]$、$[k_v]$——车辆的质量矩阵、黏滞阻尼矩阵、线弹性刚度矩阵；

$\{\delta_v\}$、$\{\dot{\delta}_v\}$和$\{\ddot{\delta}_v\}$——车辆位移、速度和加速度向量；

$\{f_{vn}\}$——车辆非比例阻尼力及其他非线性内力向量；

$\{f_{vc}\}$——通过轮轨相互作用施加于车辆上的激振力向量；

$\{f_{ve}\}$——其他外力向量，如风荷载等。

若采用分离迭代方法求解，则需通过移项使得式(5-1)左端仅含常系数(质量、阻尼和刚度矩阵)项，而右端为车辆和桥梁待求响应量的函数。这样，式(5-1)可变换为：

$$[m_v]\{\ddot{\delta}_v\}+[c_v]\{\dot{\delta}_v\}+[k_v]\{\delta_v\}=\{f_v\} \tag{5-2}$$

式中

$$\{f_v\}=\{f_{vc}\}+\{f_{ve}\}-\{f_{vn}\} \tag{5-3}$$

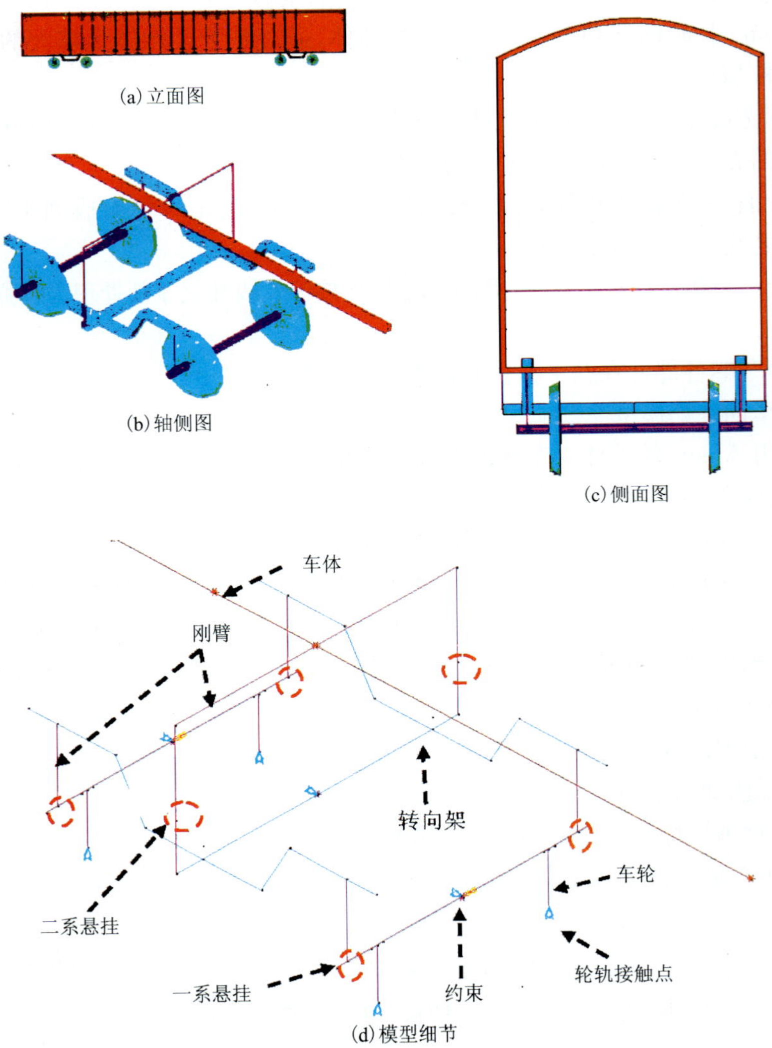

图 5.2-3　四轴车辆有限元模型

将车辆或者桩板结构路基本身的非线性内力项移到动力平衡方程右端作为虚拟激振力来处理，这称为拟力法。由于虚拟激振力是待求响应量的函数，一般采用迭代方法求解，故拟力法也可称为拟力迭代法。分离迭代和拟力迭代的本质是相同的，都是由于动力平衡方程右端项含有待求响应量而引起的，因此可以统一处理。

采用模态叠加法求解列车与桩板结构路基系统的耦合振动响应，以缩减有限元模型的自由度，可节约计算机存储量和计算时间。

(2)模态坐标下的车辆动力平衡方程

采用 Ansys 软件对车辆进行模态分析，获取车辆有限元模型的特征值和特征向量。根据式(5-2)，车辆模型对应的特征值问题可表达为：

$$([k_v]-\omega_v^2[m_v])\{\phi_v\}=\{0\} \tag{5-4}$$

若考虑车辆模型前 N_v 阶模态：对应的特征值矩阵为$[\omega_v^2]$，对质量矩阵归一化的特征向量矩阵为$[\Phi_v]$。那么，运用标准的模态坐标变换：

$$\{\delta_v\}=[\Phi_v]\{q_v\} \tag{5-5}$$

对式(5-2)进行坐标变换并经正交化处理后，车辆运动方程可表达为：

$$\{\ddot{q}_v\}+2[\xi_v][\omega_v]\{\dot{q}_v\}+[\omega_v^2]\{q_v\}=[\Phi_v]^T\{f_v\} \tag{5-6}$$

式中 T——转置；

$\{q_v\}$——模态坐标；

$[\xi_v]$——模态阻尼矩阵，主要考虑为柔性车体振动模态设定相应的阻尼比，而悬挂装置的阻尼力移动到右端项作为虚拟激振力，不考虑在$[\xi_v]$中。

有限元模型及实特征值求解结果只能代表车辆的质量和线弹性刚度特性，对于悬挂系统的集中阻尼和非线性特性，则通过式(5-6)的右端虚拟激振项实现。

5.2.2 桩板结构路基计算模型

1. 桩板结构路基动力计算模型

针对工点 1 桩板结构路基，采用有限元分析软件 Ansys，以实体和梁等单元建立桩板结构路基动力分析模型，具体为：

(1)过渡段(桩筏结构路基)考虑 30.0 m，桩板结构路基取 3 联(3×30.0=90.0 m)。60 kg/m钢轨采用 Beam188 空间梁单元模拟。

(2)钢轨与轨道板间由 WJ-8C 扣件相连，采用 Metrix27 单元模拟。

(3)轨道板、乳化沥青砂浆垫层及底座均采用 Solid45 实体单元模拟。

(4)单块承载板宽 4.4 m，厚 1.0 m，每跨长 10.0 m，三跨一联，承载板也采用 Solid45 实体单元模拟，并沿板厚方向划分 4 层；托梁长 10.0 m，宽 1.6 m，高 1.5 m，同样采用 Solid45 单元模拟。

(5)桩土连接采用共用节点的方式处理，也都采用 Solid45 实体单元模拟，其中桩长45.0 m，截面直径为 1.25 m。

桩板结构路基动力计算模型所取范围为：

(1)竖向取至桩底以下 20.0 m，横向沿桩板结构前后两侧边界各外伸 55.0 m，纵向沿桩板结构路基前端托梁边缘向外延伸 4.2 m，沿桩板结构路基尾端托梁边缘向外延伸 30.0 m(桩筏结构路基过渡段)；即整个列车-桩板结构路基耦合动力分析模型为：65 m(竖向)×120 m(横向)×125 m(纵向)。

(2)过渡段 AB 组填料也采用 Solid45 单元模拟。

(3)承载板与每联桩板结构边托梁(边支点处)假定为铰接，承载板与每联桩板结构中托梁(中支点处)在桩基位置以共用节点方式处理为固结。

(4)模型底面土体假定为固结，其他四面土体(即模型前后两边缘及左右两端)均为自由。

整个分析模型共有节点 41 526 个，单元总数为 36 142 个，其中，钢轨梁单元 520 个，扣件单元 524 个，轨道板单元 880 个，CA 砂浆单元 880 个，底座(支承层)单元 880 个，承载板单元 4 320 个，托梁单元 2 000 个，桩单元 1 200 个，土体单元 24 378 个，过渡段 AB 组填料单元 560 个；桩板结构总体模型如图 5.2-4 所示，桩板结构路基与过渡段连接部位如图 5.2-5 所示。

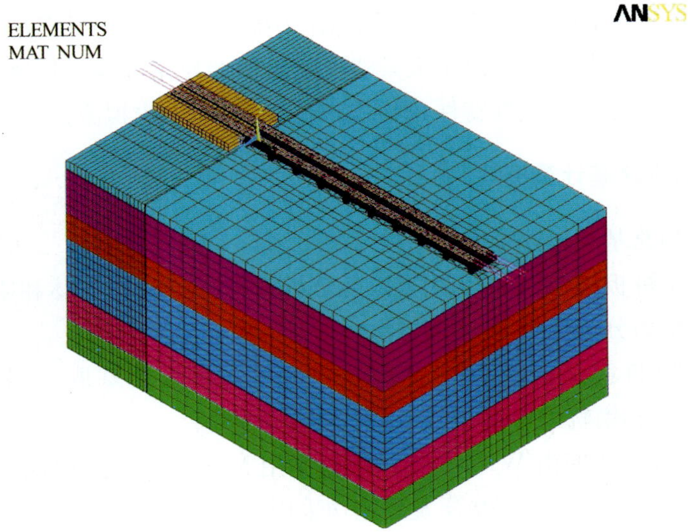

图 5.2-4　桩板结构路基动力分析模型

2. 桩板结构路基动力平衡方程

(1)模态坐标下的的桩板结构路基动力平衡方程

基于桩板结构路基及其过渡段(包括板式轨道结构)有限元模型，其动力平衡方程可表示为：

$$[m_p]\{\ddot{\delta}_p\}+[C_p]\{\dot{\delta}_p\}+[K_p]\{\delta_p\}=\{f_{pv}\} \tag{5-7}$$

式中 $[m_{\mathrm{p}}]$、$[C_{\mathrm{p}}]$、$[K_{\mathrm{p}}]$——桩板结构路基的质量矩阵、比例阻尼矩阵和线弹性刚度矩阵；

$\{\ddot{\delta}_{\mathrm{p}}\}$、$\{\dot{\delta}_{\mathrm{p}}\}$、$\{\delta_{\mathrm{p}}\}$——桩板结构路基加速度、速度及动位移向量；

$\{f_{\mathrm{pv}}\}$——施加于桩板结构路基上的轮轨激振力。

运用标准的模态坐标变换

$$\{\delta_{\mathrm{p}}\}=[\Phi_{\mathrm{p}}]\{q_{\mathrm{p}}\} \tag{5-8}$$

对式(5-7)进行坐标变换并经正交化处理后可得：

$$\{\ddot{q}_{\mathrm{p}}\}+2[\xi_{\mathrm{p}}][\omega_{\mathrm{p}}]\{\dot{q}_{\mathrm{p}}\}+[\omega_{\mathrm{p}}^{2}]\{q_{\mathrm{p}}\}=[\Phi_{\mathrm{p}}]^{\mathrm{T}}\{f_{\mathrm{p}}\} \tag{5-9}$$

式中 $[\omega_{\mathrm{p}}]$——采用 Ansys 软件对桩板结构路基进行特征值分析得到的结构圆频率矩阵，矩阵的维数 N_{p} 等于所采用的模态数；

$[\Phi_{\mathrm{p}}]$——对质量矩阵规一化的振型矩阵；

$[x_{\mathrm{p}}]$——比例阻尼矩阵；

$\{q_{\mathrm{p}}\}$——模态坐标；

$\{f_{\mathrm{p}}\}$——桩板结构路基所受的所有外力和虚拟内力向量。

需要提取的桩板结构路基有限元模型的模态数 N_{p} 由所关心的结构振动频率范围决定。一般情况下可采用瑞利阻尼，即给定结构频率 ω_1、ω_2 和对应的阻尼比 ζ_1、ζ_2，可根据下式获得第 i 阶模态阻尼比：

$$\xi_i=\left[\frac{\omega_1\omega_2(\omega_1\zeta_2-\omega_2\zeta_1)}{\omega_1^2-\omega_2^2}+\frac{\omega_i^2(\omega_1\zeta_1-\omega_2\zeta_2)}{\omega_1^2-\omega_2^2}\right]/\omega_i \tag{5-10}$$

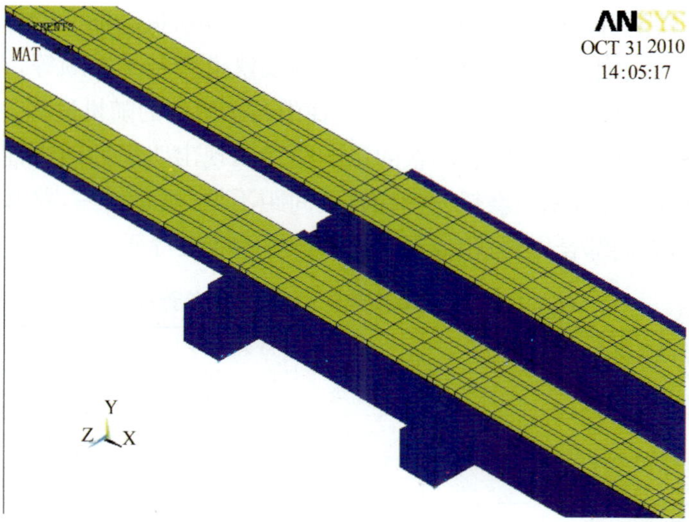

图 5.2-5 桩板结构路基与过渡段连接部位计算模型局部放大图

(2)基于模态叠加法的应力/内力计算

由于模态叠加法的采用,动力计算中直接得到的是模态位移、模态速度和模态加速度响应。基于这些模态坐标响应和相应的振型向量,根据模态叠加原理可以得到物理坐标下的桩板结构路基位移、速度和加速度。然而,物理坐标下结构应变/应力/内力以及支座反力的计算还需要特殊处理。

一旦求得模态坐标响应,则不考虑初始应力和应变下桩板结构路基中第 j 单元的单元应力 $\{\sigma_{pj}^{e}\}$ 可表示为:

$$\{\sigma_{pj}^{e}\}=[\Gamma_{pj}]\{q_{p}\} \tag{5-11}$$

式中 $[\Gamma_{pj}]$——第 j 单元对应的模态应力矩阵,可由下式得到:

$$[\Gamma_{pj}]=[D_{pj}][L_{pj}][N_{pj}][\Phi_{pj}] \tag{5-12}$$

式中 $[\Phi_{pj}]$——第 j 单元所有节点组成的模态位移矩阵;

$[N_{pj}]$——将节点位移转化为单元位移场的形函数;

$[L_{pj}]$——将单元位移场转化为单元应变场的微分算子;

$[D_{pj}]$——反映应力-应变关系的弹性矩阵。

式(5-11)表示的物理坐标下的应力计算同样可以采用模态叠加原理,式(5.2-12)表示模态应力矩阵可由模态位移矩阵决定;将模态位移作为强迫位移施加于结构之上,即可得到相应的模态应变/应力/内力/反力。

5.2.3 轨道不平顺输入

轨道不平顺是引起列车-桩板结构路基系统产生随机振动的激励源,它包括轨道高低不平顺、轨道水平不平顺、轨道方向不平顺及轨道轨距不平顺等,在列车通过桩板结构路基动力仿真分析中,将其处理为平稳的各态历经的随机过程。

实际线路的几何状态受众多因素的影响往往表现出明显的随机性,这些影响因素包括:钢轨初始弯曲,钢轨磨耗、伤损,轨枕间距不均、质量不一,路基下沉不均匀、刚度变化等等,它们综合作用,构成了轨道不平顺的随机特征。

表 5.2-1 轨道状态幅值评价允许偏差管理值

线路速度等级	200～250 km/h		300～350 km/h	
级别	Ⅰ级	Ⅱ级	Ⅰ级	Ⅱ级
轨距(mm)	4	4	3	4
	−2	−3	−2	−3
水平(mm)	4	5	3	5
基长 2.5 m 三角坑(mm)	4	4	3	4

续上表

线路速度等级	200～250 km/h		300～350 km/h	
高低(mm)	4	5	3	5
轨向(mm)	4	5	3	5
* 基长 18 m 的曲率变化率($1/m^2 \times 10^{-6}$)	1.2		1	
* 基长 2.5 m 的轨距变化率(‰)	0.8	1	0.8	1

注:1. 高低和轨向偏差为 1.5～42 m 波长范围空间曲线计算零线到波峰的幅值;

2. 水平限值不包含曲线按规定设置的超高值及超高顺坡量;

3. 三角坑限值包含缓和曲线超高顺坡造成的扭曲量;

4. 避免出现连续多波不平顺和轨向、水平逆向复合不平顺;

5. 速度等级 200 km/h 的线路在部分限速区段按 200、250 km/h 区段指标评价;

6. * 号内容为参考项目,用于辅助分析评价。

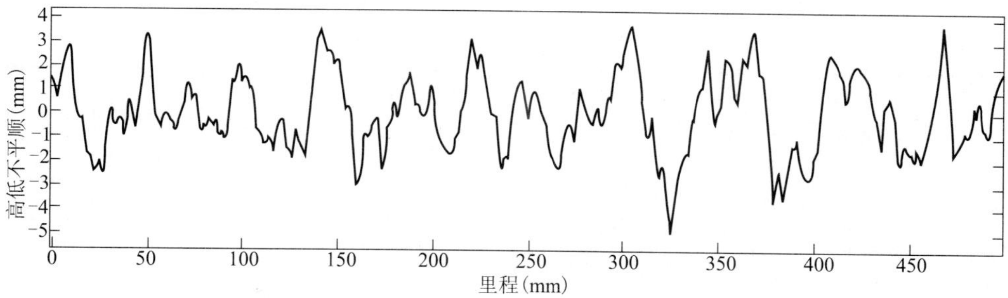

图 5.2-6 典型竖向轨道不平顺样本曲线(Ⅱ级线路状态)

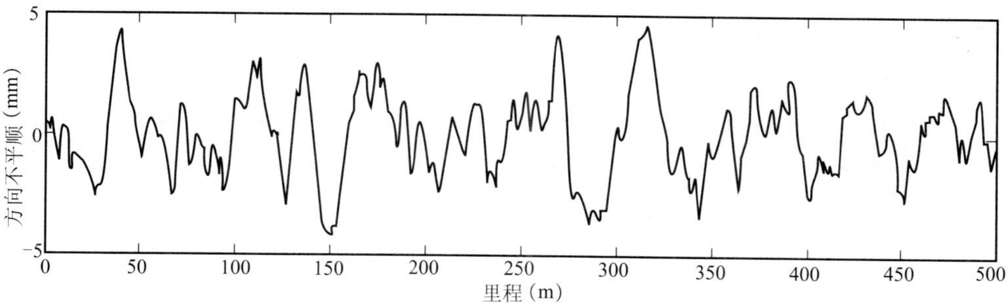

图 5.2-7 典型横向轨道不平顺样本曲线(Ⅱ级线路状态)

轨道不平顺的统计特征只能靠线路实地测量获得,英国铁路于 1964 年就开始了这项测试工作,是世界上开展这一研究最早的国家之一。目前,英、日、德、美、俄罗斯、印度、捷克等国家都测定了各自的轨道不平顺的谱密度和相关函数,中国在这方面也做了不少研究工作。我国学者进行数值分析时采用的轨道不平顺谱通常有:美国一到六级不平顺功率谱、德国高速低干扰谱、德国高干扰谱、原长沙铁道学院建议谱、郑武高速试验段轨道谱以及京沪、京广、京哈三大重载提速干线轨道谱,其中,德国高速低干扰谱适用于 250 km/h 以上的车速。沪杭高铁设计时速为 350 km，经综合比选，本研究采用的轨道不平顺样本由德国高速低干扰谱生成，波长范围取为 2～100 m，不平顺峰值参考我国《客运专线铁路工程竣工验收动态检测指导意见》（铁建设〔2008〕7 号）及《客运专线 300～350 km/h 轨道不平顺动态管理值》（简称运输管理标准）有关规定确定，表 5.2-1 为各方向轨道不平顺半峰值限值。为了评定在不同轨道状态下车辆以及桩板结构路基的动力响应，分别采用Ⅰ级、Ⅱ级不平顺样本来进行分析，图 5.2-6、图 5.2-7 分别为根据德国高速低干扰谱模拟的典型竖、横向轨道不平顺样本曲线。

5.2.4　车辆计算参数

分别采用 ICE3 和 CHR2-300 进行高速动车组通过桩板结构路基动力仿真计算，有关车辆计算参数如表 5.2-2 所示，表中各参数符号可参见图 5.2-2。

表 5.2-2　车辆计算参数

参数 \ 车辆			CHR2 动车	CHR2 拖车	ICE3 动车	ICE3 拖车
车体的质量和惯性矩	M_c	车体的质量(kg)	39 600	34 100	48 000	44 000
	J_{cx}	车体的质量惯性矩-侧滚(kg·m²)	128 304	110 484	115 000	100 000
	J_{cy}	车体的质量惯性矩-点头(kg·m²)	1 900 000	1 700 000	2 300 000	2 300 000
	J_{cz}	车体的质量惯性矩-摇头(kg·m²)	1 900 000	1 700 000	2 300 000	2 300 000
转向架的质量和惯性矩	M_t	转向架的质量(kg)	3 200	2 600	3 200	2 400
	J_{tx}	转向架的质量惯性矩-侧滚(kg·m²)	2 592	2 106	3 200	1 800
	J_{ty}	转向架的质量惯性矩-点头(kg·m²)	1 752.32	1 423.76	7 200	2 200
	J_{tz}	转向架的质量惯性矩-摇头(kg·m²)	3 200	2 600	6 800	2 200
轮对的质量和惯性矩	M_w	轮对的质量(kg)	2 000	2 100	2 400	2 400
	J_{wx}	轮对的质量惯性矩-侧滚(kg·m²)	980	1 029	1 200	1 100
	J_{wy}	轮对的质量惯性矩-点头(kg·m²)	200	180	200	180
	J_{wz}	轮对的质量惯性矩-摇头(kg·m²)	980	1 029	1 200	1 100
一系弹簧刚度和阻尼	K_{1x}	一系弹簧纵向刚度(N/m)	2.74×10^{7}	2.74×10^{7}	1.8×10^{7}	3.0×10^{7}
	K_{1y}	一系弹簧横向刚度(N/m)	1.098×10^{7}	1.10×10^{7}	6.0×10^{6}	1.0×10^{7}
	K_{1z}	一系弹簧竖向刚度(N/m)	2.352×10^{6}	2.35×10^{6}	2.08×10^{6}	1.40×10^{6}
	C_{1x}	一系弹簧纵向阻尼(N·s/m)	0	0	0	0
	C_{1y}	一系弹簧横向阻尼(N·s/m)	0	0	0	0
	C_{1z}	一系弹簧竖向阻尼(N·s/m)	3.92×10^{4}	3.92×10^{4}	1.0×10^{5}	1.0×10^{5}

续上表

参数		车辆	CHR2动车	CHR2拖车	ICE3 动车	ICE3 拖车
二系弹簧刚度和阻尼	K_{2x}	二系弹簧纵向刚度(N/m)	3.78×10^5	3.56×10^5	4.8×10^5	5.6×10^5
	K_{2y}	二系弹簧横向刚度(N/m)	3.72×10^5	3.56×10^5	4.8×10^5	5.6×10^5
	K_{2z}	二系弹簧竖向刚度(N/m)	4.80×10^5	4.42×10^5	8.0×10^5	6.0×10^5
	C_{2x}	二系弹簧纵向阻尼(N·s/m)	4.9×10^6	4.9×10^6	2.0×10^6	2.0×10^6
	C_{2y}	二系弹簧横向阻尼(N·s/m)	1.176×10^5	1.18×10^5	6.0×10^4	5.0×10^4
	C_{2z}	二系弹簧竖向阻尼(N·s/m)	1.2×10^5	1.2×10^5	1.2×10^5	1.2×10^5
	L_1	两转向架轴距之半(m)	8.75	8.75	8.687 5	8.687 5
距离和尺寸	L_2	同一转向架两轮对之半(m)	1.25	1.25	1.25	1.25
	B_1	一系竖向弹簧横向间距之半(m)	1.0	1.0	1.0	1.0
	B_2	二系竖向弹簧横向间距之半(m)	1.23	1.23	0.95	0.95
	B_3	二系竖向阻尼横向间距之半	1.23	1.23	0.95	0.95
	B_4	二系纵向弹簧(阻尼)横向间距之半(m)	1.35	1.35	1.325	1.325
	H_1	二系横向弹簧到车体重心的高度(m)	0.5	0.5	0.64	0.64
	H_2	二系横向阻尼到车体重心的高度(m)	0.5	0.5	0.64	0.64
	H_3	转向架重心到二系横向弹簧重心的高度(m)	0.2	0.2	0.14	0.14
	H_4	轮对重心到转向架重心的高度(m)	0.065	0.065	0.14	0.14
	H_5	转向架重心到二系横向阻尼重心的高度(m)	0.2	0.2	0.14	0.14
	N_w	车轴个数	4	4	4	4
	S_1	前端挂钩到第一轮对的间距(m)	2.85	2.85	2.45	2.45
	S_2	第一轮对到第二轮对的间距(m)	2.5	2.5	2.5	2.5
	S_3	第二轮对到第三轮对的间距(m)	15	15	14.875	14.875
	S_4	第三轮对到第四轮对的间距(m)	2.5	2.5	2.5	2.5
	R_0	轮对半径(m)	0.43	0.43	0.46	0.46

5.2.5 评判标准

《高速铁路设计规范(试行)》(TB 10621—2009),我国铁路有关标准以及国内外研究成果。具体参见4.3节。

5.2.6 列车编组及计算工况

为全面评估高速动车组通过桩板结构路基时的运营性能及结构动力状态,采用计算机模拟单联 ICE3 和 CHR2 动车组以不同速度通过桩板结构路基及其过渡段的全过程，计算列车及桩板结构路基的空间耦合振动响应。

具体列车编组为：T—M—M—M—M—M—M—T，其中 M 为动车，T 表示拖车。

计算工况如表 5.2-3 所示。

表 5.2-3 动车组-桩板结构路基系统空间耦合振动计算工况

计算工况	工况描述		计算车速 (km/h)
	动车型号	线路状态	
工况 1	ICE3	验收Ⅰ级	200
工况 2	ICE3	验收Ⅰ级	250
工况 3	ICE3	验收Ⅰ级	270
工况 4	ICE3	验收Ⅰ级	300
工况 5	ICE3	验收Ⅰ级	350
工况 6	ICE3	验收Ⅰ级	370
工况 7	ICE3	验收Ⅰ级	400
工况 8	ICE3	验收Ⅰ级	420
工况 9	ICE3	验收Ⅱ级	200
工况 10	ICE3	验收Ⅱ级	250
工况 11	ICE3	验收Ⅱ级	270
工况 12	ICE3	验收Ⅱ级	300
工况 13	ICE3	验收Ⅱ级	350
工况 14	ICE3	验收Ⅱ级	370
工况 15	ICE3	验收Ⅱ级	400
工况 16	ICE3	验收Ⅱ级	420
工况 17	CRH2	验收Ⅰ级	200
工况 18	CRH2	验收Ⅰ级	250
工况 19	CRH2	验收Ⅰ级	270
工况 20	CRH2	验收Ⅰ级	300
工况 21	CRH2	验收Ⅰ级	350
工况 22	CRH2	验收Ⅰ级	370
工况 23	CRH2	验收Ⅰ级	400
工况 24	CRH2	验收Ⅰ级	420
工况 25	CRH2	验收Ⅱ级	200

续上表

计算工况	工况描述		计算车速(km/h)
	动车型号	线路状态	
工况 26	CRH2	验收Ⅱ级	250
工况 27	CRH2	验收Ⅱ级	270
工况 28	CRH2	验收Ⅱ级	300
工况 29	CRH2	验收Ⅱ级	350
工况 30	CRH2	验收Ⅱ级	370
工况 31	CRH2	验收Ⅱ级	400
工况 32	CRH2	验收Ⅱ级	420

注:表中线路状态为表 5.2-3 中 300～350 km/h 对应的线路验收等级。

5.2.7 列车运营性能评判

列车振动响应及运营性能指标包括:脱轨系数 Q/P,轮重减载率 $\Delta P/P$,轮对横向水平力 Q,车体竖、横向加速度 A_V 和 A_L 以及竖、横向 Sperling 指标 W_V 和 W_L 。

表 5.2-4 动车组通过桩板结构路基及其过渡段时的动力响应最大值

计算工况	Q/P	$\Delta P/P$	Q(kN)	$A_V(g)$	$A_L(g)$	W_V	W_L
1	0.097	0.111	11.162	0.033	0.034	1.586	1.828
2	0.107	0.172	12.545	0.031	0.030	1.689	1.932
3	0.112	0.195	13.251	0.029	0.027	1.719	1.983
4	0.119	0.234	14.740	0.031	0.030	1.762	2.077
5	0.129	0.319	16.993	0.033	0.034	1.826	2.254
6	0.132	0.360	18.235	0.034	0.036	1.848	2.313
7	0.139	0.428	19.654	0.035	0.039	1.881	2.370
8	0.149	0.450	21.234	0.036	0.041	1.901	2.481
9	0.131	0.170	17.774	0.036	0.040	1.876	2.112
10	0.147	0.263	19.419	0.047	0.041	1.998	2.233
11	0.162	0.300	20.811	0.050	0.043	2.034	2.293
12	0.187	0.360	23.169	0.054	0.047	2.084	2.441
13	0.215	0.490	27.399	0.058	0.053	2.160	2.604
14	0.233	0.553	29.155	0.059	0.057	2.187	2.669
15	0.256	0.658	32.169	0.061	0.062	2.227	2.735
16	0.270	0.691	33.874	0.062	0.065	2.250	2.858

续上表

计算工况	Q/P	$\Delta P/P$	Q(kN)	$A_V(g)$	$A_L(g)$	W_V	W_L
17	0.109	0.095	11.939	0.031	0.048	1.793	2.160
18	0.117	0.147	13.190	0.036	0.057	1.906	2.338
19	0.123	0.177	13.412	0.038	0.060	1.943	2.396
20	0.132	0.230	14.353	0.040	0.063	2.010	2.474
21	0.142	0.321	15.739	0.042	0.064	2.109	2.592
22	0.144	0.365	16.181	0.043	0.063	2.144	2.639
23	0.149	0.431	16.833	0.047	0.062	2.192	2.711
24	0.153	0.474	17.470	0.049	0.063	2.221	2.752
25	0.165	0.150	18.892	0.048	0.076	2.026	2.433
26	0.190	0.225	20.706	0.054	0.089	2.153	2.572
27	0.199	0.270	20.958	0.056	0.093	2.196	2.621
28	0.215	0.353	22.136	0.059	0.097	2.273	2.687
29	0.238	0.491	24.623	0.063	0.098	2.384	2.782
30	0.243	0.559	24.894	0.064	0.098	2.423	2.818
31	0.257	0.662	26.648	0.070	0.098	2.478	2.856
32	0.263	0.726	27.611	0.074	0.100	2.511	2.897
规范限值 ICE3	0.800	0.800	50.830	0.130	0.100	$W\leqslant 2.50$ 优 $2.50 < W \leqslant 2.75$ 良 $2.75 < W \leqslant 3.00$ 合格	
规范限值 CRH2-300	0.800	0.800	48.220	0.130	0.100		

表 5.2-5 动车组通过桩板结构路基及其过渡段时运营性能评判结果

计算工况	Q/P	$\Delta P/P$	Q	$A_V(g)$	$A_L(g)$	W_V	W_L
1	合格	合格	合格	合格	合格	优	优
2	合格	合格	合格	合格	合格	优	优
3	合格	合格	合格	合格	合格	优	优
4	合格	合格	合格	合格	合格	优	优
5	合格	合格	合格	合格	合格	优	优
6	合格	合格	合格	合格	合格	优	优
7	合格	合格	合格	合格	合格	优	优
8	合格	合格	合格	合格	合格	优	优
9	合格	合格	合格	合格	合格	优	优
10	合格	合格	合格	合格	合格	优	优

续上表

计算工况	Q/P	$\Delta P/P$	Q	$A_V(g)$	$A_L(g)$	W_V	W_L
11	合格	合格	合格	合格	合格	优	优
12	合格	合格	合格	合格	合格	优	优
13	合格	合格	合格	合格	合格	优	良
14	合格	合格	合格	合格	合格	优	良
15	合格	合格	合格	合格	合格	优	良
16	合格	合格	合格	合格	合格	优	合格
17	合格	合格	合格	合格	合格	优	优
18	合格	合格	合格	合格	合格	优	优
19	合格	合格	合格	合格	合格	优	优
20	合格	合格	合格	合格	合格	优	优
21	合格	合格	合格	合格	合格	优	良
22	合格	合格	合格	合格	合格	优	良
23	合格	合格	合格	合格	合格	优	良
24	合格	合格	合格	合格	合格	优	合格
25	合格	合格	合格	合格	合格	优	优
26	合格	合格	合格	合格	合格	优	良
27	合格	合格	合格	合格	合格	优	良
28	合格	合格	合格	合格	合格	优	良
29	合格	合格	合格	合格	合格	优	合格
30	合格	合格	合格	合格	合格	良	合格
31	合格	合格	合格	合格	合格	良	合格
32	合格	合格	合格	合格	合格	良	合格

表 5.2-4、表 5.2-5 分别表示各计算工况动车组通过桩板结构路基及其过渡段时的振动响应和运营性能评判结果，图 5.2-8～图 5.2-12 分别表示计算工况 8 列车通过沪杭高铁工点 1 桩板结构路基及其过渡段时的脱轨系数、轮重减载率、轮对横向水平力以及车体竖、横向加速度典型时程曲线。

从表 5.2-4 可看出，随着列车速度的提高，列车通过桩板结构路基时的脱轨系数、轮重减载率、轮对横向水平力及车体竖、横向加速度响应均有所增大；桩板结构路基的不平顺状态对列车的运营性能有着较大的影响，列车通过Ⅰ级线路状态桩板结构路基时的运营性能明显优于Ⅱ级线路状态工况；CRH_2 型与 ICE3 型动车通过桩板结构路基时的运营安全性指标（脱轨系数、轮重减载率、轮对横向水平力响应）相差不大，但 CRH_2 型动车通过桩板结构路基时的平稳性能及乘客舒适性（车体竖、横向加速度及列车竖、横向 Sperling 指标）差于 ICE3 型车。

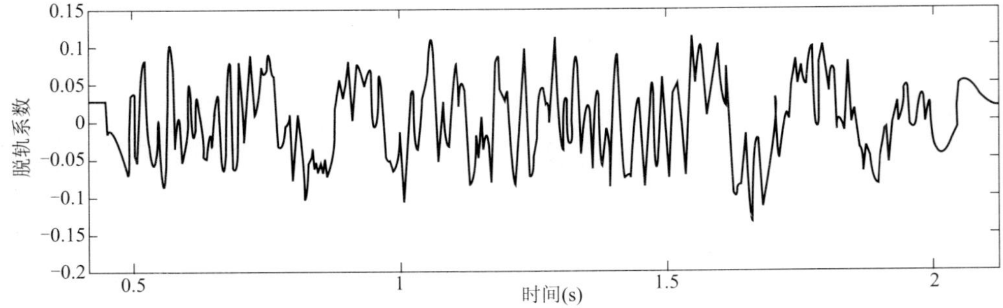

图 5.2-8　计算工况 8 列车通过桩板结构路基及其过渡段时脱轨系数典型时程曲线

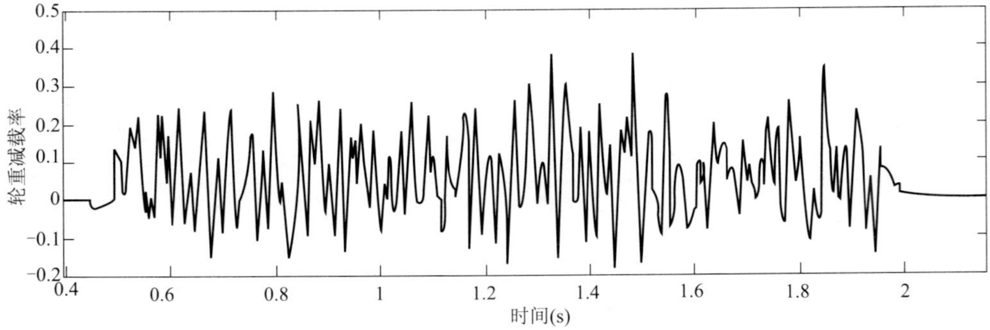

图 5.2-9　计算工况 8 列车通过桩板结构路基及其过渡段时轮重减载率典型时程曲线

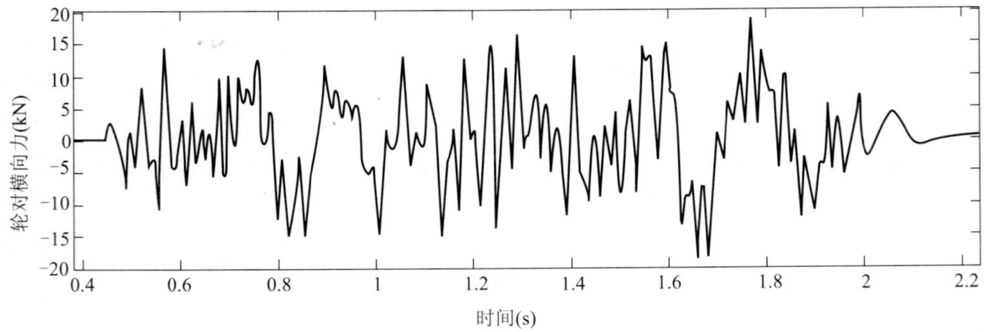

图 5.2-10　计算工况 8 列车通过桩板结构路基及其过渡段时横向水平力典型时程曲线

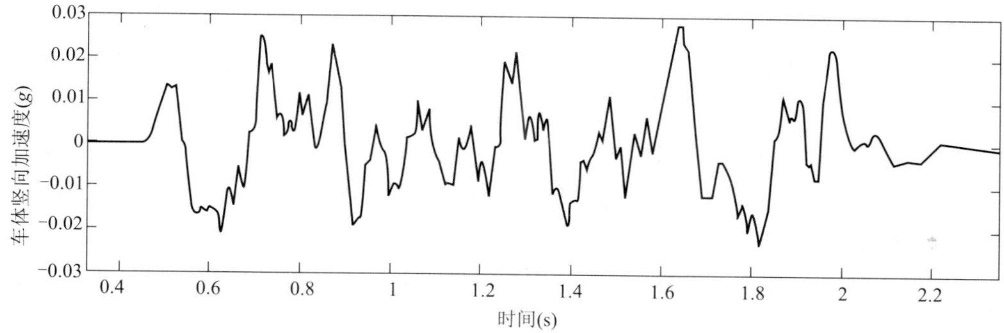

图 5.2-11 计算工况 8 列车通过桩板结构路基及其过渡段时车体竖向加速度典型时程曲线

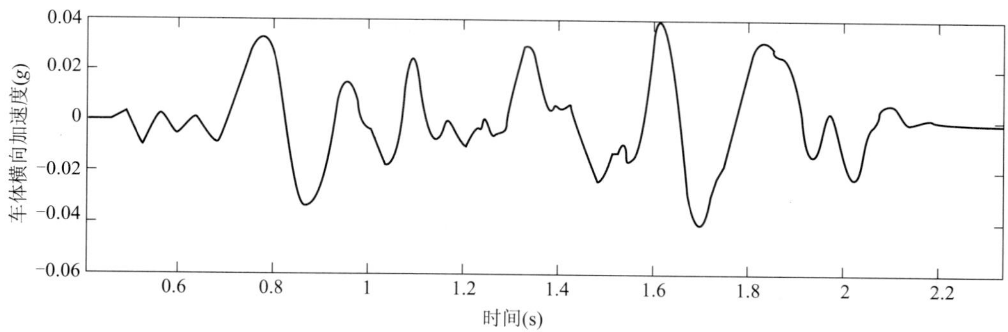

图 5.2-12 计算工况 8 列车通过桩板结构路基及其过渡段时车体横向加速度典型时程曲线

综合表 5.2-4、表 5.2-5 可知，无论是德国 ICE3 型还是国产 CRH_2 型动车均可安全、平稳地运行于沪杭高铁工点 1 桩板结构路基及其过渡段上，其脱轨系数、轮重减载率、轮对横向水平力及车体竖、横向加速度响应值均满足列车运营性能评判标准。ICE3 型车在Ⅰ级和Ⅱ级线路状态桩板结构路基上运行，直至列车时速高达 420 km，其竖向 Sperling 舒适度指标均保持为优，其横向 Sperling 舒适度指标只是对应于Ⅱ级线路状态，列车时速超过 350 km 时，方由良降为合格；国产 CRH_2 型动车在Ⅰ级线路状态桩板结构路基上运营，当列车时速低于 350 km 时，其竖、横向 Sperling 舒适度指标也达到优，但当时速高于 350 km 后，其竖向 Sperling 舒适度指标仍保持为优，而其横向 Sperling 舒适度指标则降低为良，如国产 CRH_2 型动车在Ⅱ级线路状态桩板结构路基上运营，其竖向 Sperling 舒适度指标则随着车速的提高逐渐由优降低为良，而横向 Sperling 舒适度指标则由良逐渐降低为合格。

初步结论：

①沪杭高速铁路松江段桩板结构路基及其过渡段能确保高速动车组安全、平

稳地运行，列车以不同时速($v\leqslant 420$km/h)通过时的脱轨系数、轮重减载率、轮对横向水平力等脱轨安全性及车体竖、横向加速度等车辆动力响应指标均满足国内有关设计规范和评判标准的要求。

②无论是ICE3型还是国产CRH_2型动车，即使在Ⅱ级线路状态的桩板结构路基上运行($v\leqslant 420$ km/h)，其竖向Sperling舒适度指标均能达到优良标准，横向Sperling舒适度指标也都合格。

③列车在Ⅰ级线路状态的桩板结构路基及其过渡段上的运行性能优于Ⅱ级线路状态工况，ICE3型列车运营Sperling舒适度指标略优于国产CRH_2型动车。

5.2.8 桩板结构路基动力响应

图5.2-13、图5.2-14分别为桩板结构路基及过渡段(桩筏结构路基)控制截面示意图。

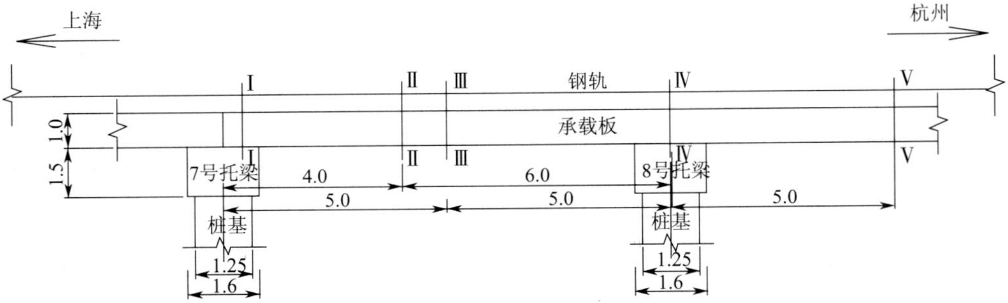

图5.2-13 桩板结构路基控制截面示意图

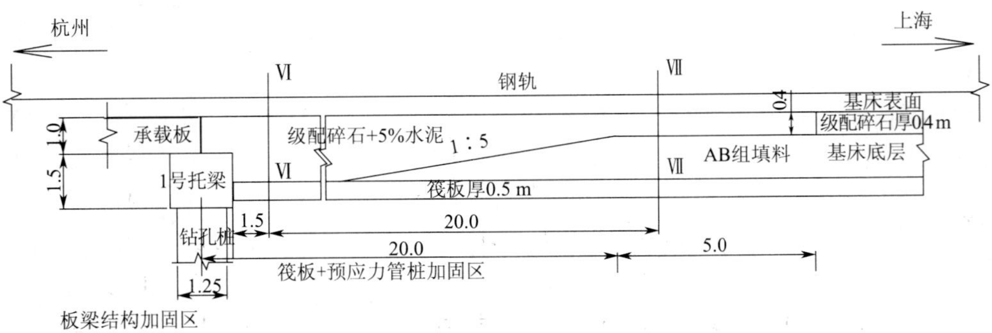

图5.2-14 过渡段(桩筏结构路基)控制截面示意图

表5.2-6～表5.2-9分别表示桩板结构路基及过渡段典型位置轨道板、承载板及托梁的竖、横向动位移和加速度振幅；图5.2-15～图5.2-24分别表示计算工况8沪

杭高铁工点 1 桩板结构路基典型位置承载板及托梁的竖、横向振动位移时程曲线；图 5. 2-25、图 5. 2-26 分别表示桩板结构路基及其过渡段典型位置轨道板竖向加速度时程曲线；表 5. 2-10、表 5. 2-11 分别为承载板的最大动应力和冲击系数。

表 5. 2-6　桩板结构路基及过渡段典型位置轨道板、承载板及托梁的竖向动位移振幅(mm)

位置 工况	Ⅰ截面托梁	Ⅰ截面承载板	Ⅲ截面承载板	Ⅳ截面承载板	Ⅴ截面承载板	Ⅲ截面轨道板	Ⅴ截面轨道板	Ⅵ截面轨道板	Ⅶ截面轨道板
1	−0.050 7	−0.059 3	−0.070 8	−0.062 6	−0.059 2	−0.056 4	−0.067 4	−0.105 0	−0.166 0
2	−0.057 6	−0.069 1	−0.075 5	−0.062 8	−0.055 3	−0.054 7	−0.070 0	−0.100 2	−0.171 4
3	−0.055 5	−0.066 9	−0.077 8	−0.068 2	−0.058 1	−0.054 7	−0.073 6	−0.090 3	−0.169 1
4	−0.041 9	−0.053 0	−0.073 2	−0.07 15	−0.065 5	−0.061 5	−0.069 1	−0.097 7	−0.176 4
5	−0.047 6	−0.057 7	−0.077 2	−0.070 5	−0.061 5	−0.057 0	−0.072 5	−0.094 5	−0.173 4
6	−0.041 9	−0.053 0	−0.073 2	−0.071 5	−0.065 5	−0.061 5	−0.069 1	−0.097 7	−0.176 4
7	−0.041 4	−0.049 5	−0.070 0	−0.060 6	−0.062 1	−0.061 7	−0.063 2	−0.106 4	−0.181 2
8	−0.045 0	−0.053 0	−0.069 6	−0.058 2	−0.058 1	−0.057 8	−0.063 7	−0.109 6	−0.181 6
9	−0.050 1	−0.058 3	−0.070 4	−0.063 1	−0.060 0	−0.057 2	−0.067 7	−0.105 5	−0.166 2
10	−0.057 7	−0.069 7	−0.077 3	−0.063 8	−0.055 5	−0.055 1	−0.071 9	−0.100 7	−0.172 1
11	−0.055 8	−0.068 0	−0.079 3	−0.068 8	−0.058 6	−0.055 1	−0.075 5	−0.090 1	−0.170 0
12	−0.051 5	−0.064 1	−0.075 9	−0.067 5	−0.063 9	−0.060 4	−0.070 9	−0.091 2	−0.161 3
13	−0.048 2	−0.058 9	−0.077 1	−0.069 8	−0.061 8	−0.057 9	−0.072 0	−0.094 6	−0.175 3
14	−0.042 6	−0.053 9	−0.072 9	−0.070 9	−0.065 8	−0.062 0	−0.067 5	−0.097 8	−0.179 1
15	−0.042 3	−0.050 4	−0.071 6	−0.061 3	−0.062 3	−0.062 3	−0.064 7	−0.106 4	−0.184 1
16	−0.046 4	−0.054 5	−0.071 3	−0.059 1	−0.058 5	−0.058 7	−0.064 6	−0.109 5	−0.184 7
17	−0.041 9	−0.049 0	−0.057 0	−0.051 3	−0.046 3	−0.043 8	−0.053 5	−0.084 2	−0.129 9
18	−0.046 3	−0.054 8	−0.062 0	−0.051 8	−0.043 7	−0.045 3	−0.058 3	−0.083 3	−0.135 7
19	−0.045 9	−0.053 4	−0.064 3	−0.054 3	−0.045 1	−0.043 2	−0.060 5	−0.076 4	−0.135 2
20	−0.042 3	−0.050 0	−0.063 1	−0.055 8	−0.048 0	−0.047 4	−0.059 4	−0.071 6	−0.128 8
21	−0.039 9	−0.047 6	−0.063 1	−0.056 0	−0.048 3	−0.044 6	−0.060 1	−0.076 6	−0.133 0
22	−0.037 8	−0.045 2	−0.062 1	−0.056 0	−0.049 0	−0.045 9	−0.058 9	−0.077 9	−0.135 6
23	−0.034 4	−0.042 2	−0.059 4	−0.050 3	−0.047 9	−0.049 3	−0.056 1	−0.081 7	−0.139 9
24	−0.037 2	−0.044 8	−0.057 8	−0.048 6	−0.044 8	−0.046 7	−0.055 0	−0.084 4	−0.141 6
25	−0.041 8	−0.048 9	−0.056 6	−0.051 7	−0.046 5	−0.044 1	−0.053 3	−0.084 0	−0.129 7
26	−0.046 4	−0.055 2	−0.062 7	−0.051 7	−0.043 4	−0.045 7	−0.059 0	−0.083 6	−0.136 2

续上表

位置 工况	Ⅰ截面托梁	Ⅰ截面承载板	Ⅲ截面承载板	Ⅳ截面承载板	Ⅴ截面承载板	Ⅲ截面轨道板	Ⅴ截面轨道板	Ⅵ截面轨道板	Ⅶ截面轨道板
27	−0.046 0	−0.053 8	−0.065 1	−0.053 8	−0.046 0	−0.043 7	−0.061 3	−0.076 5	−0.135 8
28	−0.042 4	−0.050 3	−0.063 5	−0.055 8	−0.048 4	−0.047 9	−0.059 8	−0.072 0	−0.129 4
29	−0.040 2	−0.048 3	−0.063 1	−0.055 6	−0.049 0	−0.045 1	−0.060 1	−0.076 8	−0.133 8
30	−0.038 2	−0.046 0	−0.062 2	−0.055 9	−0.049 7	−0.046 1	−0.058 8	−0.078 0	−0.136 5
31	−0.035 1	−0.042 9	−0.059 7	−0.050 1	−0.048 1	−0.049 5	−0.056 3	−0.081 7	−0.140 8
32	−0.038 1	−0.045 9	−0.058 0	−0.047 9	−0.044 8	−0.047 0	−0.054 9	−0.084 0	−0.142 6

表 5.2-7　桩板结构路基及过渡段典型位置轨道板、承载板及托梁的横向振动位移幅值(m)

位置 工况	Ⅰ截面托梁	Ⅰ截面承载板	Ⅲ截面承载板	Ⅳ截面承载板	Ⅴ截面承载板	Ⅲ截面轨道板	Ⅴ截面轨道板	Ⅵ截面轨道板	Ⅶ截面轨道板
1	−0.000 8	−0.003 8	−0.004 6	−0.004 8	−0.004 9	−0.006 5	−0.005 9	−0.001 9	−0.001 8
2	−0.000 9	−0.004 3	−0.005 4	−0.005 7	−0.005 8	−0.007 7	−0.007 0	−0.002 1	−0.001 6
3	−0.001 0	−0.004 0	−0.005 0	−0.005 2	−0.005 2	−0.007 0	−0.006 4	−0.002 8	−0.001 3
4	−0.001 1	−0.004 6	−0.004 8	−0.004 7	−0.004 7	−0.006 5	−0.006 3	−0.004 3	−0.002 1
5	−0.001 1	−0.004 4	−0.004 8	−0.004 7	−0.004 7	−0.006 4	−0.006 3	−0.003 4	−0.003 1
6	−0.001 1	−0.004 6	−0.004 8	−0.004 7	−0.004 7	−0.006 5	−0.006 3	−0.004 3	−0.002 1
7	−0.001 0	−0.004 3	−0.004 6	−0.004 8	−0.005 1	−0.006 9	−0.006 0	−0.003 5	−0.001 8
8	−0.000 9	−0.003 9	−0.004 8	−0.005 0	−0.005 2	−0.007 1	−0.006 2	−0.002 5	−0.003 1
9	−0.000 9	−0.003 9	−0.004 8	−0.005 0	−0.005 2	−0.006 8	−0.006 1	−0.002 1	−0.002 0
10	−0.001 0	−0.004 6	−0.005 9	−0.006 2	−0.006 3	−0.008 5	−0.007 7	−0.002 5	−0.0017
11	−0.001 0	−0.004 2	−0.005 3	−0.005 5	−0.005 9	−0.008 0	−0.006 8	−0.003 0	−0.001 4
12	−0.001 2	−0.004 6	−0.005 1	−0.005 1	−0.005 4	−0.007 3	−0.006 7	−0.004 0	−0.002 5
13	−0.001 1	−0.004 6	−0.005 2	−0.005 2	−0.005 4	−0.007 3	−0.006 8	−0.003 7	−0.002 9
14	−0.001 2	−0.004 9	−0.005 2	−0.005 2	−0.005 5	−0.007 5	−0.006 8	−0.004 7	−0.002 0
15	−0.001 1	−0.004 4	−0.005 3	−0.005 7	−0.006 2	−0.008 4	−0.007 0	−0.003 9	−0.001 8
16	−0.001 0	−0.004 3	−0.005 5	−0.005 9	−0.006 4	−0.008 6	−0.007 2	−0.003 0	−0.002 7
17	−0.000 6	−0.002 8	−0.003 5	−0.003 7	−0.003 9	−0.005 1	−0.004 4	−0.001 4	−0.001 6
18	−0.000 8	−0.003 1	−0.003 5	−0.003 8	−0.004 1	−0.005 4	−0.004 4	−0.001 8	−0.001 1
19	−0.000 7	−0.003 1	−0.003 5	−0.004 0	−0.004 2	−0.005 5	−0.004 4	−0.002 3	−0.001 5
20	−0.000 9	−0.003 5	−0.003 7	−0.003 9	−0.004 3	−0.005 6	−0.004 9	−0.003 1	−0.002 3

续上表

位置 工况	Ⅰ截面托梁	Ⅰ截面承载板	Ⅲ截面承载板	Ⅳ截面承载板	Ⅴ截面承载板	Ⅲ截面轨道板	Ⅴ截面轨道板	Ⅵ截面轨道板	Ⅶ截面轨道板
21	−0.000 8	−0.003 2	−0.003 7	−0.003 7	−0.004 0	−0.005 1	−0.004 8	−0.002 1	−0.002 5
22	−0.000 9	−0.003 7	−0.003 9	−0.003 8	−0.003 9	−0.005 3	−0.005 1	−0.003 2	−0.001 7
23	−0.000 8	−0.003 4	−0.003 8	−0.004 0	−0.004 4	−0.005 9	−0.004 9	−0.002 9	−0.001 7
24	−0.000 7	−0.003 2	−0.004 1	−0.004 4	−0.004 7	−0.006 4	−0.005 4	−0.001 8	−0.002 5
25	−0.000 7	−0.002 8	−0.003 7	−0.004 0	−0.004 1	−0.005 4	−0.004 7	−0.001 5	−0.001 6
26	−0.000 8	−0.003 1	−0.003 7	−0.004 2	−0.004 5	−0.006 0	−0.004 8	−0.001 9	−0.001 1
27	−0.000 8	−0.003 2	−0.003 8	−0.004 4	−0.004 7	−0.006 1	−0.004 9	−0.002 4	−0.001 5
28	−0.000 9	−0.003 6	−0.003 9	−0.004 4	−0.004 8	−0.006 3	−0.005 2	−0.003 2	−0.002 2
29	−0.000 9	−0.003 5	−0.004 0	−0.004 2	−0.004 5	−0.005 9	−0.005 3	−0.002 4	−0.002 5
30	−0.000 9	−0.003 8	−0.004 3	−0.004 3	−0.004 6	−0.006 2	−0.005 6	−0.003 3	−0.001 7
31	−0.000 8	−0.003 4	−0.004 3	−0.004 7	−0.005 1	−0.006 9	−0.005 7	−0.002 8	−0.001 7
32	−0.000 8	−0.003 6	−0.004 6	−0.005 0	−0.005 5	−0.007 4	−0.006 1	−0.001 8	−0.002 4

从表 5.2-6、表 5.2-7 可看出，无论是 ICE3 型还是国产 CRH_2 型动车组以不同速度通过桩板结构路基及其过渡段（桩筏结构路基）时，板（承载板）梁（托梁）结构以及轨道板的竖、横向动位移均较小。板梁结构的竖、横向动位移最大振幅（半峰值）分别为 0.079 3 mm、0.006 4 mm；桩板结构路基上的轨道板的竖、横向动位移最大振幅分别为 0.075 5 mm、0.008 6 mm，过渡段上的轨道板的竖、横向动位移最大振幅分别为 0.184 7 mm、0.004 7 mm，由于过渡段（桩筏结构路基）竖向刚度小于桩板结构路基，故其轨道板竖向动位移大于桩板结构路基，而过渡段横向刚度大于桩板结构路基，因此其轨道板横向动位移则小于桩板结构路基。

表 5.2-8 桩板结构路基及过渡段典型位置轨道板、承载板及托梁的竖向加速度振幅(g)

位置 工况	Ⅰ截面托梁	Ⅰ截面承载板	Ⅲ截面承载板	Ⅳ截面承载板	Ⅴ截面承载板	Ⅲ截面轨道板	Ⅴ截面轨道板	Ⅵ截面轨道板	Ⅶ截面轨道板
1	0.001 6	0.002 5	0.004 2	0.003 3	0.004 0	0.002 0	0.005 0	0.003 7	0.004 8
2	0.003 4	0.004 6	0.005 0	0.005 5	0.006 5	0.002 7	0.004 9	0.005 7	0.006 9
3	0.004 0	0.005 4	0.004 9	0.005 5	0.006 5	0.002 9	0.005 4	0.004 9	0.007 0
4	0.004 0	0.005 6	0.009 7	0.007 2	0.007 7	0.004 6	0.006 2	0.008 2	0.015 4
5	0.004 2	0.005 1	0.007 5	0.007 2	0.006 0	0.003 9	0.005 9	0.007 2	0.013 4
6	0.004 0	0.005 6	0.009 7	0.007 2	0.007 7	0.004 6	0.006 2	0.008 2	0.015 4

续上表

位置 工况	Ⅰ截面托梁	Ⅰ截面承载板	Ⅲ截面承载板	Ⅳ截面承载板	Ⅴ截面承载板	Ⅲ截面轨道板	Ⅴ截面轨道板	Ⅵ截面轨道板	Ⅶ截面轨道板
7	0.003 1	0.005 4	0.008 2	0.007 4	0.007 7	0.004 9	0.007 2	0.009 9	0.017 3
8	0.003 3	0.005 6	0.009 7	0.008 6	0.008 7	0.005 0	0.007 4	0.010 8	0.018 1
9	0.002 1	0.003 9	0.006 0	0.005 0	0.006 2	0.003 3	0.006 4	0.004 8	0.006 1
10	0.004 2	0.006 4	0.008 1	0.008 2	0.009 5	0.004 2	0.007 6	0.007 1	0.007 0
11	0.005 3	0.007 6	0.008 0	0.008 3	0.009 4	0.004 5	0.007 9	0.006 3	0.007 1
12	0.005 6	0.008 4	0.008 9	0.008 5	0.009 0	0.005 6	0.007 7	0.008 4	0.008 7
13	0.005 3	0.007 0	0.010 7	0.009 8	0.008 7	0.006 0	0.008 4	0.009 6	0.013 8
14	0.005 4	0.007 4	0.012 5	0.009 8	0.010 8	0.006 7	0.008 9	0.011 6	0.016 4
15	0.004 5	0.008 3	0.012 9	0.010 6	0.011 3	0.007 0	0.010 6	0.013 2	0.018 4
16	0.004 6	0.009 0	0.014 6	0.012 9	0.012 9	0.007 6	0.010 7	0.015 3	0.018 9
17	0.001 6	0.001 8	0.003 2	0.002 3	0.002 2	0.002 1	0.002 8	0.004 3	0.003 5
18	0.002 5	0.003 1	0.004 0	0.002 7	0.002 3	0.002 4	0.004 2	0.004 9	0.006 2
19	0.003 0	0.003 9	0.005 3	0.003 1	0.002 7	0.002 7	0.005 1	0.004 7	0.006 8
20	0.002 6	0.003 3	0.005 0	0.003 2	0.003 0	0.003 0	0.004 8	0.004 3	0.007 1
21	0.003 5	0.004 2	0.005 9	0.004 6	0.003 7	0.003 7	0.005 5	0.006 9	0.011 7
22	0.003 2	0.004 1	0.006 7	0.004 6	0.004 2	0.003 9	0.005 5	0.006 7	0.014 0
23	0.003 0	0.006 2	0.007 9	0.005 3	0.004 3	0.004 5	0.006 7	0.007 8	0.015 3
24	0.002 8	0.006 6	0.006 6	0.005 7	0.005 2	0.004 3	0.006 0	0.009 2	0.015 9
25	0.001 7	0.002 0	0.004 1	0.003 1	0.003 4	0.002 9	0.003 3	0.005 1	0.004 1
26	0.002 9	0.003 8	0.004 9	0.003 5	0.003 3	0.003 3	0.005 2	0.006 0	0.006 4
27	0.003 6	0.004 9	0.006 7	0.004 0	0.004 1	0.003 7	0.006 4	0.005 1	0.006 8
28	0.003 0	0.004 7	0.006 3	0.004 6	0.004 2	0.003 8	0.006 1	0.005 5	0.007 3
29	0.004 1	0.004 9	0.007 9	0.005 8	0.004 6	0.004 8	0.007 2	0.009 0	0.012 1
30	0.003 9	0.005 4	0.008 5	0.005 9	0.005 4	0.005 1	0.007 4	0.008 7	0.014 5
31	0.003 8	0.007 8	0.009 7	0.006 4	0.005 9	0.005 8	0.009 3	0.009 9	0.015 9
32	0.003 7	0.008 3	0.009 4	0.007 0	0.006 9	0.005 7	0.008 7	0.011 5	0.016 5

表 5.2-9 桩板结构路基及过渡段典型位置轨道板、承载板及托梁的横向加速度振幅(g)

位置 工况	Ⅰ截面托梁	Ⅰ截面承载板	Ⅲ截面承载板	Ⅳ截面承载板	Ⅴ截面承载板	Ⅲ截面轨道板	Ⅴ截面轨道板	Ⅵ截面轨道板	Ⅶ截面轨道板
1	0.000 5	0.001 9	0.002 3	0.002 3	0.002 3	0.003 1	0.003 1	0.002 0	0.001 2

续上表

位置 工况	Ⅰ截面托梁	Ⅰ截面承载板	Ⅲ截面承载板	Ⅳ截面承载板	Ⅴ截面承载板	Ⅲ截面轨道板	Ⅴ截面轨道板	Ⅵ截面轨道板	Ⅶ截面轨道板
2	0.000 5	0.002 0	0.002 4	0.002 6	0.002 9	0.003 9	0.003 3	0.002 1	0.001 7
3	0.000 5	0.001 9	0.002 4	0.002 7	0.003 1	0.004 1	0.003 3	0.002 4	0.001 9
4	0.000 8	0.003 2	0.003 2	0.002 8	0.002 9	0.003 9	0.004 2	0.003 9	0.003 1
5	0.000 7	0.002 8	0.003 0	0.002 7	0.002 7	0.003 6	0.003 9	0.003 3	0.002 6
6	0.000 8	0.003 2	0.003 2	0.002 8	0.002 9	0.003 9	0.004 2	0.003 9	0.003 1
7	0.000 6	0.002 5	0.002 9	0.003 2	0.003 5	0.004 7	0.003 9	0.002 9	0.003 1
8	0.000 6	0.002 6	0.003 1	0.003 2	0.003 3	0.004 4	0.004 1	0.003 0	0.004 0
9	0.000 7	0.002 9	0.003 6	0.003 6	0.003 6	0.004 9	0.004 9	0.003 1	0.001 8
10	0.000 8	0.003 1	0.003 8	0.004 2	0.004 7	0.006 3	0.005 2	0.003 1	0.002 2
11	0.000 7	0.002 9	0.003 8	0.004 2	0.004 8	0.006 4	0.005 2	0.003 3	0.002 5
12	0.000 8	0.003 3	0.003 7	0.003 7	0.004 1	0.005 5	0.005 0	0.003 8	0.003 0
13	0.0010	0.003 8	0.004 2	0.003 7	0.003 7	0.005 0	0.005 6	0.004 3	0.003 5
14	0.001 0	0.004 1	0.004 3	0.003 9	0.004 1	0.005 5	0.005 7	0.004 9	0.003 9
15	0.000 9	0.003 6	0.004 3	0.004 4	0.004 9	0.006 5	0.005 8	0.003 8	0.004 0
16	0.001 0	0.003 9	0.004 7	0.004 8	0.004 9	0.006 5	0.006 4	0.003 9	0.005 0
17	0.000 2	0.000 7	0.000 9	0.000 9	0.001 0	0.001 3	0.001 2	0.000 9	0.000 6
18	0.000 2	0.000 9	0.000 9	0.000 9	0.001 0	0.001 4	0.001 3	0.001 2	0.001 4
19	0.000 3	0.001 1	0.001 1	0.001 1	0.001 3	0.001 7	0.001 5	0.001 5	0.001 6
20	0.000 3	0.001 4	0.001 3	0.001 3	0.001 4	0.001 9	0.001 8	0.001 9	0.001 2
21	0.000 4	0.001 7	0.001 8	0.001 7	0.001 7	0.002 3	0.002 3	0.002 2	0.002 3
22	0.000 6	0.002 2	0.002 2	0.002 0	0.001 9	0.002 6	0.002 9	0.002 8	0.002 6
23	0.000 7	0.002 6	0.002 9	0.002 6	0.002 4	0.003 2	0.003 9	0.003 1	0.003 3
24	0.000 6	0.002 6	0.003 0	0.002 8	0.002 8	0.003 7	0.004 0	0.002 8	0.003 3
25	0.000 3	0.001 1	0.001 3	0.001 3	0.001 4	0.001 9	0.001 8	0.001 2	0.000 9
26	0.000 3	0.001 3	0.001 4	0.001 4	0.001 6	0.002 1	0.001 9	0.001 6	0.001 6
27	0.000 4	0.001 5	0.001 8	0.002 0	0.002 2	0.003 0	0.002 4	0.002 0	0.001 9
28	0.000 4	0.001 8	0.002 0	0.002 1	0.002 3	0.003 1	0.002 7	0.002 3	0.001 6
29	0.000 6	0.002 2	0.002 4	0.002 4	0.002 8	0.003 7	0.003 2	0.002 8	0.002 5
30	0.000 7	0.002 7	0.002 9	0.002 8	0.003 0	0.004 0	0.004 0	0.003 6	0.002 8
31	0.000 8	0.003 3	0.003 7	0.003 5	0.003 4	0.004 6	0.005 0	0.003 9	0.003 8
32	0.000 8	0.003 3	0.003 9	0.004 0	0.004 3	0.005 8	0.005 2	0.003 7	0.003 7

从表 5.2-8、表 5.2-9 可看出，无论是 ICE3 型还是国产 CRH_2 型动车组以不同速度通过桩板结构路基及其过渡段（桩筏结构路基）时，板（承载板）梁（托梁）结构以及轨道板的竖、横向振动加速度也均较小。板梁结构的竖、横向振动加速度最大幅值（半峰值）分别为 0.014 6g、0.004 9g，承载板的竖向振动加速度远小于《高速铁路设计规范（试行）》（TB 10621—2009）关于桥面板在 20 Hz 及以下强振频率作用下，无砟桥面竖向振动加速度$a_z \leqslant 0.5g$ 的规定；桩板结构路基上的轨道板的竖、横向振动加速度最大幅值分别为 0.010 7g、0.006 5g，过渡段上的轨道板的竖、横向振动加速度最大幅值分别为 0.018 9g、0.005 0g，桩板结构及桩筏结构（过渡段）路基上轨道板的竖向振动加速度也远小于无砟轨道路基竖向振动加速度 $A_v < 1.0g$ 的测试经验值。由表 5.2-8、表 5.2-9 还可知，随着列车运行速度的提高，路基结构的振动加速度总体上呈增大趋势。

综合图 5.2-15～图 5.2-24 可知，托梁及承载板各控制截面的竖、横向动位移时程曲线形状相似、相位基本相同，由此表明，桩板结构路基总体上呈现土体竖、横向振动带动板（承载板）梁（托梁）结构振动的态势，即承载板竖、横向刚度较大，板梁结构以刚体运动为主。

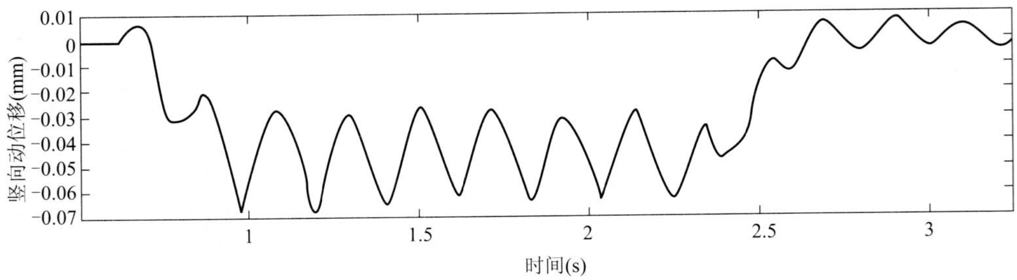

图 5.2-15　计算工况 8 列车通过桩板结构路基时Ⅰ截面托梁竖向动位移时程曲线

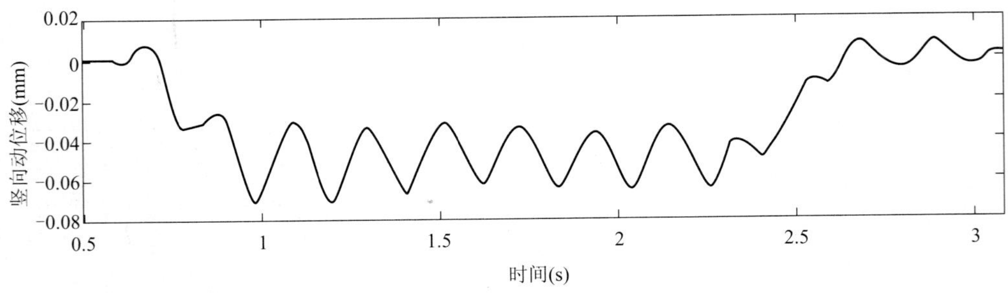

图 5.2-16　计算工况 8 列车通过桩板结构路基时Ⅰ截面承载板竖向动位移时程曲线

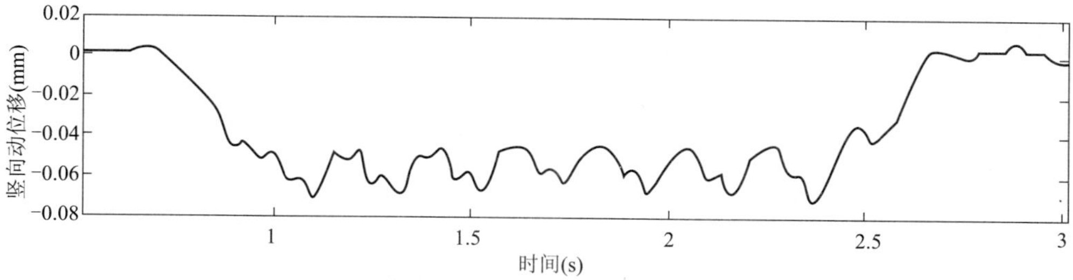

图 5.2-17　计算工况 8 列车通过桩板结构路基时Ⅲ截面承载板竖向动位移时程曲线

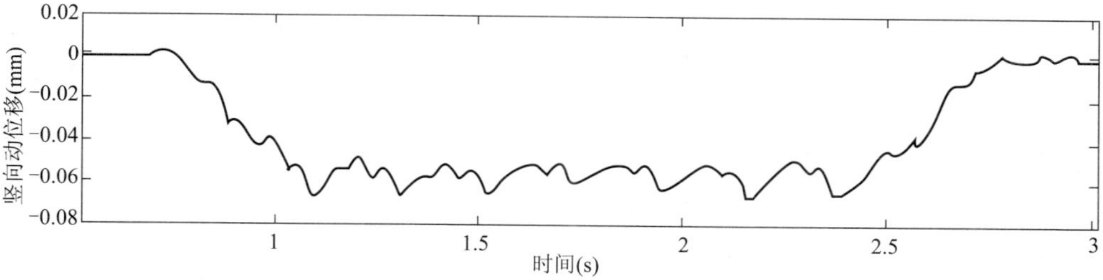

图 5.2-18　计算工况 8 列车通过桩板结构路基时Ⅳ截面承载板竖向动位移时程曲线

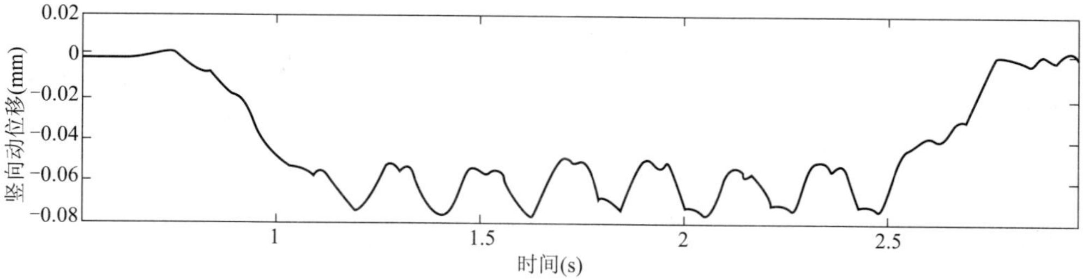

图 5.2-19　计算工况 8 列车通过桩板结构路基时Ⅴ截面承载板竖向动位移时程曲线

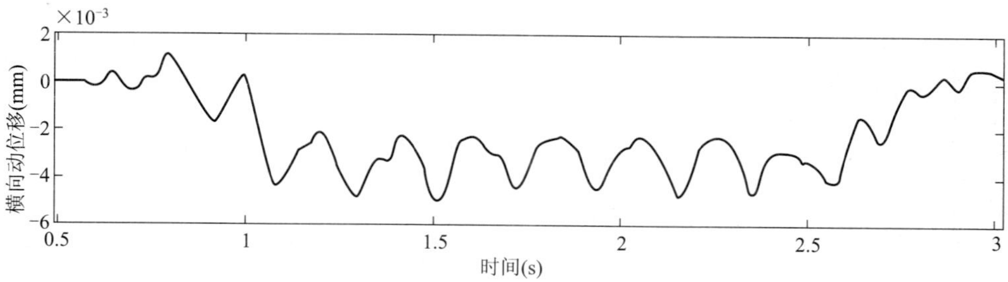

图 5.2-20　计算工况 8 列车通过桩板结构路基时Ⅰ截面托梁横向动位移时程曲线

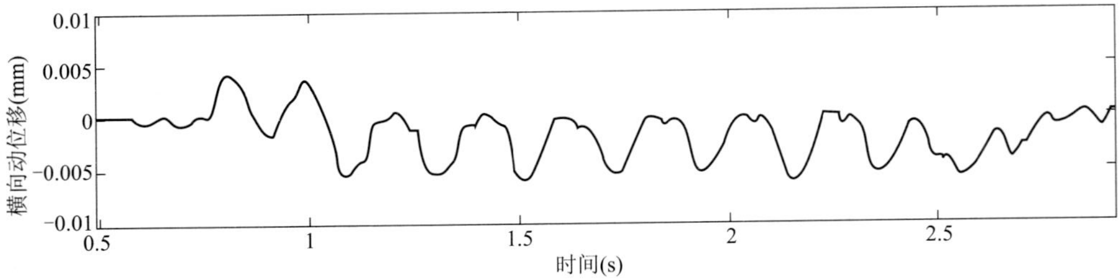

图 5.2-21　计算工况 8 列车通过桩板结构路基时Ⅰ截面承载板横向动位移时程曲线

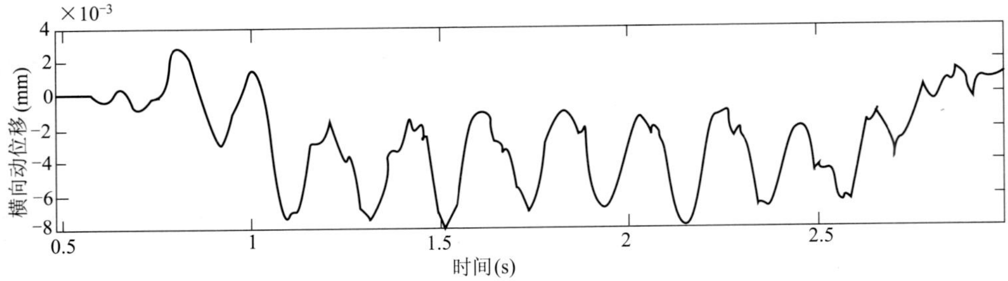

图 5.2-22　计算工况 8 列车通过桩板结构路基时Ⅲ截面承载板横向动位移时程曲线

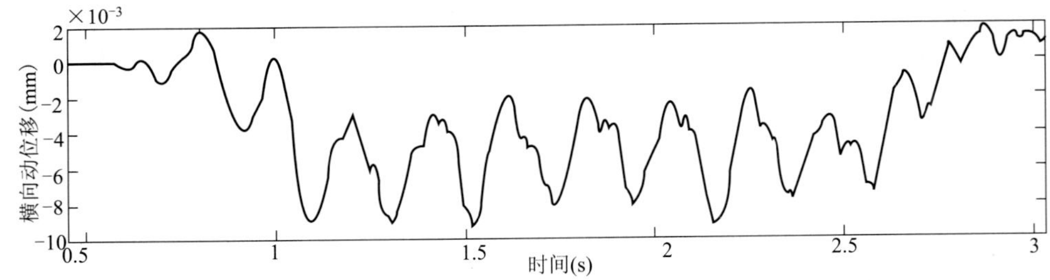

图 5.2-23　计算工况 8 列车通过桩板结构路基时Ⅳ截面承载板横向动位移时程曲线

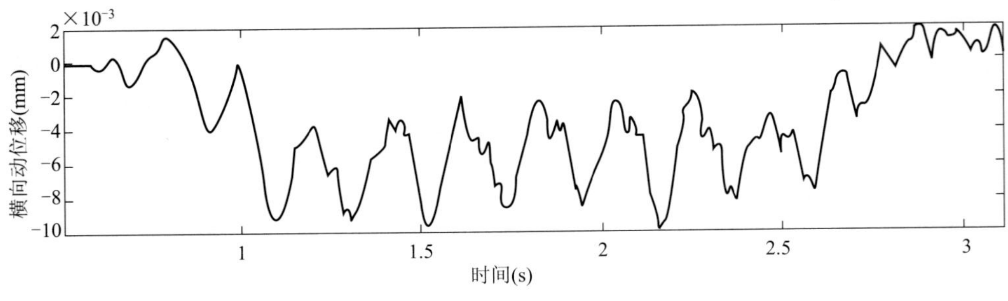

图 5.2-24　计算工况 8 列车通过桩板结构路基时Ⅴ截面承载板横向动位移时程曲线

表 5.2-10 桩板结构路基承载板最大动应力(kPa)

工况＼位置	Ⅱ截面底面	Ⅱ截面顶面	Ⅳ截面底面	Ⅳ截面顶面	Ⅴ截面底面	Ⅴ截面顶面
1	36.813 1	−19.848 5	−16.099 9	14.218 0	24.612 3	−12.284 5
2	41.236 9	−16.378 0	−16.450 2	13.611 4	23.830 1	−13.539 7
3	41.724 9	−18.018 1	−16.480 6	12.964 1	25.003 3	−12.081 4
4	39.906 5	−19.005 4	−16.031 9	13.506 7	25.245 4	−13.011 2
5	38.459 4	−21.386 5	−16.584 1	14.387 2	26.180 0	−13.156 3
6	37.905 6	−19.270 3	−16.703 0	14.367 2	24.508 4	−14.922 9
7	41.256 1	−15.946 2	−18.003 4	12.874 0	23.292 0	−15.164 7
8	42.923 8	−16.919 3	−18.090 8	12.831 8	25.547 5	−13.694 7
9	37.256 5	−20.034 0	−16.506 2	14.287 3	24.910 5	−12.527 2
10	43.005 6	−16.964 0	−16.609 7	13.705 4	24.336 5	−13.837 7
11	43.056 3	−18.618 8	−16.672 3	13.230 7	25.282 1	−12.206 9
12	40.673 3	−18.625 4	−16.388 3	13.640 7	25.675 4	−13.188 5
13	39.140 1	−20.833 8	−16.822 7	14.529 8	26.707 8	−13.439 9
14	39.524 8	−18.639 0	−16.981 4	14.511 5	24.912 3	−15.168 5
15	42.857 3	−16.044 9	−18.622 3	12.919 7	23.815 1	−15.386 0
16	44.100 4	−17.078 9	−18.706 2	13.214 5	25.978 3	−13.895 3
17	29.905 4	−15.417 6	−12.271 5	10.259 6	20.689 5	−10.256 4
18	34.117 0	−15.229 4	−12.440 0	10.724 0	17.748 5	−12.124 0
19	34.844 2	−15.304 1	−12.576 2	9.918 2	18.816 4	−10.956 0
20	32.769 1	−15.571 5	−11.997 0	9.985 5	19.163 4	−10.913 9
21	32.149 8	−17.158 8	−12.099 8	10.208 0	20.891 5	−10.560 0
22	30.097 6	−16.637 2	−12.243 2	10.432 9	19.747 1	−11.522 4
23	33.346 8	−16.481 9	−13.178 3	10.243 9	17.628 7	−12.321 3
24	34.349 3	−15.353 4	−13.857 0	10.567 1	19.468 5	−11.849 0
25	30.188 7	−15.473 4	−12.441 6	10.364 8	21.059 5	−10.397 7
26	34.575 6	−15.104 4	−12.543 3	10.764 7	18.037 0	−12.205 8
27	35.181 8	−15.386 5	−12.679 0	10.027 7	19.128 5	−11.020 5
28	33.094 3	−15.510 2	−12.161 4	10.121 6	19.213 5	−11.053 6
29	31.656 3	−16.882 0	−12.293 0	10.367 8	21.068 3	−10.682 9
30	30.748 9	−16.414 6	−12.409 5	10.562 2	19.922 7	−11.659 1

续上表

工况＼位置	Ⅱ截面底面	Ⅱ截面顶面	Ⅳ截面底面	Ⅳ截面顶面	Ⅴ截面底面	Ⅴ截面顶面
31	34.029 9	−16.193 8	−13.550 4	10.518 6	17.921 1	−12.426 7
32	34.770 4	−15.189 1	−14.236 5	10.855 4	19.785 3	−11.975 9

表 5.2-11　桩板结构路基承载板最大动力系数

工况＼位置	Ⅱ截面底面	Ⅱ截面顶面	Ⅳ截面底面	Ⅳ截面顶面	Ⅴ截面底面	Ⅴ截面顶面	最大值
1	1.018 2	1.134 6	1.029 3	1.110 3	1.000 0	1.000 0	1.134 6
2	1.140 5	1.000 0	1.051 7	1.063 0	1.000 0	1.072 7	1.140 5
3	1.154 0	1.030 0	1.053 7	1.012 4	1.000 0	1.000 0	1.154 0
4	1.103 7	1.086 4	1.025 0	1.054 8	1.000 0	1.030 8	1.103 7
5	1.063 7	1.222 6	1.060 3	1.123 6	1.030 8	1.042 3	1.222 6
6	1.048 4	1.101 6	1.067 9	1.122 0	1.000 0	1.182 2	1.182 2
7	1.141 1	1.000 0	1.151 0	1.005 4	1.000 0	1.201 4	1.201 4
8	1.187 2	1.000 0	1.156 6	1.002 1	1.005 8	1.084 9	1.187 2
9	1.030 4	1.145 2	1.055 3	1.115 8	1.000 0	1.000 0	1.145 2
10	1.189 5	1.000 0	1.061 9	1.070 3	1.000 0	1.096 3	1.189 5
11	1.190 9	1.064 3	1.065 9	1.033 2	1.000 0	1.000 0	1.190 9
12	1.124 9	1.064 7	1.047 8	1.065 3	1.010 9	1.044 8	1.124 9
13	1.082 5	1.191 0	1.075 5	1.134 7	1.051 5	1.064 8	1.191 0
14	1.093 2	1.065 5	1.085 7	1.133 3	1.000 0	1.201 7	1.201 7
15	1.185 4	1.000 0	1.190 6	1.009 0	1.000 0	1.218 9	1.218 9
16	1.219 7	1.000 0	1.196 0	1.032 0	1.022 8	1.100 8	1.219 7
17	1.073 6	1.043 2	1.099 7	1.000 0	1.000 0	1.082 6	1.073 6
18	1.066 4	1.034 8	1.000 0	1.008 7	1.000 0	1.107 8	1.066 4
19	1.089 1	1.039 9	1.000 0	1.000 0	1.000 0	1.001 0	1.089 1
20	1.024 2	1.058 0	1.000 0	1.000 0	1.000 0	1.000 0	1.024 2
21	1.004 9	1.165 9	1.000 0	1.000 0	1.000 0	1.000 0	1.004 9
22	1.000 0	1.130 4	1.000 0	1.000 0	1.000 0	1.052 8	1.000 0
23	1.042 3	1.119 9	1.045 8	1.000 0	1.000 0	1.125 8	1.042 3
24	1.073 6	1.043 2	1.099 7	1.000 0	1.000 0	1.082 6	1.073 6

续上表

工况 \ 位置	Ⅱ截面底面	Ⅱ截面顶面	Ⅳ截面底面	Ⅳ截面顶面	Ⅴ截面底面	Ⅴ截面顶面	最大值
25	1.000 0	1.051 4	1.000 0	1.000 0	1.000 0	1.000 0	1.000 0
26	1.080 7	1.026 3	1.000 0	1.012 5	1.000 0	1.115 2	1.080 7
27	1.099 6	1.045 5	1.006 2	1.000 0	1.000 0	1.006 9	1.099 6
28	1.034 4	1.053 9	1.000 0	1.000 0	1.000 0	1.010 0	1.034 4
29	1.000 0	1.147 1	1.000 0	1.000 0	1.000 0	1.000 0	1.000 0
30	1.000 0	1.115 3	1.000 0	1.000 0	1.000 0	1.065 3	1.000 0
31	1.063 6	1.100 3	1.075 3	1.000 0	1.000 0	1.135 4	1.063 6
32	1.086 8	1.032 0	1.129 8	1.021 0	1.000 0	1.094 2	1.086 8

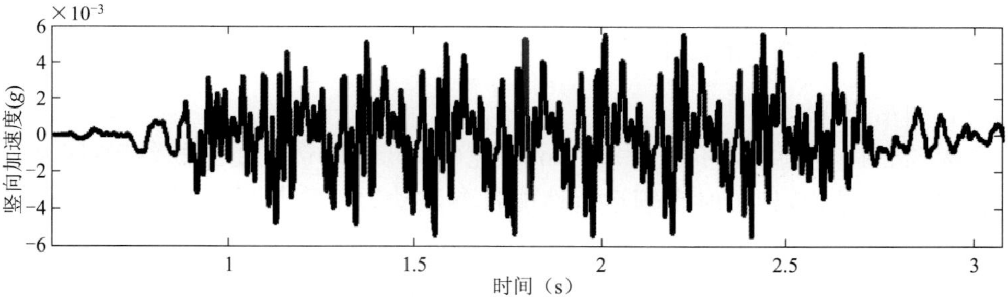

图 5.2-25　计算工况 8 列车通过桩板结构路基时Ⅴ截面轨道板竖向振动加速度时程曲线

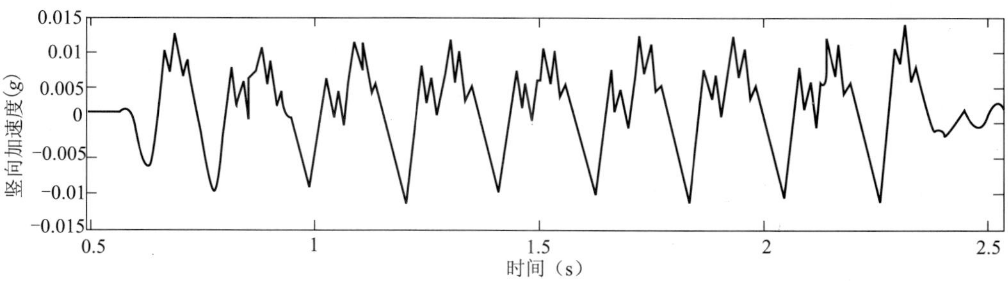

图 5.2-26　计算工况 8 列车通过过渡段时Ⅶ截面轨道板竖向振动加速度时程曲线

从表 5.2-10 可看出，动车组以不同速度通过桩板结构路基所引起的承载板的动应力较小；综合表 5.2-11 可知，各种计算工况列车在桩板结构路基上运行所产生的承载板的动力放大系数最大值为 1.223，该值小于《高速铁路设计规范（试行）》（TB 10621—2009）提供的桥跨结构动力系数 $1+\mu=1+[1.44/(L_{\varphi}^{0.5}-0.2)-0.18]=1.243$，且两者比较接近。

初步结论：

①列车通过桩板结构路基及其过渡段时的脱轨系数、轮重减载率、轮对横向水平力及车体竖、横向加速度响应均随着列车速度的提高而有所增大。

②无论是 ICE3 型还是国产 CRH_2 型动车组以不同速度通过桩板结构路基及其过渡段（桩筏结构路基）时，板（承载板）梁（托梁）结构以及轨道板的竖、横向动位移和振动加速度响应均较小，并远小于国内有关设计规范规定限值和测试经验值。

③当高速动车组通过时，桩板结构路基总体上呈现土体振动带动板梁结构运动的态势，即桩板结构路基以土体振动为主，辅以板梁结构的刚体振动。这也表明，承载板的竖、横向刚度大于软土地基的刚度，桩板结构路基的整体刚度由其基础控制，承载板的刚度不控制结构的设计。

④随着列车运行时速的提高，桩板结构路基及其过渡段的振动加速度响应也呈现逐渐增大的趋势。

5.2.9　计算与实测值的比较

1. 列车运营性能

表 5.2-12 为列车以不超过 350 km 时速（$V \leqslant 350$ km/h）通过桩板结构路基及其过渡段（桩筏结构路基）时车辆运营性能各参数动力计算与现场实测最大值（参阅 4.4.4 节、4.4.6 节及 4.4.7 节）的综合比较。

表 5.2-12　列车运营性能动力仿真计算与现场实测结果的综合比较

运营性能参数	动力计算				现场实测（CRH_2-300 型车）	
	ICE3 型动车		国产 CRH_2 型动车		桩板结构路基	过渡段
	Ⅰ级线路	Ⅱ级线路	Ⅰ级线路	Ⅱ级线路		
Q/P	0.129	0.215	0.142	0.238	0.500	0.220
$\Delta P/P$	0.319	0.490	0.321	0.491	0.520	--
Q(kN)	16.993	27.399	15.739	24.623	44.32	17.860
$A_V(g)$	0.033	0.058	0.042	0.063	0.061	0.055
$A_L(g)$	0.034	0.053	0.064	0.098	0.037	0.037
W_V	1.826	2.160	2.109	2.384	2.035	
W_L	2.254	2.604	2.592	2.782	2.414	

由表 5.2-12 可看出，试验列车通过桩板结构路基及过渡段时现场实测的轮重减载率、车体竖横向加速度及 Sperling 舒适度指标均与模拟计算值比较接近；由于轮轨间横向振动的高度随机性，轮轨横向水平力及脱轨系数实测值比较离散，尽管在桩板结构路基上测试的轮轨横向水平力及脱轨系数最大值较理论计算值有所偏大，但大

多数车次测得的轮轨横向水平力及脱轨系数与动力计算值还是比较接近的，且无论是动力计算还是现场实测值，均满足高速列车安全、平稳运营要求。

2. 桩板结构路基动力响应

表 5.2-13～表 5.2-15 分别表示列车以时速 300～350 km 通过桩板结构路基及其过渡段（桩筏结构路基）时板（承载板）梁（托梁）结构竖向动位移和加速度响应以及轨道板竖向振动加速度的仿真计算值与现场实测结果（参阅 4.4.2 节、4.4.3 节及 4.4.5 节）的综合比较。

由表 5.2-13～表 5.2-15 可知，无论是动力仿真计算还是现场实测，桩板结构路基及过渡段的振动位移和加速度的响应值均较小，由于高速列车-桩板结构路基系统振动的高度随机性，结构动力响应值比较离散，理论计算值与实测结果在具体数值上有所差异，但两者在总体规律上还是比较接近的。

表 5.2-13 板梁结构竖向动位移仿真计算与现场实测结果综合比较（mm）

截面位置	动力计算				现场实测值（CRH2-300 型车）
	ICE3 型动车		国产 CRH2 型动车		
	Ⅰ级线路	Ⅱ级线路	Ⅰ级线路	Ⅱ级线路	
Ⅰ-Ⅰ截面托梁	0.048	0.048	0.040	0.040	0.087
Ⅲ-Ⅲ截面承载板	0.077	0.077	0.063	0.063	0.090
Ⅳ-Ⅳ截面承载板	0.071	0.070	0.056	0.056	0.064
Ⅴ-Ⅴ截面承载板	0.062	0.062	0.048	0.049	0.095

表 5.2-14 板梁结构竖向加速度仿真计算与现场实测结果综合比较（*g*）

截面位置	动力计算				现场实测值（CRH2-300 型车）
	ICE3 型动车		国产 CRH2 型动车		
	Ⅰ级线路	Ⅱ级线路	Ⅰ级线路	Ⅱ级线路	
Ⅰ-Ⅰ截面承载板	0.005 14	0.006 97	0.004 17	0.004 89	0.002 46
Ⅲ-Ⅲ截面承载板	0.007 54	0.010 67	0.005 86	0.007 86	0.009 78
Ⅴ-Ⅴ截面承载板	0.005 98	0.008 73	0.003 69	0.004 64	0.003 02

表 5.2-15 轨道板竖向振动加速度动力仿真计算值与现场实测结果综合比较（*g*）

截面位置	动力计算				现场实测值（CRH2-300 型车）
	ICE3 型动车		国产 CRH2 型动车		
	Ⅰ级线路	Ⅱ级线路	Ⅰ级线路	Ⅱ级线路	
Ⅲ-Ⅲ截面（桩板结构）	0.003 9	0.006 0	0.003 7	0.004 8	0.002 4

续上表

截面位置	动力计算				现场实测值（CRH2-300 型车）
	ICE3 型动车		国产 CRH2 型动车		
	Ⅰ级线路	Ⅱ级线路	Ⅰ级线路	Ⅱ级线路	
Ⅴ-Ⅴ截面（桩板结构）	0.005 9	0.008 4	0.005 5	0.007 2	0.006 8
Ⅶ-Ⅶ截面（过渡段）	0.013 4	0.013 8	0.011 7	0.012 1	0.016 4

初步结论：

列车以不同速度通过桩板结构路基所引起的承载板的动应力较小，动力计算所得的承载板的动力放大系数最大值与《高速铁路设计规范（试行）》（TB 10621—2009）提供的桥跨结构动力系数值非常接近。

6　动力设计参数分析

本章分析了桩板结构路基承载板板体竖向刚度(挠跨比)、相邻桩基差异沉降及过渡段与桩板结构路基间的差异沉降等主要动力设计参数对高速列车运营性能及桩板结构自身动力响应的影响,得到了一些初步结论。

6.1　结构变形

6.1.1　桥梁梁体竖向挠度的限值

《高速铁路设计规范(试行)》(TB 10621—2009)(以下简称《高铁规范》)规定:

(1)设计时速 350 km 的三跨及以上一联的连续梁,$L \leqslant 40$ m 时,在竖向静活载(ZK 活载)作用下,梁体竖向挠度(对于刚架及连续梁的竖向挠度尚应计入温度的影响)限值为$L/1\ 455$,单线连续梁的梁体竖向挠度限值按双线桥限值的 0.6 倍取用,即 $0.6 \times L/1\ 455 = L/2\ 425$;

(2)设计时速 350 km 的三跨及以上双线简支梁,$L \leqslant 40$ m 时,在竖向静活载(ZK 活载)作用下,梁体竖向挠度(对于刚架及连续梁的竖向挠度尚应计入温度的影响)限值为 $L/1\ 600$,单线简支梁的梁体竖向挠度限值按双线桥限值的 0.6 倍取用,即 $0.6 \times L/1\ 600 = L/2\ 667$。

《新建时速 300～350 公里客运专线铁路设计暂行规定》(以下简称《350 暂规》)规定:

$L \leqslant 24$ m 时,在竖向静活载(ZK 活载)作用下,多跨简支梁的竖向挠度(对于刚架桥的竖向挠度尚应计入温度变形的影响)限值为 $L/1\ 800$。

日本《铁路结构物设计标准及其解释—变位限制》(2006 年 2 月)从通常时的运行安全性规定的梁体竖向挠度,$L \leqslant 60$ m 时的设计限值为 $L/1\ 900$(等效成 ZK 活载为 $L/4\ 600$),从舒适度规定的新干线梁体竖向挠度,$L \leqslant 20$ m 时的设计限值为 $L/3\ 500$(等效成 ZK 活载为$L/8\ 500$)。

德国规范规定,高速铁路($V \geqslant 200$ km/h)由 UIC71 荷载引起的梁体竖向挠度限值为1/1 700(等效成 ZK 活载为 1/1 400)。

6.1.2　桥梁梁体横向变形限值

《高铁规范》规定,在列车横向摇摆力、离心力、风力和温度力的作用下,梁体的水平挠度不应大于梁体计算跨度的 1/4 000。

《350 暂规》和《高铁规范》一致。

日本规范规定，水平方向的梁体挠度不超过垂直方向设计极限值的 1/2 为宜。

德国规范规定，考虑下部基础影响的跨中横向变形限值所对应的最小平曲线半径为 R=14 000 m（单线）、17 500 m（双线）。

6.1.3 桥梁竖向自振频率限值

《高铁规范》规定，L≤20 m 的简支梁，$n_0=80/L$。

《350 暂规》规定，L≤40 m 的简支梁，竖向自振频率限值为 $120/L$。

欧洲规范规定，4 m≤L≤20 m 时，$n_0=80/L$。

日本规范规定，V≤300 km/h 的混凝土桥，$n_0=80L^{-0.8}$。

6.1.4 桥梁梁端竖向转角限值

《高铁规范》规定，无砟桥面、梁端悬出长度≤0.55 m 时，θ≤1.5‰（桥台与桥梁之间）。

《350 暂规》规定，无砟轨道转角限值 θ≤1‰（桥台与桥梁之间）。

日本规范从通常运行安全性规定的轨面上的垂直方向转角设计限界值为 2‰；舒适度要求的轨面上的垂直方向转角设计限界值为 2.5‰。

德国、法国高速铁路规定，桥上采用无砟轨道时，为最大限度地减小由于混凝土桥梁梁端转角与梁端悬出长度引起的上部无砟轨道状态的变化，桥梁设计严格控制梁端支座断面的转角，单线桥：0.3‰（相当于挠跨比 f/L=1/10 600，等效成 ZK 活载为 1/13 250），双线桥 0.5‰（相当于挠跨比 f/L=1/6 400，等效成 ZK 活载为1/8 000）。

综上可知，除《高速铁路设计规范（试行）》（TB 10621—2009）在规定梁体的竖向挠度限值时明确说明简支梁与连续梁以及单线与双线梁有所不同外，其他规范均未明确说明单线与双线梁在梁体竖向挠度限值上的差异；各规范梁体变形、竖向自振频率及梁端竖向转角限值主要针对简支梁。

综合各规范要求，以计算跨度 10 m 三跨（或以上）双线梁结构为例，结构变形、自振频率不同规范限值如表 6.1 所示。

表 6.1 不同高速铁路规范双线梁结构变形、自振频率限值

规范名称	竖向挠跨比	横向变形限值	竖向自振频率（Hz）	梁端竖向转角
《高铁规范》	1/1 600（简支梁） 1/1 455（连续梁）	1/4 000	8.00	1.5‰
《350 暂规》	1/1 800	1/4 000	12.00	1.0‰

续上表

规范名称	竖向挠跨比	横向变形限值	竖向自振频率(Hz)	梁端竖向转角
日本规范	1/1 900(安全性) 1/3 500(舒适性)	1/7 000	12.68	2.0‰
德国规范	1/1 700	1/3 341	8.00	0.5‰

6.1.5 相邻墩台沉降量之差

我国《铁路桥涵设计基本规范》(TB 10002.1—2005)第5.3.3条规定，墩台基础的沉降应按恒载计算。对于外静定结构，有砟轨道相邻墩台均匀沉降量之差不得超过40 mm，明桥面工后相邻墩台均匀沉降量之差不得超过20 mm，对于外超静定结构，其相邻墩台均匀沉降量之差的容许值，应根据沉降对结构产生的附加应力的影响而定。

《高铁规范》第7.3.10款规定，墩台基础的沉降应按恒载计算，相邻墩台工后沉降差对于有砟及无砟轨道分别不应超过15 mm和5 mm，超静定结构相邻墩台沉降量之差除应符合上述规定外，尚应根据沉降差对结构产生的附加应力的影响确定。

《350暂规》第6.3.9条对桥梁结构相邻墩台沉降量之差的容许值规定与《高铁规范》第7.3.10款相同。

我国台湾《台湾高速铁路桥梁设计规范》DD-2-5"桥梁和高架桥基础设计标准"规定，两相邻桥墩之间的不均匀沉降不能超过20 mm。

6.1.6 桩板结构路基变形

参照铁路工程地基处理技术规程(TB 10106—2010)，具体为：

1. 承载板的竖向挠度限值

在竖向静活载(ZK活载)作用下，速度目标值350 km/h，承载板体的竖向挠度限值为$L/1\ 455$，L为承载板纵向跨度，对于单线承载板，竖向挠度限值按相应双线承载板的0.6倍取用。

2. 桩板结构的沉降

非埋式和浅埋式桩板结构应控制相邻桩的差异沉降，但并未给出差异沉降限值。

6.2 挠跨比对动力响应的影响

6.2.1 国内主要桩板结构承载板挠跨比

表6.2-1表示国内主要桩板结构在ZK静活载作用下承载板板端转角及挠跨比。可以看出，国内采用的客运专线铁路桩板结构承载板厚跨比一般为1/9.5～1/12.5，在ZK静活载作用下的挠跨比常见值为1/7 500～1/14 500，板端转角通常值为3.9×10^{-4}～6.9×10^{-4}。

表 6.2-1　国内主要桩板结构在 ZK 静活载下承载板挠跨比

线路	跨度布置	厚跨比	板厚(m)	板端转角	板宽(m)	最大挠度(mm)	挠跨比
遂渝线	6×5 m	1/8.3	0.6	2.8×10^{-4}	4.40	0.213	1/23 474
	(5+10+5)m	1/12.5	0.8	3.7×10^{-4}	4.40	0.918	1/10 893
郑西高速铁路	3×7 m	1/11.7	0.6	6.9×10^{-4}	2×4.99	0.924	1/7 576
	3×9 m	1/11.3	0.8	6.2×10^{-4}	2×4.99	1.067	1/8 435
武广高速铁路	3×7.5 m	1/9.4	0.8	3.9×10^{-4}	2×4.99	0.518	1/14 478
	(7.5+10+7.5)m	1/12.5	0.8	4.3×10^{-4}	2×4.99	0.981	1/10 193
沪杭高速铁路	3×10 m	1/10.0	1.0	3.9×10^{-4}	2×4.40	0.960	1/10 417

6.2.2　承载板挠跨比与其厚度的关系

依据《高速铁路设计规范(试行)》(TB 10621—2009)第 7.3.2 条第 2 款的规定，以跨度为10 m的三跨一联连续桩板结构路基(除承载板厚度变化外，其他同沪杭高铁松江段桩板结构路基)为研究对象计算的承载板挠跨比与其厚度的关系如表 6.2-2 所示。

表 6.2-2　承载板挠跨比与板厚关系

挠跨比	1/1 000	1/1 500	1/1 900	1/2 500	1/3 000	1/10 417
板厚(mm)	510	593	640	705	750	1 000

注：承载板厚度 1 000 mm 为沪杭高铁松江段桩板结构路基设计采用值。

6.2.3　不同挠跨比承载板的桩板结构路基系统(含地基土)动力特性

对应于每种承载板挠跨比工况，建立承载板-托梁-桩基-地基土系统动力特性分析模型，计算得到的竖、横向基频如表 6.2-3 所示，表 6.2-4 表示不考虑基础(包括土体)影响(即假定板梁结构边支点为活动铰支座，中支点为固定铰支座)的板(承载板)梁(托梁)结构的竖、横向基频。

表 6.2-3　桩板结构路基竖、横向基频计算值(Hz)

挠跨比	1/1 000	1/1 500	1/1 900	1/2 500	1/3 000	1/10417
横向基频	1.355 3	1.354 8	1.354 6	1.354 3	1.354 0	1.352 7
竖向基频	3.070 3	3.070 8	3.071 0	3.071 2	3.071 3	3.071 5

表 6.2-4　板梁结构自身的竖、横向基频计算值(Hz)

挠跨比	1/1 000	1/1 500	1/1 900	1/2 500	1/3 000	1/3 500	1/10 417
横向基频	12.06	12.16	12.21	12.27	12.30	12.33	12.43
竖向基频	6.92	8.12	8.80	9.73	10.38	10.96	14.00

从表 6.2-2、表 6.2-3 可看出，由于桩板结构路基的基础刚度假定不变，只是承载板的挠跨比(或厚度)发生变化，因此，随着承载板的板厚加大，挠跨比减小，承载板自身的竖向刚度明显增大，横向刚度也有所提高，但同时承载板自身的质量也相应加大，桩板结构路基的竖向基频则略有增大，而其横向基频稍有减小，但变化幅度非常微小，承载板挠跨比对桩板结构路基的竖、横向基频影响不大，这一结果再次表明，桩板结构路基的竖、横向基频主要由桩基(包括地基土)的刚度控制。

由表 6.3-4 可知，板梁结构自身的竖向基频随承载板板厚增大(挠跨比减小)而明显增大，其横向基频则随承载板挠跨比的减小而略有提高；当承载板的挠跨比小于 1/1 500 时，板梁结构的竖向基频则大于 8.0 Hz。

6.2.4　承载板挠跨比对列车通过桩板结构路基的运营性能影响

表 6.2-5～表 6.2-11 分别表示 ICE3 型列车通过线路状态为Ⅱ级的不同挠跨比承载板桩板结构路基的列车运营性能响应及其评判指标。

表 6.2-5　ICE3 型列车通过线路状态为Ⅱ级桩板结构路基时轮重减载率

挠跨比 / 车速(km/h)	1/1 000	1/1 500	1/1 900	1/2 500	1/3 000	1/10 417
200	0.176 2	0.176 2	0.176 2	0.176 2	0.169 7	0.170 0
250	0.250 6	0.250 6	0.250 6	0.250 6	0.263 2	0.263 2
270	0.303 2	0.303 2	0.303 6	0.303 7	0.299 7	0.299 7
300	0.358 8	0.358 9	0.359 1	0.359 2	0.359 8	0.359 8
350	0.490 5	0.490 7	0.490 9	0.491 1	0.489 7	0.489 6
370	0.540 6	0.541 0	0.541 3	0.541 7	0.552 6	0.552 8
400	0.646 1	0.646 1	0.646 5	0.646 7	0.657 4	0.657 8
420	0.712 5	0.713 0	0.713 4	0.713 8	0.691 2	0.691 4
规范容许值	0.8					

表 6.2-6　ICE3 型列车通过线路状态为Ⅱ级桩板结构路基时脱轨系数

挠跨比 / 车速(km/h)	1/1 000	1/1 500	1/1 900	1/2 500	1/3 000	1/10 417
200	0.131 1	0.130 9	0.131 0	0.131 2	0.131 2	0.131 2
250	0.147 8	0.147 7	0.147 7	0.147 8	0.147 5	0.147 4
270	0.162 1	0.162 4	0.162 2	0.162 1	0.161 8	0.162 0
300	0.187 4	0.187 1	0.187 1	0.187 3	0.187 0	0.187 4
350	0.216 3	0.216 3	0.216 6	0.216 8	0.215 0	0.215 1

续上表

车速(km/h) \ 挠跨比	1/1 000	1/1 500	1/1 900	1/2 500	1/3 000	1/10 417
370	0.233 5	0.233 6	0.233 6	0.233 6	0.233 3	0.233 3
400	0.253 8	0.254 0	0.253 9	0.253 5	0.256 2	0.256 1
420	0.270 4	0.270 4	0.270 3	0.270 3	0.270 2	0.270 2
规范容许值	0.8					

表 6.2-7　ICE3 型列车通过线路状态为Ⅱ级桩板结构路基时轮轨横向水平力(kN)

车速(km/h) \ 挠跨比	1/1 000	1/1 500	1/1 900	1/2 500	1/3 000	1/10 417
200	17.792 0	17.757 0	17.768 0	17.783 0	17.777 0	17.774 0
250	19.399 0	19.394 0	19.406 0	19.415 0	20.781 0	19.419 0
270	20.834 0	20.856 0	20.841 0	20.819 0	20.815 0	20.811 0
300	22.849 0	22.848 0	22.838 0	22.836 0	23.127 0	23.169 0
350	27.296 0	27.292 0	27.289 0	27.285 0	27.396 0	27.399 0
370	29.212 0	29.214 0	29.210 0	29.207 0	29.171 0	29.155 0
400	31.282 0	31.276 0	31.274 0	31.267 0	32.167 0	32.169 0
420	32.704 0	32.720 0	32.717 0	32.697 0	33.866 0	33.874 0
规范容许值	50.83					

表 6.2-8　ICE3 型列车通过线路状态为Ⅱ级桩板结构路基时车体竖向加速度半峰值(g)

车速(km/h) \ 挠跨比	1/1 000	1/1 500	1/1 900	1/2 500	1/3 000	1/10 417
200	0.036 4	0.036 3	0.036 3	0.036 3	0.036 3	0.036 3
250	0.047 0	0.046 9	0.046 9	0.046 9	0.046 9	0.046 9
270	0.050 0	0.050 0	0.050 0	0.049 9	0.050 0	0.050 0
300	0.053 7	0.053 7	0.053 7	0.053 7	0.053 6	0.053 6
350	0.057 8	0.057 8	0.057 8	0.057 8	0.057 8	0.057 7
370	0.058 9	0.058 9	0.058 9	0.058 9	0.059 0	0.058 9
400	0.060 6	0.060 5	0.060 5	0.060 5	0.060 5	0.060 7
420	0.061 4	0.061 4	0.061 5	0.061 7	0.061 9	0.062 2
规范容许值	0.13					

表 6.2-9 ICE3 型列车通过线路状态为Ⅱ级桩板结构路基时车体横向加速度半峰值(g)

车速(km/h) \ 挠跨比	1/1 000	1/1 500	1/1 900	1/2 500	1/3 000	1/10 417
200	0.039 5	0.039 5	0.039 5	0.039 5	0.039 6	0.039 6
250	0.041 5	0.042 2	0.042 2	0.042 2	0.041 5	0.041 5
270	0.043 1	0.045 9	0.045 9	0.045 9	0.042 9	0.042 9
300	0.046 6	0.050 5	0.050 5	0.050 5	0.046 6	0.046 6
350	0.053 1	0.055 1	0.055 2	0.055 1	0.053 1	0.053 0
370	0.056 8	0.059 4	0.059 4	0.059 4	0.056 8	0.056 8
400	0.061 7	0.066 1	0.066 1	0.066 1	0.061 8	0.061 8
420	0.065 0	0.070 7	0.070 7	0.070 7	0.065 0	0.064 9
规范容许值	0.1					

表 6.2-10 ICE3 型列车通过线路状态为Ⅱ级桩板结构路基时竖向 Sperling 指标

车速(km/h) \ 挠跨比	1/1 000	1/1 500	1/1 900	1/2 500	1/3 000	1/10 417
200	1.873 7	1.874 4	1.875 0	1.875 3	1.875 3	1.875 8
250	1.996 4	1.996 9	1.997 4	1.997 6	1.997 5	1.997 9
270	2.033 2	2.033 5	2.034 0	2.034 2	2.034 1	2.034 4
300	2.082 8	2.083 1	2.083 7	2.083 9	2.083 8	2.084 2
350	2.158 6	2.159 0	2.159 5	2.159 7	2.159 5	2.159 7
370	2.186 6	2.187 0	2.187 4	2.187 7	2.187 3	2.187 4
400	2.225 6	2.225 9	2.226 4	2.226 7	2.226 3	2.226 5
420	2.249 5	2.249 8	2.250 3	2.250 5	2.250 3	2.250 3
规范容许值	$W \leqslant 2.50$ 优 $2.50 < W \leqslant 2.75$ 良 $2.75 < W \leqslant 3.00$ 合格					

表 6.2-11 ICE3 型列车通过线路状态为Ⅱ级桩板结构路基时横向 Sperling 指标

车速(km/h) \ 挠跨比	1/1 000	1/1 500	1/1 900	1/2 500	1/3 000	1/10 417
200	2.083 0	2.112 1	2.112 1	2.112 0	2.080 9	2.112 1
250	2.226 1	2.233 5	2.233 2	2.233 0	2.225 7	2.233 1
270	2.291 0	2.292 5	2.292 4	2.292 2	2.290 7	2.293 3
300	2.440 8	2.440 9	2.440 9	2.440 7	2.441 0	2.441 0
350	2.604 2	2.604 4	2.604 6	2.604 6	2.604 6	2.604 3

续上表

挠跨比 / 车速(km/h)	1/1 000	1/1 500	1/1 900	1/2 500	1/3 000	1/10 417
370	2.669 2	2.669 1	2.669 2	2.669 2	2.669 2	2.669 1
400	2.732 5	2.734 8	2.734 6	2.734 5	2.733 3	2.734 7
420	2.779 1	2.855 7	2.855 6	2.855 5	2.778 7	2.857 9
规范容许值	$W\leqslant 2.50$ 优　$2.50<W\leqslant 2.75$ 良　$2.75<W\leqslant 3.00$ 合格					

综合表 6.2-5～表 6.2-11 可知，桩板结构路基承载板挠跨比对列车运营轮轨动力学参数影响很小，换言之，承载板的竖向刚度对列车运营性能影响不大。

从表 6.2-5～表 6.2-11 还可看出，高速动车组通过各种挠跨比承载板的桩板结构路基时，轮重减载率、脱轨系数及轮轨横向水平作用力均满足规范要求，列车车体竖、横向加速度半峰值也在相关规范限值范围内，列车竖向 Sperling 指标均达到优；在列车时速低于 400 km 时，列车横向 Sperling 指标也达到优良标准，即使时速高达 420 km，其横向指标也合格，由此可知，本书所计算的各种挠跨比(不大于 1/1 000)承载板的桩板结构路基均能确保高速动车组安全、平稳运行。

6.2.5　承载板挠跨比对桩板结构路基动力响应的影响

表 6.2-12～表 6.2-19 分别表示 ICE3 型高速动车组以时速 350 km 或 420 km 通过线路状态为Ⅱ级的不同挠跨比承载板桩板结构路基的竖向振动位移和加速度响应以及承载板动应力和应力放大系数。

表 6.2-12　ICE3 型列车以时速 350 km 通过线路状态为Ⅱ级桩板结构路基的竖向动位移振幅(mm)

挠跨比 / 截面位置	1/1 000	1/1 500	1/1 900	1/2 500	1/3 000	1/10 417
Ⅰ截面托梁	−0.060	−0.053	−0.053	−0.049	−0.048	−0.048
Ⅰ截面承载板	−0.061	−0.056	−0.061	−0.059	−0.060	−0.059
Ⅲ截面承载板	−0.235	−0.179	−0.157	−0.127	−0.101	−0.077
Ⅳ截面承载板	−0.079	−0.075	−0.075	−0.070	−0.063	−0.070
Ⅴ截面承载板	−0.114	−0.105	−0.095	−0.085	−0.074	−0.062
Ⅲ截面轨道板	−0.219	−0.171	−0.148	−0.122	−0.094	−0.058
Ⅴ截面轨道板	−0.107	−0.103	−0.094	−0.086	−0.071	−0.072
Ⅵ截面轨道板	−0.105	−0.098	−0.096	−0.096	−0.093	−0.095
Ⅶ截面轨道板	−0.166	−0.168	−0.168	−0.171	−0.170	−0.175

表 6.2-13 ICE3 型列车以时速 420 km 通过线路状态为Ⅱ级桩板结构路基的竖向动位移振幅(mm)

截面位置 \ 挠跨比	1/1 000	1/1 500	1/1 900	1/2 500	1/3 000	1/10 417
Ⅰ截面托梁	−0.053	−0.047	−0.045	−0.043	−0.043	−0.046
Ⅰ截面承载板	−0.056	−0.052	−0.052	−0.052	−0.054	−0.055
Ⅲ截面承载板	−0.246	−0.183	−0.154	−0.124	−0.098	−0.071
Ⅳ截面承载板	−0.074	−0.070	−0.070	−0.065	−0.059	−0.059
Ⅴ截面承载板	−0.123	−0.106	−0.093	−0.084	−0.074	−0.059
Ⅲ截面轨道板	−0.228	−0.173	−0.144	−0.118	−0.091	−0.059
Ⅴ截面轨道板	−0.114	−0.103	−0.090	−0.082	−0.070	−0.065
Ⅵ截面轨道板	−0.126	−0.117	−0.115	−0.116	−0.110	−0.109
Ⅶ截面轨道板	−0.182	−0.183	−0.185	−0.187	−0.185	−0.185

表 6.2-14 ICE3 型列车以时速 350 km 通过线路状态为Ⅱ级桩板结构路基的竖向加速度振幅(g)

截面位置 \ 挠跨比	1/1 000	1/1 500	1/1 900	1/2 500	1/3 000	1/10 417
Ⅰ截面托梁	0.012	0.009	0.010	0.008	0.007	0.005
Ⅰ截面承载板	0.011	0.009	0.010	0.010	0.009	0.007
Ⅲ截面承载板	0.069	0.050	0.038	0.030	0.020	0.011
Ⅳ截面承载板	0.012	0.016	0.014	0.012	0.011	0.010
Ⅴ截面承载板	0.030	0.030	0.025	0.019	0.016	0.009
Ⅲ截面轨道板	0.066	0.053	0.038	0.032	0.021	0.006
Ⅴ截面轨道板	0.025	0.020	0.017	0.015	0.012	0.008
Ⅵ截面轨道板	0.020	0.017	0.014	0.015	0.012	0.010
Ⅶ截面轨道板	0.014	0.014	0.013	0.013	0.012	0.014

表 6.2-15 ICE3 型列车以时速 420 km 通过线路状态为Ⅱ级桩板结构路基的竖向加速度振幅(g)

截面位置 \ 挠跨比	1/1 000	1/1 500	1/1 900	1/2 500	1/3 000	1/10 417
Ⅰ截面托梁	0.013	0.011	0.011	0.008	0.007	0.005
Ⅰ截面承载板	0.012	0.009	0.011	0.010	0.010	0.009
Ⅲ截面承载板	0.087	0.072	0.051	0.038	0.024	0.015
Ⅳ截面承载板	0.019	0.019	0.019	0.017	0.015	0.013

续上表

挠跨比 / 截面位置	1/1 000	1/1 500	1/1 900	1/2 500	1/3 000	1/10 417
Ⅴ截面承载板	0.038	0.030	0.025	0.022	0.017	0.013
Ⅲ截面轨道板	0.080	0.070	0.050	0.040	0.024	0.008
Ⅴ截面轨道板	0.037	0.028	0.022	0.018	0.014	0.011
Ⅵ截面轨道板	0.028	0.026	0.022	0.022	0.019	0.015
Ⅶ截面轨道板	0.021	0.021	0.020	0.019	0.018	0.019

表 6.2-16　ICE3 型列车以时速 350 km 通过线路状态为Ⅱ级桩板结构路基承载板的动应力幅值(kPa)

挠跨比 / 截面位置	1/1 000	1/1 500	1/1 900	1/2 500	1/3 000	1/10 417
Ⅲ截面承载板顶面	223.24	167.00	138.35	109.99	77.81	39.14
Ⅲ截面承载板底面	−24.80	−35.39	−35.32	−30.94	−24.77	−20.83
Ⅳ截面承载板顶面	−68.92	−57.97	−48.44	−40.75	−27.07	−16.82
Ⅳ截面承载板底面	30.53	28.38	25.46	26.25	19.31	14.53
Ⅴ截面承载板顶面	98.26	92.69	76.76	68.17	51.89	26.71
Ⅴ截面承载板底面	−18.08	−23.46	−22.70	−22.27	−18.40	−13.44

表 6.2-17　ICE3 型列车以时速 420 km 通过线路状态为Ⅱ级桩板结构路基承载板的动应力幅值(kPa)

挠跨比 / 截面位置	1/1 000	1/1 500	1/1 900	1/2 500	1/3 000	1/10 417
Ⅲ截面承载板顶面	248.93	185.500	150.37	116.18	81.95	44.10
Ⅲ截面承载板底面	−24.20	−32.900	−32.42	−28.11	−21.91	−17.08
Ⅳ截面承载板顶面	−76.50	−61.399	−50.51	−42.67	−27.58	−18.71
Ⅳ截面承载板底面	35.58	34.537	31.10	28.74	18.57	13.21
Ⅴ截面承载板顶面	107.71	93.052	73.10	64.85	48.21	25.98
Ⅴ截面承载板底面	−20.64	−24.491	−22.59	−22.42	−20.39	−13.90

表 6.2-18　ICE3 型列车以时速 350 km 通过线路状态为Ⅱ级桩板结构路基承载板的应力放大系数

挠跨比 / 截面位置	1/1 000	1/1 500	1/1 900	1/2 500	1/3 000	1/10 417
Ⅲ截面承载板顶面	1.113	1.087	1.126	1.119	1.128	1.083
Ⅲ截面承载板底面	1.111	1.168	1.172	1.143	1.083	1.191
Ⅳ截面承载板顶面	1.000	1.000	1.011	1.026	1.000	1.076

续上表

截面位置＼挠跨比	1/1 000	1/1 500	1/1 900	1/2 500	1/3 000	1/10 417
Ⅳ截面承载板底面	1.071	1.000	1.000	1.169	1.157	1.135
Ⅴ截面承载板顶面	1.052	1.050	1.042	1.047	1.067	1.052
Ⅴ截面承载板底面	1.006	1.074	1.189	1.190	1.043	1.065
最大值	1.113	1.168	1.189	1.190	1.157	1.191

表 6.2-19　ICE3 型列车以时速 420 km 通过线路状态为Ⅱ级桩板结构路基承载板的应力放大系数

截面位置＼挠跨比	1/1 000	1/1 500	1/1 900	1/2 500	1/3 000	1/10 417
Ⅲ截面承载板顶面	1.241	1.207	1.224	1.182	1.188	1.220
Ⅲ截面承载板底面	1.085	1.086	1.076	1.039	1.000	1.000
Ⅳ截面承载板顶面	1.095	1.057	1.054	1.075	1.019	1.196
Ⅳ截面承载板底面	1.248	1.209	1.198	1.281	1.113	1.032
Ⅴ截面承载板顶面	1.153	1.054	1.000	1.000	1.000	1.023
Ⅴ截面承载板底面	1.149	1.122	1.183	1.198	1.156	1.101
最大值	1.248	1.209	1.224	1.281	1.188	1.220

从表 6.2-12、表 6.2-13 可看出，随着承载板挠跨比的减小(竖向刚度增大)，托梁及承载板支点截面(包括边支点及中支点)的竖向动位移振幅略有减小，但变化幅度不大；但承载板跨中(包括边跨及中跨)截面的竖向动位移响应则明显减小，承载板挠跨比从 1/1 000 减小至1/10 417，当列车时速为 350 km 时，承载板边跨及中跨跨中截面竖向振动位移分别减小了 67.2%及 45.6%，且列车运营时速越高，减小的幅度越大。

由表 6.2-14、表 6.2-15 可知，随着承载板挠跨比的减小(竖向刚度增大)，托梁及承载板的竖向加速度振幅均有所减小，但承载板跨中(包括边跨及中跨)截面的竖向振动加速度响应减小幅度明显大于支点处(包括边支点及中支点)对应值，承载板挠跨比从 1/1 000 减小至1/10 417，当列车时速为 350 km 时，承载板边跨及中跨跨中截面竖向振动加速度分别减小了 84.1%及 70.0%；而边支点托梁、边支点及中支点截面竖向振动加速度则分别减小 58.3%、36.4%及 16.7%。

综上可知，随着承载板挠跨比的减小(竖向刚度增大)，承载板竖向振动响应降低，且振动加速度的降低幅度大于动位移响应，跨中截面减少幅度大于支点截面。

从表 6.2-16、表 6.2-17 也可看出，随着承载板挠跨比的减小(竖向刚度增大)，承载板中支点及跨中截面动应力均明显减小，承载板挠跨比从 1/1 000 减小至 1/10 417，当列车时速为 350 km 时，承载板中支点、边跨和中跨跨中截面顶、底板动应力分别减小了 52.4%、16.0%及 25.7%以上。

综合表 6.2-18、表 6.2-19 可知，随着承载板挠跨比的减小(竖向刚度增大)，承载板的应力放大系数并非单调变化，但总体变化不大，各种挠跨比承载板由列车运行所产生的承载板的动力放大系数最大值为 1.281，略大于《高速铁路设计规范(试行)》(TB 10621—2009)提供的桥跨结构动力系数 1.243。

初步结论：

①承载板板体竖向挠跨比对桩板结构路基竖、横向基频的影响不大，但对承载板板体自身的竖向频率影响较大，当承载板的挠跨比小于 1/1 500 时，板梁结构(不计桩基影响)的竖向基频大于 8.0 Hz。

②承载板挠跨比对高速列车通过桩板结构路基时的轮轨动力学参数影响较小，即承载板自身的竖向刚度对列车运营性能影响不大；当承载板的挠跨比小于 1/1 500 时，桩板结构路基能确保高速动车组安全、平稳运行。

③随着承载板挠跨比的减小(竖向刚度增大)，托梁及承载板支点截面(包括边支点及中支点)的竖向振动响应有所减小，承载板跨中(包括边跨及中跨)截面的竖向动力响应则明显减小，且列车运营时速越高，减小的幅度越大。

④随着承载板挠跨比的减小(竖向刚度增大)，承载板中支点及跨中截面动应力均明显减小，但应力放大系数总体变化不大；当列车以时速 350 km 运行时，承载板的应力动力放大系数小于《高速铁路设计规范(试行)》(TB 10621—2009)提供的桥跨结构动力系数。

6.3 差异沉降对列车运营性能的影响

鉴于桩基的受力及变形特性，桩板结构桩基不可避免会产生一定程度的沉降，桩板结构在施工过程产生的的沉降变形可以在施工期间进行调整，因此，对桩板结构受力及列车运营性能产生影响的主要是工后沉降。桩板结构发生沉降后，桩板结构路基上的线路平整度将出现变化，从而对高速列车运营性能产生负面影响，为了保证桩基发生沉降尤其是相邻桩差异沉降后，桩板结构上线路的平整度的改变不致影响列车的正常运行，有必要对桩板结构相邻桩的差异沉降值进行限制，本书针对常用跨径(3×10 m 及 3×7.5 m)桩板结构路基从高速列车运营性能角度对相邻桩基差异沉降容许值进行探讨。

6.3.1 相邻桩差异沉降的模拟

图 6.3-1 为三跨一联桩板结构示意图(同沪杭高铁工点 1)。为模拟相邻桩发生差异沉降,以沪杭高铁松江段桩板结构路基为例,假定 8 号桩基发生一定量值(0～10 mm)的沉降,而相邻的 7 号、9 号桩基未发生沉降,计算得到图 6.3-2 所示该联承载板竖向变形曲线,图中相邻桩差异沉降假定为 5 mm,并以此作为由于相邻桩差异沉降所引起的轨道竖向几何不平顺,计算列车通过时的动力性能。

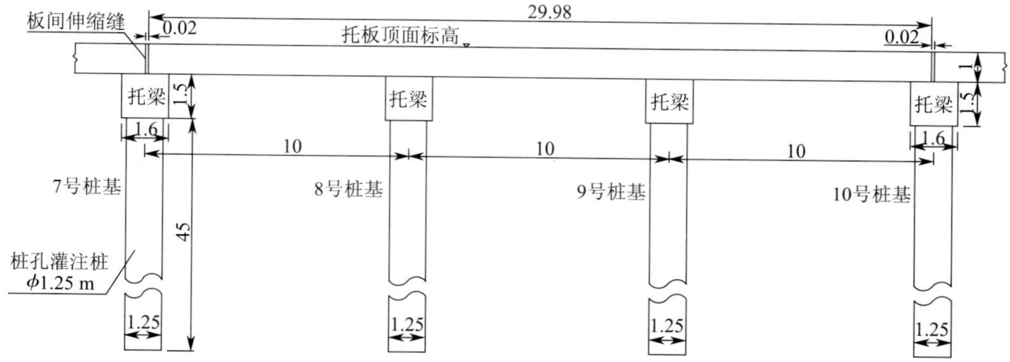

图 6.3-1 三跨一联桩板结构(m)

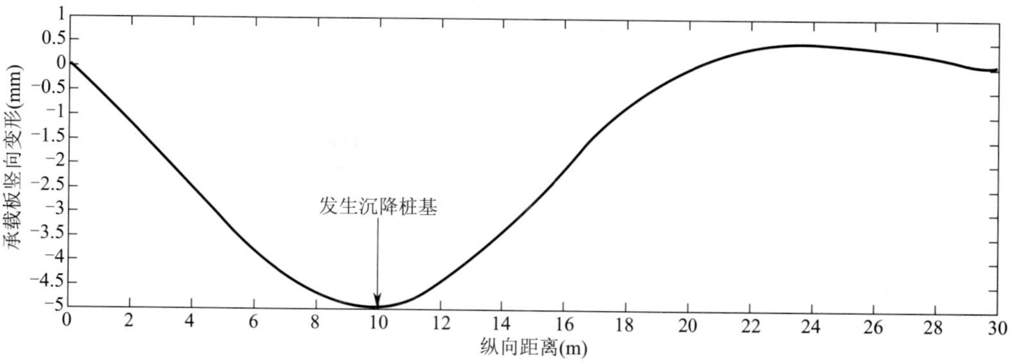

图 6.3-2 桩基差异沉降引起的承载板竖向变形

6.3.2 差异沉降的桩板结构路基的运营性能

1. 跨径为 10 m 桩板结构(结构布置与构造参数同沪杭高铁桩板结构路基)

表 6.3-1～表 6.3-3 分别表示 ICE3 型列车以时速 420 km 通过相邻桩发生不同量值差异沉降的桩板结构路基时的列车运营性能参数的最大响应统计值(轨道动力不平顺样本数为 30 个)及其评判指标。

表 6.3-1 高速列车通过相邻桩发生差异沉降的桩板结构路基时轮重减载率计算值统计指标

统计指标 \ 差异沉降(mm)	0	2	4	5	6	8	10
最大值$(\Delta P/P)_{max}$	0.799	0.807	0.815	0.818	0.823	0.863	0.929
最小值$(\Delta P/P)_{min}$	0.473	0.479	0.476	0.471	0.462	0.473	0.495
均值$(\Delta P/P)_{mean}$	0.580	0.592	0.601	0.604	0.609	0.630	0.667
均方差 σ	0.075	0.075	0.081	0.090	0.094	0.104	0.107
$(\Delta P/P)_{5\%}$	0.728	0.738	0.759	0.780	0.794	0.832	0.876
规范容许值	0.8						

表 6.3-2 高速列车通过相邻桩发生差异沉降桩板结构路基时车体竖向加速度计算值统计指标(g)

统计指标 \ 差异沉降(mm)	0	2	4	5	6	8	10
最大值$(A_v)_{max}$	0.045 1	0.045 1	0.056 6	0.064 7	0.072 1	0.087 8	0.104 9
最小值$(A_v)_{min}$	0.024 2	0.024 6	0.027 1	0.039 4	0.043 0	0.058 9	0.074 9
均值$(A_v)_{mean}$	0.031 4	0.034 8	0.045 2	0.052 5	0.059 0	0.075 2	0.090 9
均方差 σ	0.005 0	0.004 7	0.007 3	0.006 9	0.007 6	0.007 6	0.008 1
$(A_v)_{5\%}$	0.041 2	0.044 1	0.059 5	0.066 0	0.074 0	0.090 0	0.106 8
规范容许值	0.13						

表 6.3-3 高速列车通过相邻桩发生差异沉降桩板结构时车体竖向 Sperling 指标计算值统计参数

统计指标 \ 差异沉降(mm)	0	2	4	5	6	8	10
最大值$(W_v)_{max}$	2.111	2.188	2.380	2.462	2.601	2.803	3.247
最小值$(W_v)_{min}$	1.747	1.719	1.847	2.062	2.080	2.377	2.547
均值$(W_v)_{mean}$	1.905	1.968	2.141	2.238	2.334	2.555	2.764
均方差 σ	0.098	0.113	0.117	0.109	0.122	0.122	0.161
$(W_v)_{5\%}$	2.098	2.190	2.369	2.451	2.573	2.794	3.081
规范容许值	$W\leqslant 2.50$ 优 $2.50<W\leqslant 2.75$ 良 $2.75<W\leqslant 3.00$ 合格						

图 6.3-3(a)～图 6.3-5(a)分别表示高速列车通过相邻桩发生差异沉降的 3×10 m桩板结构路基时轮重减载率、车体竖向加速度及列车竖向 Sperling 指标最大响应统计值(保证率为 95%)与相邻桩差异沉降值的关系曲线。

2. 跨径为 7.5 m 桩板结构

参照沪杭高铁桩板结构路基的设计，拟定 3×7.5 m 一联桩板结构，承载板厚度取为0.75 m(厚跨比为 1/10)。

表 6.3-4～表 6.3-6 分别表示 ICE3 型列车以时速 420 km 通过相邻桩发生不同量值差异沉降的桩板结构路基时的列车运营性能参数的最大响应统计值(轨道动力不平顺样本数为 30 个)及其评判指标。

表 6.3-4　高速列车通过相邻桩发生差异沉降的桩板结构路基时轮重减载率计算值统计指标

差异沉降(mm) 统计指标	0	2	4	5	6	8	10
最大值$(\Delta P/P)_{max}$	0.670	0.670	0.670	0.670	0.670	0.670	0.676
最小值$(\Delta P/P)_{min}$	0.309	0.304	0.303	0.324	0.308	0.308	0.339
均值$(\Delta P/P)_{mean}$	0.426	0.425	0.432	0.438	0.444	0.473	0.526
均方差 σ	0.090	0.090	0.090	0.084	0.085	0.087	0.090
$(\Delta P/P)_{5\%}$	0.602	0.602	0.609	0.603	0.610	0.644	0.701
规范容许值	0.8						

表 6.3-5　高速列车通过相邻桩发生差异沉降桩板结构路基时车体竖向加速度计算值统计指标(g)

差异沉降(mm) 统计指标	0	2	4	5	6	8	10
最大值$(A_v)_{max}$	0.045 8	0.050 4	0.070 7	0.076 2	0.084 8	0.102 2	0.119 8
最小值$(A_v)_{min}$	0.019 2	0.024 5	0.028 6	0.031 7	0.039 5	0.055 9	0.073 3
均值$(A_v)_{mean}$	0.031 3	0.035 3	0.047 4	0.054 9	0.063 3	0.080 0	0.097 0
均方差 σ	0.005 5	0.006 7	0.010 6	0.010 1	0.010 1	0.010 2	0.010 2
$(A_v)_{5\%}$	0.042 1	0.048 4	0.068 1	0.074 6	0.083 0	0.100 0	0.117 0
规范容许值	0.130 0						

表 6.3-6　高速列车通过相邻桩发生差异沉降桩板结构时车体竖向 Sperling 指标计算值统计参数

差异沉降(mm) 统计指标	0	2	4	5	6	8	10
最大值$(W_v)_{max}$	2.118	2.219	2.335	2.445	2.551	3.052	3.277
最小值$(W_v)_{min}$	1.706	1.717	1.812	1.912	2.024	2.244	2.435
均值$(W_v)_{mean}$	1.903	1.964	2.128	2.243	2.355	2.632	2.851
均方差 σ	0.105	0.111	0.123	0.120	0.125	0.192	0.203
$(W_v)_{5\%}$	2.108	2.182	2.368	2.478	2.600	3.008	3.248
规范容许值	$W \leqslant 2.50$ 优　$2.50 < W \leqslant 2.75$ 良　$2.75 < W \leqslant 3.00$ 合格						

图 6.3-3(b)～图 6.3-5(b)分别表示高速列车通过相邻桩发生差异沉降的 3×7.5 m 桩板结构路基时轮重减载率、车体竖向加速度及列车竖向 Sperling 指标最大响应统计值(超越概率为 5%)与差异沉降值的关系曲线。

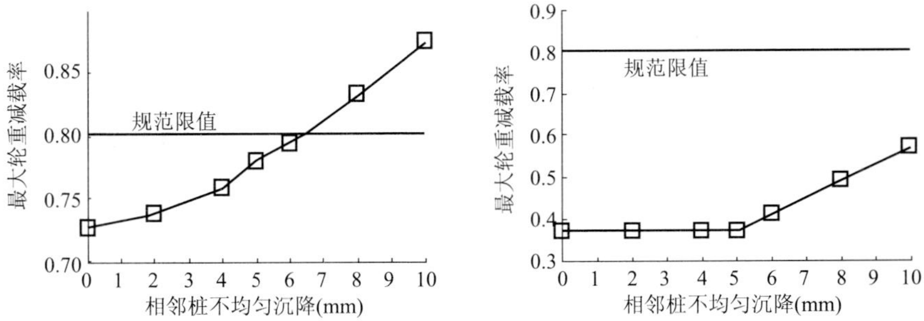

(a) 3×10 m桩板结构　　(b) 3×7.5 m桩板结构

图 6.3-3　轮重减载率与相邻桩差异沉降关系曲线

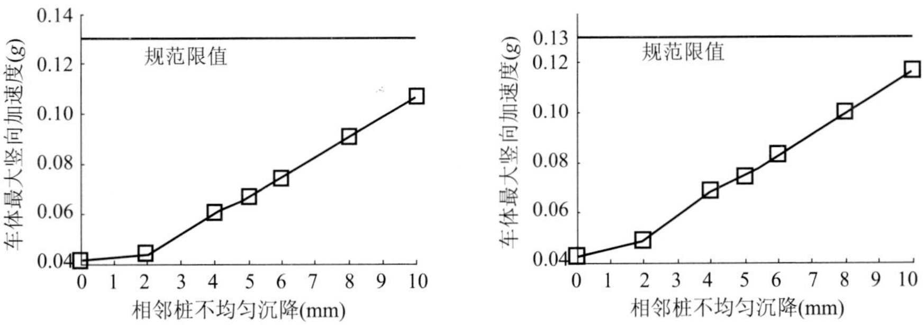

(a) 3×10 m桩板结构　　(b) 3×7.5 m桩板结构

图 6.3-4　车体竖向最大加速度与相邻桩差异沉降关系曲线

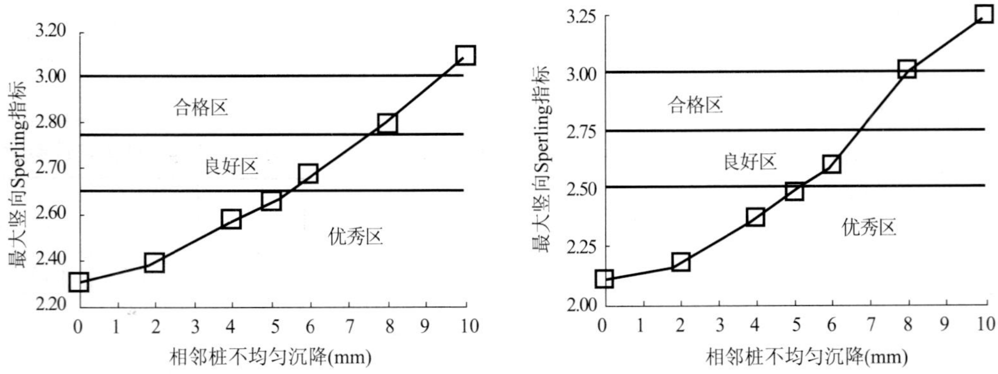

(a) 3×10 m桩板结构　　(b) 3×7.5 m桩板结构

图 6.3-5　车体最大 Sperling 指标与相邻桩差异沉降关系曲线

3. 桩板结构相邻桩差异沉降对高速列车运营性能影响

综合表 6.3-1～表 6.3-6 及图 6.3-3～图 6.3-5 可知，桩板结构相邻桩基差异沉降值的加大，将导致轮重减载率、车体竖向加速度及竖向 Sperling 指标增大。

从表 6.3-1 及图 6.3-3(a)可看出，对于 3×10 m 一联桩板结构路基，当相邻桩基差异沉降值小于 4 mm 时，轮重减载率随差异沉降值增大而缓慢增加，但当差异沉降值大于 4 mm 后，则随差异沉降值加大而明显增大，当相邻桩基差异沉降值大于 6 mm时，轮重减载率最大值(保证率为 95%)将超过规范容许值 0.8。

由表 6.3-2、表 6.3-3 及图 6.3-4(a)、图 6.3-5(a)可知，对于 3×10 m 一联桩板结构路基，当相邻桩基差异沉降值小于 2 mm 时，车体竖向加速度及竖向 Sperling 指标也随差异沉降值增大而缓慢增加，但当差异沉降值大于 2 mm 后，则随差异沉降值增大而明显增大，当相邻桩基差异沉降值小于 5 mm 时，车体竖向 Sperling 指标为优秀，当相邻桩基差异沉降值达到10 mm时，车体竖向 Sperling 指标则降为不合格。

从表 6.3-4 及图 6.3-3(b)也可看出，对于 3×7.5 m 一联桩板结构路基，当相邻桩基差异沉降值小于 5 mm 时，轮重减载率(对应超越概率为 5%)随差异沉降值增大而缓慢增加，但当差异沉降值大于 5 mm 后，则随差异沉降值加大而急剧增大。

由表 6.3-5、表 6.3-6 及图 6.3-4(b)、图 6.3-5(b)也可知，对于 3×7.5 m 一联桩板结构路基，当相邻桩基差异沉降值小于 2 mm 时，车体竖向加速度及竖向 Sperling 指标也随差异沉降值增大而缓慢增加，但当差异沉降值大于 2 mm 后，则随差异沉降值增大而明显增大，当相邻桩基差异沉降值小于 5 mm 时，车体竖向 Sperling 指标为优秀，当相邻桩基差异沉降值达到8 mm时，车体竖向 Sperling 指标则降为不合格。

综上可知，当高速列车通过相邻桩基差异沉降值不大于 5 mm 的桩板结构路基时，列车各项运营性能指标(保证率为 95%)均在相关规范限值范围内，列车竖、横向 Sperling 指标均达到优良标准；而当相邻桩基差异沉降值大于 6 mm 后，则很难确保高速列车安全、平稳运行。

初步结论：

当高速列车通过相邻桩基差异沉降值不大于 5 mm 的桩板结构路基时，列车各项运营性能指标均在相关规范规定的限值范围内，列车竖、横向 Sperling 指标均达到优良标准，高速动车组的运行安全性及乘客舒适性均能得到保证；但当相邻桩基差异沉降值大于 6 mm 后，轮重减载率最大值(保证率为 95%)将超过规范容许值 0.8，即难以确保高速列车安全、平稳运营。

6.4 桩板结构与过渡段路基差异沉降对列车运营性能的影响

由于桩板结构与过渡段(沪杭高铁为桩筏结构)可能为不同的路基结构，其建成后的累计沉降值即工后沉降值也不尽相同，换句话说，在桩板结构与过渡段间存在差异沉降，该差异沉降的发生，将恶化由过渡段至桩板结构路基段线路的平整度，从而对高速列车运营性能产生负面影响，为了确保桩板结构与过渡段发生差异沉降后，线路的平整度的改变不会影响列车的正常运行，有必要对桩板结构与过渡段间的差异沉降值进行限制。

6.4.1 桩板结构与过渡段差异沉降的模拟

图 6.4-1 表示由桩板结构与过渡段间差异沉降导致的轨道面竖向错位模型，即假定过渡段路基沉降 1.5 mm，而桩板结构路基未发生沉降，并以此作为由于桩板结构与过渡段路基间差异沉降所形成的轨道竖向几何不平顺，计算列车通过时的运营性能。

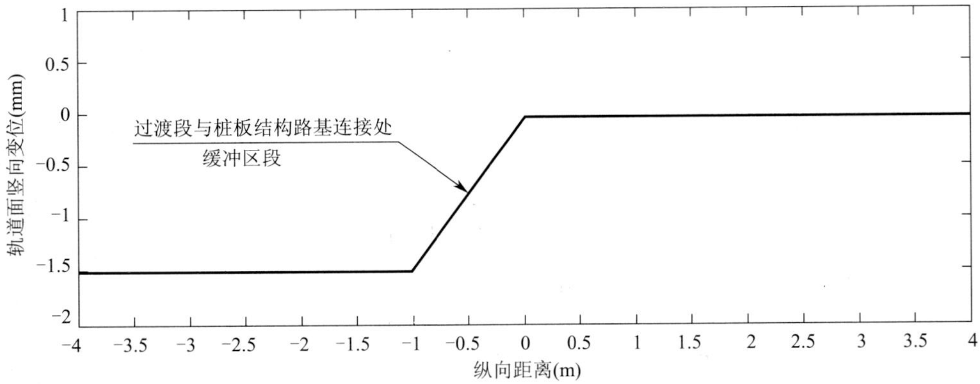

图 6.4-1　由桩板结构与过渡段间差异沉降引起的轨道面竖向错位模型

6.4.2 列车运营性能分析

表 6.4-1～表 6.4-7 分别表示桩板结构与过渡段路基间发生不同量值差异沉降而引起轨面竖向错位后，ICE3 型列车通过时的轮重减载率、脱轨系数、轮轨横向水平力、车体竖横向加速度及 Sperling 指标最大响应值及其评判指标。

图 6.4-2 表示桩板结构与过渡段间发生差异沉降后 ICE3 型列车通过时轮重减载率及车体竖向加速度最大响应值与差异沉降值的关系曲线。

从表 6.4-1～表 6.4-7 可看出，因桩板结构与过渡段间发生差异沉降而导致轨面发生竖向错位后，高速动车组在其上运营，列车运行时速越高，轮重减载率、脱轨系数、轮轨横向水平力、车体竖横向加速度及其 Sperling 指标等列车运营性能响应也越大。

表 6.4-1 桩板结构与过渡段间发生不同量值差异沉降后 ICE3 型列车通过时的轮重减载率最大值

车速(km/h) \ 轨面竖向错位值(mm)	0.5	1.0	1.5	2.0	2.5	3.0
200	0.175 1	0.174 5	0.185 5	0.217 4	0.249 1	0.281 9
250	0.251 7	0.251 1	0.287 6	0.336 7	0.386 4	0.435 9
270	0.285 4	0.285 1	0.334 2	0.391 5	0.447 4	0.505 3
300	0.343 4	0.342 1	0.403 5	0.473 9	0.543 4	0.614 2
350	0.454 8	0.453 4	0.546 6	0.641 7	0.733 7	0.826 8
370	0.502 1	0.507 3	0.609 8	0.714 3	0.816 6	0.920 2
400	0.578 6	0.587 1	0.708 6	0.828 1	0.950 4	1.000 0
420	0.632 6	0.643 7	0.777 3	0.909 8	1.000 0	1.000 0
规范容许值	0.800 0					

表 6.4-2 桩板结构与过渡段间发生不同量值差异沉降后 ICE3 型列车通过时的脱轨系数最大值

车速(km/h) \ 轨面竖向错位值(mm)	0.5	1.0	1.5	2.0	2.5	3.0
200	0.120 8	0.120 8	0.120 8	0.120 8	0.120 8	0.120 8
250	0.146 8	0.146 7	0.146 8	0.146 8	0.146 8	0.146 8
270	0.155 5	0.155 5	0.155 5	0.155 4	0.155 5	0.155 6
300	0.169 8	0.169 9	0.170 0	0.170 0	0.170 1	0.170 2
350	0.219 8	0.219 9	0.220 0	0.220 1	0.220 2	0.220 2
370	0.236 8	0.236 9	0.237 0	0.237 2	0.237 3	0.237 4
400	0.263 6	0.263 8	0.263 9	0.264 0	0.264 2	跳车
420	0.278 9	0.279 1	0.279 2	0.279 3	跳车	跳车
规范容许值	0.800 0					

表 6.4-3 桩板结构与过渡段间发生不同量值差异沉降后 ICE3 型列车通过时轮轨横向力幅值(kN)

车速(km/h) \ 轨面竖向错位值(mm)	0.5	1.0	1.5	2.0	2.5	3.0
200	16.818	16.815	16.812	16.820	16.815	16.825
250	22.737	22.729	22.720	22.719	22.723	22.742
270	24.621	24.610	24.632	24.627	24.613	24.624
300	26.701	26.667	26.717	26.710	26.705	26.701

续上表

车速(km/h) \ 轨面竖向错位值(mm)	0.5	1.0	1.5	2.0	2.5	3.0
350	29.920	29.920	29.890	29.886	29.909	29.883
370	31.217	31.199	31.194	31.184	31.180	31.186
400	32.883	32.973	33.016	33.113	33.197	跳车
420	34.443	34.517	34.633	34.686	跳车	跳车
规范容许值	50.830					

表 6.4-4　桩板结构与过渡段间发生不同量值差异沉降后 ICE3 型列车通过时车体竖向加速度振幅(g)

车速(km/h) \ 轨面竖向错位值(mm)	0.5	1.0	1.5	2.0	2.5	3.0
200	0.030 0	0.030 2	0.030 4	0.030 8	0.031 6	0.036 1
250	0.035 2	0.035 6	0.036 0	0.036 4	0.038 2	0.044 5
270	0.037 2	0.037 7	0.038 2	0.038 7	0.041 1	0.047 8
300	0.040 3	0.040 8	0.041 6	0.042 6	0.045 4	0.052 7
350	0.045 0	0.046 1	0.047 3	0.048 4	0.051 6	0.059 6
370	0.047 1	0.048 2	0.049 3	0.050 4	0.053 7	0.062 0
400	0.050 2	0.051 2	0.052 2	0.053 3	0.056 6	0.065 3
420	0.052 2	0.053 1	0.054 1	0.055 0	0.058 3	0.067 3
规范容许值	0.13					

表 6.4-5　桩板结构与过渡段间发生不同量值差异沉降后 ICE3 型列车通过时车体横向加速度振幅(g)

车速(km/h) \ 轨面竖向错位值(mm)	0.5	1.0	1.5	2.0	2.5	3.0
200	0.065 3	0.065 3	0.065 3	0.065 3	0.065 3	0.065 3
250	0.074 5	0.074 4	0.074 4	0.074 4	0.074 4	0.074 4
270	0.078 4	0.078 3	0.078 3	0.078 3	0.078 3	0.078 3
300	0.083 1	0.083 0	0.083 0	0.083 0	0.083 0	0.083 0
350	0.091 2	0.091 2	0.091 2	0.091 2	0.091 2	0.091 2
370	0.094 8	0.094 8	0.094 8	0.094 8	0.094 7	0.094 7
400	0.099 9	0.099 9	0.099 9	0.099 9	0.099 9	0.099 9
420	0.103 0	0.103 0	0.103 0	0.103 0	0.103 1	0.103 0
规范容许值	0.1					

表 6.4-6 桩板结构与过渡段间发生不同量值差异沉降后 ICE3 型列车通过时车体竖向 Sperling 指标

轨面竖向错位值(mm) 车速(km/h)	0.5	1.0	1.5	2.0	2.5	3.0
200	1.839 1	1.836 5	1.835 9	1.836 9	1.839 5	1.843 8
250	1.951 9	1.947 9	1.945 6	1.944 9	1.946 0	1.948 9
270	1.994 2	1.990 0	1.987 3	1.986 3	1.987 1	1.989 4
300	2.054 8	2.050 3	2.047 3	2.045 8	2.045 8	2.047 6
350	2.123 1	2.118 2	2.115 1	2.113 7	2.114 3	2.116 7
370	2.139 5	2.134 4	2.131 3	2.130 1	2.131 0	2.133 9
400	2.166 8	2.161 3	2.157 9	2.156 6	2.157 9	2.168 1
420	2.200 9	2.180 4	2.176 9	2.175 9	2.177 4	2.191 7
规范容许值	$W \leqslant 2.50$ 优 $2.50 < W \leqslant 2.75$ 良 $2.75 < W \leqslant 3.00$ 合格					

表 6.4-7 桩板结构与过渡段间发生不同量值差异沉降后 ICE3 型列车通过时车体横向 Sperling 指标

差异沉降值(mm) 车速(km/h)	0.5	1.0	1.5	2.0	2.5	3.0
200	2.228 5	2.228 6	2.228 6	2.228 6	2.228 7	2.228 7
250	2.390 2	2.390 2	2.390 2	2.390 2	2.390 2	2.390 1
270	2.453 2	2.453 2	2.453 2	2.453 2	2.453 1	2.453 1
300	2.543 7	2.543 8	2.543 9	2.543 9	2.543 8	2.543 8
350	2.677 3	2.677 3	2.677 3	2.677 1	2.676 9	2.676 8
370	2.720 8	2.720 8	2.720 9	2.721 0	2.720 8	2.720 5
400	2.786 6	2.786 6	2.786 4	2.786 3	2.786 0	2.785 7
420	2.826 0	2.826 2	2.826 2	2.826 3	2.826 2	2.826 5
规范容许值	$W \leqslant 2.50$ 优 $2.50 < W \leqslant 2.75$ 良 $2.75 < W \leqslant 3.00$ 合格					

综合表 6.4-1～表 6.4-7 及图 6.4-2 可知，桩板结构与过渡段间差异沉降值的加大，将导致轮重减载率及车体竖向加速度响应幅值增大，但对脱轨系数、轮轨横向水平力、车体横向加速度及竖、横向 Sperling 指标影响不大。当桩板结构与过渡段差异沉降引起的轨面竖向错位值小于 1 mm 时，轮重减载率，随差异沉降值增大而缓慢增加，但当轨面竖向错位值大于 1 mm 后，轮重减载率则随差异沉降值增大而急剧增大，当桩板结构与过渡段差异沉降引起的轨面竖向错位值大于 1.5 mm 时，轮重减载率最大值已超过规范容许值 0.8。

综上可知，当高速列车在桩板结构与过渡段差异沉降引起的轨面竖向错位值不大于1.5 mm的路基上运行时，列车各项运营性能指标均在相关规范限值范围内，列车竖、横向 Sperling 指标均达到合格标准，即能确保高速动车组安全、平稳运行；反之，则很难确保高速列车运行安全。

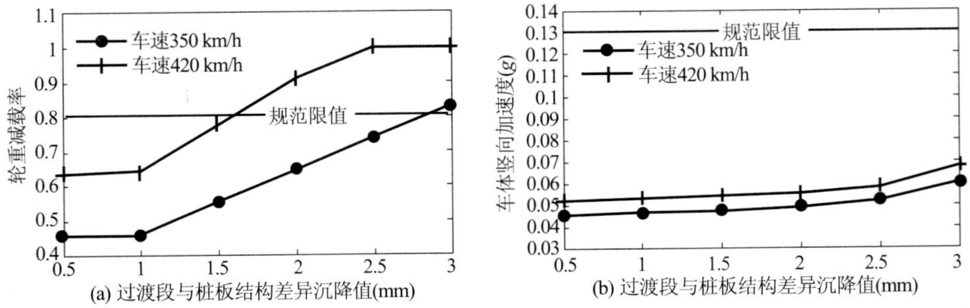

图 6.4-2　轮重减载率及车体竖向加速度与轨面竖向错位值的关系

初步结论：

因桩板结构与过渡段间发生差异沉降而导致轨面发生竖向错位大于 1.0 mm 后，轮重减载率则随竖向错位值的增大而急剧增大，当轨面发生竖向错位值大于 1.5 mm时，轮重减载率最大值已超过规范容许值 0.8。

7　离心模型试验及沉降观测

本章介绍了桩板结构路基的离心模型试验和沉降观测，探讨了桩板结构路基的长期工后沉降的分布规律。

7.1　离心模型试验简介

离心模型试验是通过施加在模型上的离心惯性力使模型的容重变大，从而使模型的应力与原型一致以模拟原型。到目前为止，许多复杂的岩土工程问题，如非饱和土问题、污染介质的迁移问题、非线性破坏过程、地震反应问题等，运用计算机进行理论模拟仍有不少困难，而通过离心模型试验却能得到较直观、清晰的结果。

由于桩板结构路基的承载和变形特征主要受桩土相互作用的影响，而土体应力应变特性从受载开始就呈非线性弹塑性本构关系，桩身混凝土往往处于线弹性状态，因而，须再现由重力控制的土体应力水平，才能较合理地模拟桩土相互作用，从而达到用模型表现原型桩土相互作用的目的。根据近代相对论的原理，重力与惯性力是等效的，而土的性质又不因加速度的变化而改变。因此，土工离心模型试验比通常在静力(重力加速度)条件下的物理模拟更接近于实际。

7.1.1　相似原理简述

离心模型试验的各项参数应与原型有一定的相似关系，才能保证模型的模拟精度。由于土工模型物理条件相似就是制模的材料与原型材料的物理力学特性相似，为了使模型简化而准确，一般采用与原型同样的材料制模。

模型桩按与原型同样强度 C25 微粒混凝土制作，以确保模型桩的弹性模量与原型桩的弹性模量相同；模型路基土、模型地基土均采用与原型相同的土制作，土的弹性模量和剪切模量主要受土体的应力水平控制，将 $1/n$ 缩尺的模型置于离心机提供的 ng 离心加速度的空间能再现原型中土体的应力水平，因而可较好地模拟原型土的弹性模量、剪切模量及泊松比。关于时间比尺的选取简言之有两种情况，对于惯性和重力影响的问题，它们的时间比尺为 $1/n$；有关孔隙流体的黏滞性问题，包括渗流和孔隙水压力的消散等，它们的时间比尺为 $1/n^2$。由于主要考虑土体的固结沉降，因此时间比尺为 $1/n^2$。离心模型主要物理量相似关系如表 7.1 所示。

表 7.1 离心模型主要物理量相似关系

内容	物理量	量纲	模型与原型之比
几何量	长度	L	1∶n
	面积	L^2	1∶n^2
	体积	L^3	1∶n^3
	颗粒尺寸	—	1∶1
材料性质	含水率	—	1∶1
	密度	ML^{-3}	1∶1
	容重	$ML^{-2}T^{-2}$	n∶1
	黏聚力	$ML^{-1}T^{-2}$	1∶1
	内摩擦角	—	1∶1
	渗透系数	LT^{-1}	n∶1
	质量	M	1∶n^2
外部条件	速度	LT^{-1}	1∶1
	加速度	LT^{-2}	n∶1
	集中力	MLT^{-2}	1∶n^2
	均布荷载	$ML^{-1}T^{-2}$	1∶1
	能量、力矩	ML^2T^{-2}	1∶n^2
	频率	T^{-1}	n∶1
性状反应	应力	$ML^{-1}T^{-2}$	1∶1
	应变	—	1∶1
	位移	L	1∶n
	时间	T	—
	惯性(动态)	—	1∶n
	渗透、固结或扩散	—	1∶n^2
	蠕变、黏滞流	—	1∶1

7.1.2 试验误差分析

1. 力场特性

离心模型试验借助于离心惯性力与重力等效的原理，但是离心力场与重力场还是有区别的，从而导致了离心模型试验的近似性。在离心场中，模型受到重力和离心力的联合作用，并且加速度不是一个常数，它随转动半径的增大而增大，且方向为径向向外，与原型重力场不一致。因此，若保持模型底面的应力与原型一致，则顶部的应力就小于原型的应力；相反，若保持顶面的应力与原型一致，则底面就会有较大的应力误差。根据分析，若令模型高 2/3 处的应力与原型一致，则模型中的应力误差达到最小。此外，离心机应力场与重力场的区别不仅在于大小上是变化的，而且其方向是径向的，也就是说，模型上不同位置所受的加速度不相同，从而会引起一定的系统误差。

2. 离心机起动与制动的影响

离心机起动与制动时的加速和减速所引起的切向加速度是原型中没有的，它对试验结果会有一定的影响。若模型加荷过快，地基抵抗变形的能力来不及充分发挥，则会产生过大的剪切变形；同理，快速减荷时，离心机受到惯性力的作用，对边坡的稳定会产生不利的影响。然而若起动或制动时间过长，则会导致模型受力状态与原型受力状态之间出现较大的差异，同样会引起试验结果的误差。所以，应根据试验研究的不同而选择合适的启动或制动速度。

3. 边界效应的影响

离心模型试验中，由于模型箱侧壁摩阻约束的影响，必然会引起边界受力条件或变形条件的改变。如对于地基承载力试验的基础底板，一般要求其宽度不超过模型箱最小边长的 1/5。对于平面应变问题，应保证模型箱有足够的宽度。

4. 粒径效应的影响

离心模型试验粗颗粒的模拟需要解决两个问题，一是合理确定模型材料的最大粒径，避免颗粒过大引起的粒径效应的影响；另一方面是对超粒径颗粒采取合适的缩尺方法，使模型材料不致因缩尺而引起土体工程性质的明显改变。目前，超粒径颗粒的缩尺方法大体上有四种，即剔除法、等量替代法、相似级配法和混合法。总体说来，关于模型材料缩尺影响的认识还不充分，这方面的定量研究成果还比较少，实际模型试验时选取何种缩尺方法更为科学，尚应根据实际材料的特点适当地选用。

5. 土样制备的影响

为充分考虑土的结构性及土的应力历史对土应力应变性状的影响，可以从现场取原状土样制模进行试验。它可以一定程度地考虑地基土实际的物理力学性质，但小尺寸的原状试样往往并不能代表整个地基剖面的情况，而且原状土样中存在的诸如结构、裂隙、夹层等宏观组构在模型中也不能按相应的几何尺寸缩小，因此，模型与实际的地层分布仍有较大的差异。用重塑土在高速旋转的离心机中制备土样，可以比较好地模拟土的欠固结、正常固结及超固结状态，试验成果也有较好的可比性。

6. 局部模型的模拟问题

对于某些规模过大的岩土工程，要整体模拟原型是不可能的，这时可根据研究的目的，选取其中一部分断面进行研究。在进行局部模型试验后，应对该局部模型及原整体断面在相同的条件下进行有限元计算，求得两者的应力、变形和其他参数，比较两者的异同，并将该比较用于局部模型试验的分析中，这样就可以对局部模型试验成果进行恰当的处理，并用于实际工程中。

7. 动态模拟技术

在离心模型试验中，为了更真实地反应实际工程的运行状况，常需要对模型进行加、卸荷，如边坡开挖、地基上的加载及开挖、土石坝填筑等，都存在此类问题。因而如何模拟建筑物的加、卸荷路径是关系到该项技术能否准确反映实际工程状况的关键，而对此进行模拟时，应当在离心机运转的情况下进行，不宜在开机前或中途停机的静态下进行。

7.2 模型设计

7.2.1 相似比的确定

为了提高试验精度，模型比例尺应尽可能取大值；为了能完全模拟较高、较宽的路堤，减小边界效应的影响，模型比例尺又不能取得太大。试验工点路堤底面宽约 60 m，而模型箱宽为 80 cm，所以要进行路基全断面模拟，模型比例尺应大于 75。模型比例尺由路堤宽度方向尺寸决定。若模型比例尺取 80，则模型中路堤底宽为 70 cm；模型箱长为 80 cm，两边各余宽 5 cm。按此比例尺制作的模型，边坡坡脚将在一定程度上受边界效应影响，但我们关心的是路基面的沉降变形，模型的水平变形小，且软弱土层较薄，边界效应对路基面的竖向沉降影响相对较小，故模型比例尺取为 80。

7.2.2 地基模型制作

模型地基采用现场取土制作，根据地质条件将地基分为两层，下层厚为 6.8 m 的持力层(泥岩夹砂岩)和上层厚为 6.2 m 的松软土层。模型中土层厚度按模型比例尺换算即可。按土层从下往上的顺序依次填入模型箱。

(1)取现场泥岩晒干、粉碎、过 2 mm 筛，含水量率 10%左右，按容重 $\gamma=22.0\ kN/m^3$，在模型箱内分层填筑成 800 mm×600 mm×85 mm 的长方形实体。

(2)取现场松软土,经过晒干、粉碎、过 2 mm 筛。填筑时按含水率 $w=31.7\%$,容重 $\gamma=18.6\ kN/m^3$ 控制,在模型箱内分层填筑成 800 mm×600 mm×65 mm 的长方形实体;然后进行固结,固结按强度进行控制,强度指标为 $c=16.55\ kPa$, $\varphi=13.4°$(天然快剪指标)。

7.2.3 路堤模型制作

路堤采用现场所取土样制作,其主要物性指标 $G_s=2.71$,$\gamma_{dmax}=21.64\ kN/m^3$,$w_{opt}=8.66\%$。将其粉碎后按最佳含水率配置成路堤填料,按 0.95 的压实系数分层压实制作好路堤。在模型箱地基模型上分层填筑成 800 mm×600 mm×150 mm的长方形实体后,再按照路堤实际形状切削成型,路堤填筑过程中需要预留桩孔。

7.2.4 桩、板结构模型制作

模型桩采用水泥、细砂制作。桩的埋设若采用钻孔的方法,由于路堤填土压实后密度高,硬度大,很难保证桩的垂直度以及桩间土的完整性。因此,试验中采用预埋的方法。按模型比例尺换算得出在模型中桩径为 15 mm,因此,先在模型中预定位置安放外径为 15 mm 的钢管,整个路堤填筑完成后,再拔出钢管插入水泥桩。插入前通涂 AB 胶一层,以模拟混凝土桩和土之间的摩擦。成桩后再铺上承载板,在桩头上将桩与板用 AB 胶联结,以模拟桩-板之间的固结。

承载板原型尺寸为 4.4 m×0.6 m×30 m,若采用混凝土板模型,则其厚度换算为7.5 mm,制作此厚度的混凝土板比较困难。因此采用相似材料钢板代替,抗弯刚度为相似模型的控制因素。模型板的宽度按模型比例尺缩小,即55 mm。承载板厚度与宽度比值小于1/7,可按薄板进行考虑。在小挠度情况下,薄板的挠度只与材料的抗弯刚度有关。若原材料和相似材料的抗弯刚度 EI 值保持相等,就可使两者变形效果等效。原材料和代用材料模拟薄板的抗弯刚度分别表示为:

$$E_m I_m = E_m \cdot \frac{t_m^3}{12(1-\mu_m^2)}$$

$$E_p I_p = E_p \cdot \frac{t_p^3}{12(1-\mu_p^2)}$$

式中 E——弹性模量;

t——板的厚度;

μ——泊松比。

$$t_m = \sqrt[3]{\frac{E_p(1-\mu_m^2)}{E_m(1-\mu_p^2)}} \cdot t_p$$

由此可得钢板模型和混凝土板模型的厚度换算关系：

$$t_{钢} = \sqrt[3]{\frac{E_{混凝土}(1-\mu_{钢}^{2})}{E_{钢}(1-\mu_{混凝土}^{2})}} \cdot t_{混凝土}$$

计算如表 7.2-1 所示。

表 7.2-1　混凝土板换算为钢板的计算结果

计算参数及结果 / 模型板种类	弹性模量 E(N/m²)	泊松比 μ	模型尺寸(mm)		线路纵向单位长度重量 (g/cm)
			厚度	宽度	
混凝土板模型	3.1×1 010	0.17	7.5	55	10.31
钢板模型	21.0×1 010	0.30	3.8	55	16.41

最终确定的承载板模型尺寸为厚 3.8 mm、宽 55 mm、长 600 mm、在模型箱中沿线路纵向满铺。线路纵向单位长度重量钢板模型比混凝土板模型大6.1 g/cm，此差异通过减少相应的路堤上部荷载弥补。

7.2.5　路堤上部荷载的模拟

路堤上部荷载包括单线轨道静荷载和列车换算荷载(按中—活载考虑)，采用与轨道板等宽的钢板按重量相等原则来模拟。模型荷载大小按照模型比例尺换算，其中路堤上部荷载的换算值应进行修正，即减去承载板钢板模型比混凝土板模型线路纵向单位长度重量多出的部分，并依据此值来确定钢板的厚度；钢板的宽度直接按模型比例尺将实际轨道板宽度缩小即可。计算结果如表 7.2-2 所示。

表 7.2-2　荷载换算

计算参数及结果	线路纵向单位长度路堤上部荷载(g/cm)	线路纵向单位长度路堤上部荷载修正值(g/cm)	模型尺寸	
			宽(mm)	厚(mm)
原型	2.0×10^5	—	—	—
模型	31.23	25.13	45	7.1

采用厚 7.1 mm，宽 45 mm，长 600 mm 的钢板模拟路堤上部荷载，在模型箱中沿线路纵向满铺。

7.2.6　模型尺寸及测点布置

采用电涡流位移计量测路基模型顶面竖向沉降，以观测路基模型在模拟放置和长期使用过程的沉降发展状况；采用应变片测量桩身应变。模型测点布置如图 7.2-1、图 7.2-2所示。

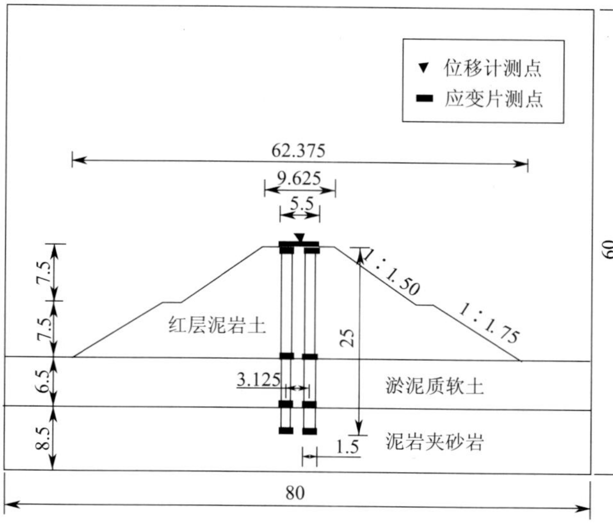

图 7.2-1 模型尺寸及测点布置横断面图(cm)

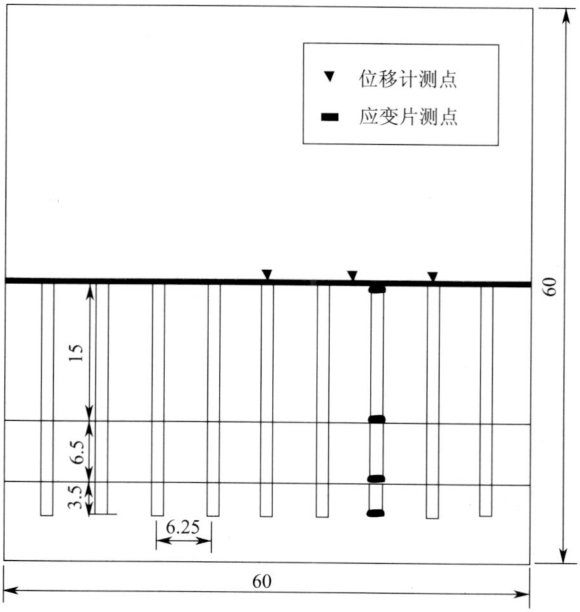

图 7.2-2 模型尺寸及测点布置纵断面图(cm)

7.2.7 模型试验步骤

模型试验主要步骤包括：

(1)数据采集系统运行,位移传感器最佳位置的调整,记录各通道传感器的初始读数;

(2)在不施加路堤上部荷载的情况下，离心机开机运行至设计加速度 80g，并在 80g 离心场中运行 34 min，以模拟路基原型施工完成后放置 5 个月的过程；

(3)在施加路堤上部荷载的情况下，离心机开机运行至设计加速度 80g，并在 80g 离心场中运行 243 min，以模拟路基原型使用 3 年的过程；

(4)停机结束试验运行，数据采集系统一直工作到离心机停稳为止。

7.3 试验结果分析

根据相似准则，将模型试验测试的路基面累积沉降、沉降板沉降、时间以及桩身应变均换算成原型值，并作如下分析。

7.3.1 路堤土及地基土参数分析

表 7.3 为离心模型试验前后路堤填土和地基土物理力学性质指标的实测值。从表7.3中可以看出，各种土的含水率均减小，其中，淤泥质黏土含水率减小幅度较大；容重均有微小的增大；淤泥质黏土由于固结作用，强度有了明显提高。

表 7.3 路堤填土及地基土物理力学性质指标

土名			含水率(%)	容重(kN·m^{-3})	黏聚力 c(kPa)	内摩擦角 φ(°)
路堤填土	红层泥岩土	试验前	8.71	22.48	—	—
		试验后	8.34	22.52	—	—
地基本	淤泥质黏土	试验前	29.68	19.39	14.37	10.20
		试验后	21.21	20.60	19.26	13.90
	泥岩夹砂岩	试验前	10.12	23.26	—	—
		试验后	9.78	23.44	—	—

7.3.2 路基沉降试验结果

图 7.3 为试验所得路基面累积沉降时程曲线。可以看出，路基放置 5 个月，路基面总沉降为 1.04 mm。其中，第 1 个月发生沉降0.41 mm；第 2、3、4 个月发生沉降均为 0.21 mm；第 5 个月基本上已无沉降。沉降速率在 5 个月内逐步降低并且在第 5 个月减为零，即桩板结构路基施工完成后放置 5 个月，其沉降基本达到稳定。路基使用 3 年后，路基面总沉降为10.98 mm。

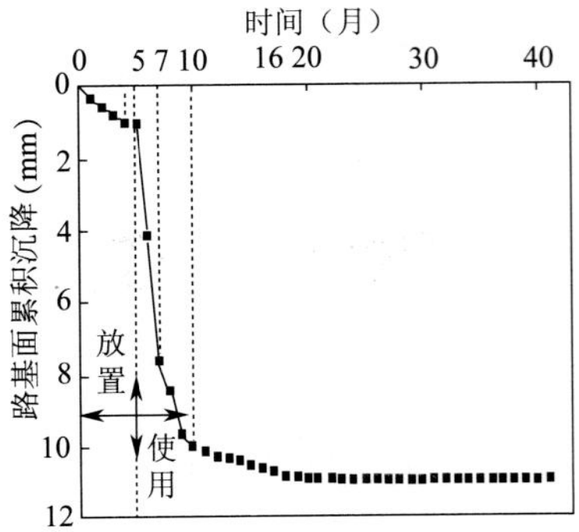

图 7.3 路基面累积沉降时程曲线

在路基运营使用阶段，采用钢板配重来模拟列车荷载，第1、2个月沉降发展较快，平均沉降速度为2.79 m/月；第3到第6个月沉降发展减缓，平均沉降速度为0.73 mm/月；第7个月后已经基本没有沉降发生，沉降达到稳定。

7.4 沉降观测

7.4.1 测试仪器及测试方法

路基沉降观测均采用精密电子水准仪，数字水准仪读记至0.01 mm，在天气炎热的夏季和雾大的冬季必须进行温度及天气修正来减小测量误差。无砟轨道桩板结构路基工程水准观测路线按国家二等水准观测精度要求形成附合水准路线，沉降观测点位布设及水准路线观测示意图如图7.4-1所示（深埋式或浅埋式桩板结构路基），非埋式桩板结构沉降观测点直接设置在托梁上（两端及中部），且无需设置沉降板。

基准点（工作基点）为各个测点的高程参考点，其合理选择尤为重要。基准点应该保证各个测点间通视，并考虑施工的影响，满足测量方便以及稳固可靠不被移动等要求。选择好基准点，作好标记和保护措施。

每次测量数据包括测点相对于基准点的高差，测点与基准点间的水平距离，反光镜尺高读数；并作好测试情况记录，包括日期、天气、测试人员、记录人员、测点和基准点的状况描述，以备处理数据所需。在误差处理后，当次测试得到的测点相对于基准点的相对高程减去上一次该测点相对于同基准点的相对高程就得到上一次到当次时间段内测点的沉降量。

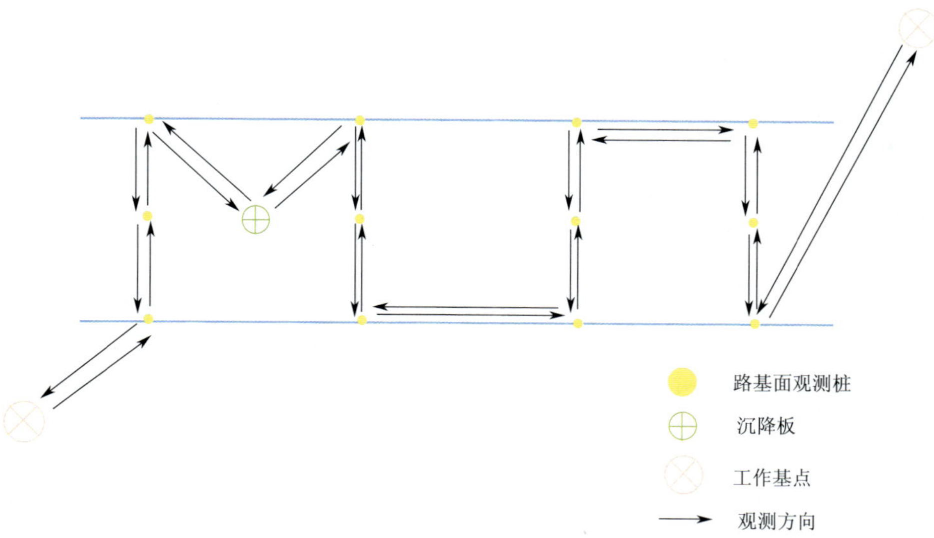

图7.4-1 无砟轨道桩板结构路基工程沉降观测点位布设及水准线路观测示意图

7.4.2　观测频度

对于深埋式或浅埋式桩板结构路基，路基沉降观测的频次不低于表 7.4-1 的规定。

表 7.4-1　路基沉降观测频次

观测阶段	观测频次	
托梁施工完成	设置观测点，进行首次观测	
承载板施工	荷载变化前后各 1 次或 1 次/周	
填筑	一般	1 次/d
	每天填筑量超过 3 层时	1 次/每填筑 3 层
	沉降量突变	2～3 次/d
	两次填筑间隔时间较长	1 次/3 d
路基施工完毕	第 1 个月	1 次/周
	第 2～3 个月	1 次/2 周
	3 个月以后	1 次/月
无砟轨道铺设后	第 1 个月	1 次/2 周
	第 2～3 个月	1 次/月
	3 个月以后	1 次/3 月

注：架桥机(运梁车)通过时观测要求：每 1 次/d，连续 3 次；以后 1 次/1 周；以后 1 次/2 周。

对于非埋式桩板结构路基，每榀托梁从其施工完毕后，就要开始进行沉降首次观测，其后根据表 7.4-2 中要求的时间间隔进行观测。

表 7.4-2　非埋式桩板结构路基沉降观测频次

观测阶段	观测频次			备注
	观测期限	观测周期		
托梁施工完成	—	—		设置观测点，进行首次观测
承载板施工	全程	荷载变化前后各 1 次或 1 次/周		
架桥机(梁运车)通过	全程	前后各 1 次		
附属设施施工	全程	荷载变化前后各 1 次或 1 次/周		
路基主体工程完～无砟轨道铺设前	≥6 个月	1 次/周		
无砟轨道铺设期间	全程	1 次/d		
无砟轨道铺设完成后	24 个月	0～3 个月	1 次/月	工后沉降长期观测
		4～12 个月	1 次/3 个月	
		13～24 个月	1 次/6 个月	

注：1. 测试桩板结构沉降时，应同时记录结构荷载状态、环境温度及天气日照情况。

2. 架桥机(梁运车)通过时观测要求：第一次通过和第二次通过前后均需要观测，其后每 1 次/ d，连续 2 次；其后每 1 次/3 d，连续 3 d，以后 1 次/周。

3. 通车后可通过设置在基准台上的电测位移计对布置在托梁上的观测点的沉降值进行测试记录(图 7.4-2)。

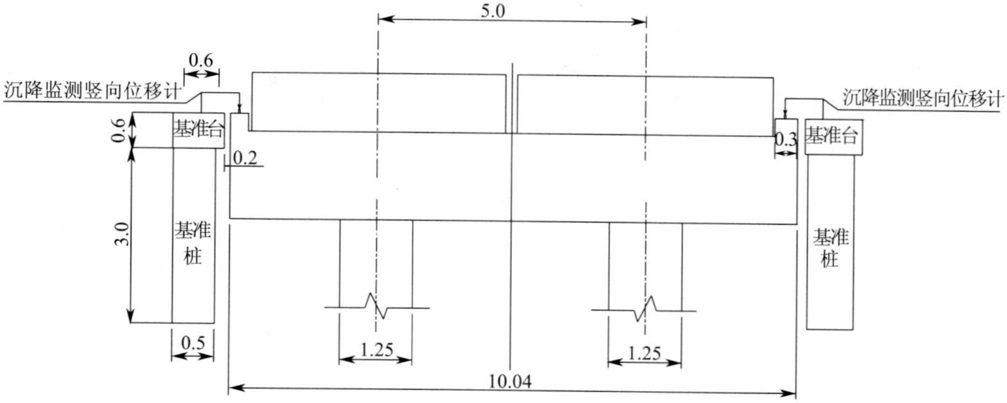

图 7.4-2　采用竖向位移计监测托梁沉降(m)

7.4.3　桩板结构路基沉降观测结果

对桩板结构路基面承载板沉降观测数据分析，可得桩板结构在路基面施工完成后 7 个月的沉降量，图 7.4-3 表示桩板结构路基放置期间路基面的沉降。

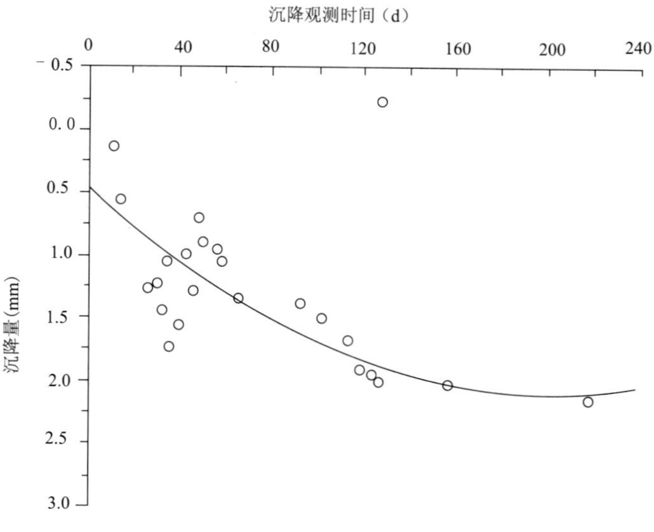

图 7.4-3　路基面的沉降

从图 7.4-3 可看出，桩板结构路基放置前 3 个月，沉降斜率较大，沉降较快，放置 5 个月后路基面沉降达到稳定，路基面累积沉降为 2.0 mm。由此可知，桩板结构有效地控制了路基的工后沉降，是一种有效的路基加固工法。

初步结论：

①桩板结构路基放置 5 个月后路基面沉降达到稳定，路基面累积沉降为 1.04 mm，放置期间产生的沉降占总累积沉降量的 9.5%；采用钢板配重来模拟列车荷载，半年左右路基面沉降达到稳定。

②桩板结构有效的控制了路基的工后沉降，是一种有效的路基加固工法。

③需进一步加强高速铁路桩板结构路基工后沉降的观测，以探寻桩板结构路基的总沉降尤其是其工后沉降的规律，深入探讨桩板结构路基的沉降计算方法。

8 施工质量控制

由于桩板结构构造相对较简单，其施工过程为土石方工程、桩基工程、钢筋混凝土及模板工程的组合，这其中的每一项也都是比较成熟的施工技术，其所需要的机械设备也是非常普及甚至可以说是每个项目现场必备的，一般不必另外购置或租赁，因此，在了解其施工组织要点后配以适当的质量控制，顺利完成施工任务难度并不大。

8.1 基本要求

根据桩板结构路基的构造，其施工流程一般为：路堑开挖（或路堤填压）→冲击碾压（或加固搅拌桩施工）→平整场地→灰土层施工→桩基施工→混凝土垫层施工→托梁施工→承载板施工等。

图 8.1-1 中支点处托梁与承载板刚接图

8.1.1 桩基

施工前及施工期间应采用适宜的方法和手段加强地质资料核对（含地下水），并报设计和建设单位，经设计单位确认，建设单位审批后方可正式施工，如发现与设计不符，应及时通知设计单位。

施工前应根据桩基形式、桩长、桩底及桩顶高程、水文、地质条件、环保要求，结合现场具体情况，编制实施性施工组织设计和施工工艺细则。

图 8.1-2　边支点处托梁与承载板搭接

桩基施工前应进行成桩工艺试验，以确定施工工艺参数。

钢筋混凝土灌注桩施工完成 28 d 后应采用低应变反射波法对全部桩基进行成桩质量检测，对桩径不小于 2 m 或长度大于 40 m 或复杂地质条件下的桩，应对全部桩基采用声波投射法进行检测，不容许出现不合格桩。一般，每根桩设置不少于 3 根声测管，采用内径 50～60 mm、壁厚不小于 1.5 mm 的钢管制作，下端封闭、上端加盖、管内无异物，声测管连接处应光滑过渡，管口应高出桩顶 100 mm 以上，且各声测管管口高度宜一致，检测完毕后回灌 M30 水泥砂浆。

特殊条件下的摩擦桩，施工完成 28 d 后应进行单桩荷载试验，单桩荷载试验的桩数不少于全部桩数的 0.5%，且每一工点不少于 1 根。

由于桩板结构每个托梁下的桩基根数较少，且桩基中心分别位于左右线路中心，非群桩结构，因此每根桩的作用都极其重要，自埋设护筒开始直至混凝土灌注完毕整个过程，每根桩各项指标均严格执行规范要求，尤其要注意钻进嵌岩后的记录和渣样留取及高标准要求清孔后沉渣厚度，确保桩端持力稳固有效和桩身均匀连续。

8.1.2　托梁

托梁的施工工艺流程为：基坑开挖、凿除桩头、桩基无损检测、钢筋绑扎、立模、灌注混凝土、拆模养护、基坑回填。

凿除桩头时，应符合下述规定：

(1)当桩身混凝土强度达到 80%以上时，方可凿除桩头多余部分；

(2)采用风镐凿除桩头时，禁止猛烈冲击，防止损伤桩身；

(3)距桩顶 20 cm 范围内的桩头采用人工凿除，以确保桩头质量，最后将桩头冲洗干净；

(4)应确保桩体深入托梁的长度及桩顶主筋锚入托梁的长度符合设计要求。

托梁施工完成 28 d 后，应采用无破损检测方法对托梁及承载板的质量进行检测和评价。对每一榀托梁都应采用经监理工程师同意的无破损法进行检测，质量检测合格后，方可进行下道工序的施工。

托梁与承载板采用刚接时，在托梁浇筑时对托梁顶面作刷毛处理，桩主筋穿过托梁锚入承载板，锚入长度应符合设计要求。托梁与承载板采用搭接时，托梁与承载板间宜设置聚酯长丝复合聚乙烯土工膜滑动层或两层油毛毡，以减小混凝土收缩徐变及温度应力的影响。图 8.1-1 为中支点处托梁与承载板刚接图，图 8.1-2 为边支点处托梁与承载板搭接。

8.1.3　承载板

承载板亦称梁板，在托梁与板下垫层完成后施工。主要施工步骤为：安装板缝沥青木板→铺设边支点托梁处板下两层油毛毡或聚酯长丝复合聚乙烯土工膜滑动层→预埋托梁与板的连接钢筋导管→制作安装板梁钢筋→板梁模板安装→预埋传力构件→质量检查→浇筑混凝土。

施工时应注意以下几点：

(1)承载板间伸缩缝采用沥青木板填塞，上部采用止水条防水，缝顶用乳化沥青封闭。

(2)托梁处伸入板梁中的 ϕ50 mm 预埋连接钢筋应进行防锈处理，并用不锈钢管制作成内边尺寸为 50 mm×60 mm、壁厚 2 mm 的钢筋套管将该部分连接筋套住，长边顺线路方向，顶端封口，在混凝土浇筑前预埋好。安装套管的作用是约束板的横向移动，同时允许纵向有小量活动余地。

(3)边支点托梁与承载板接触部分在安装板梁钢筋前要先铺上两层油毛毡或聚酯长丝复合聚乙烯土工膜滑动层。

(4)在适当位置安设足够数量、同强度等级混凝土垫块，应保证最外侧钢筋的混凝土净保护层厚度不小于 4 cm。

(5)板梁与轨道结构的连接采用环氧砂浆锚入销钉(ϕ40 圆钢)连接，安装板梁钢筋时，要适当调整钢筋位置预留出销钉位置，以防钻销钉孔时损坏钢筋。

(6)灌注混凝土前在板梁端部埋设传力构件，传力杆采用 ϕ50 mm 圆钢，长 45 cm，间距50 cm，活动端涂防锈漆，用 10 cm 长塑料管套上，塑料管留 3 cm 填以纱头等物以保证活动余地。

(7)确保每块板梁混凝土灌注的连续性，并捣固到位。

8.2　验 收 标 准

模板及支架的材料质量及结构应符合施工工艺设计要求。模板安装应稳固牢靠，接缝严密，不得漏浆。模板与混凝土的接触面应清理干净并涂刷隔离剂。浇筑混凝土前，模板内的积水和杂物应清理干净。钢筋原材料、加工、连接和安装应按设计及相关规范执行，混凝土原材料、配合比设计和施工的检验应符合有关规范规定，桩板的允许偏差、检验数量及检验方法如表 8.2 所示。

表 8.2　桩板的允许偏差、检验数量及检验方法

序号	项目	容许偏差	施工单位检验数量	检验方法
1	桩板平面尺寸	−30 mm +30 mm	按桩板数量 5%抽样检验	每块长、宽 各测量 2 点
2	桩板厚度	−20 mm +30 mm		每块尺量 4 点
3	中心位置	15 mm		测量纵横 2 点

质量检测：

(1)桩板结构质量检测内容包括桩基的单桩竖向承载力及各构件的完整性和均匀性。

(2)钢筋混凝土钻孔灌注桩施工完成 28 d 后应采用低应变反射波法对全部桩基进行成桩质量检测，长度大于 40 m 或复杂地质条件下的桩，应采用声波透射法进行检测。

(3)特殊条件下的摩擦桩，施工完成 28 d 后应进行单桩荷载试验，单桩荷载试验的桩数不少于全部桩数的 0.5%，且每一工点不少于 1 根。

9 设计方面的建议

桩板结构可用于基础变形控制严格的深厚软弱地基、湿陷性黄土地基、桥隧间短路基过渡段、岔区路基及既有路基加固、岩溶及采空区地基处理等，由钢筋混凝土桩、托梁和承载板(托梁式)，或钢筋混凝土桩和承载板(独立墩柱式)组成，钢筋混凝土桩一般选用机械成孔灌注桩，也可采用预制打入(压入)桩。桩板结构各构件耐久性设计应符合有关铁路混凝土结构耐久性设计规范等的规定。综合前述的主要内容，可以得出以下的初步建议。

9.1 结构形式

桩板结构按其构造形式可分为独立墩柱式、托梁式及复合式三种。独立墩柱式为桩基与承载板直接刚性连接的结构，如图 1.1-2、图 1.1-3 所示；托梁式则首先通过托梁横向连接桩基，其上再与承载板相连，如图 1.1-1 所示；复合式则为独立墩柱式、托梁式的组合结构，其中跨采用独立墩柱式，边跨为托梁式。

桩板结构根据连接方式、组合形式及设置位置的不同，分为非埋式、浅埋式及深埋式三种。非埋式桩板结构承载板与上部轨道结构直接连接，宜采用托梁式结构，如图 1.1-1 所示；浅埋式桩板结构承载板上部通过基床表层与轨道结构连接，如图 1.1-2 所示；深埋式桩板结构设置在路堤基底，承载板上部为填方路基，如图 1.1-3 所示；浅埋式及深埋式桩板结构可采用独立墩柱式结构。

高速铁路桩板结构宜采用托梁式；结构布置宜为三跨或三跨以上一联，在年整体环境温差较小地区，宜采用三跨以上一联，而在结构整体升降温较大的地区，每联跨数不宜太多；对于三跨一联桩板结构，边中跨跨径比宜取为 0.8 左右；承载板上下行宜分幅，单幅板下桩基形心线宜于承载板上轨道中心线重合；每联边支点桩与承载板通过托梁连接，托梁与桩刚性连接，承载板与托梁搭接，中支点桩与托梁和承载板三者刚接，相邻联的承载板间设置伸缩缝。

桩板结构的布置应符合下列规定：

桩板结构承载板跨度宜为 5～15 m，厚度宜为 0.6～1.5 m，灌注桩桩径宜为 0.8～1.25 m。同一跨(联)桩基中，不应同时采用摩擦桩和柱桩，且不宜采用不同直径、不同材料和长度相差过大的桩。双线铁路非埋式及浅埋式桩板结构的横向桩间距宜与铁路线间距保持一致。非埋式桩板结构应用于无砟轨道地段时，承载板的长度应与其上轨道板分块长度的模数相对应，即为轨道板分块长度的整数倍。

9.2　设计荷载

钢筋混凝土桩板结构宜按容许应力法进行设计；根据结构自身的特性，可按表 9.2所列的荷载，按最不利组合工况进行设计，各分项荷载计算可参考《高速铁路设计规范(试行)》(TB 10621—2009)及《铁路桥涵设计基本规范》(TB 10002.1)有关条款；结构设计应考虑主力与一个方向(沿线路或横线路方向)的附加力组合；材料基本容许应力和地基容许承载力应根据荷载组合情况乘以不同的提高系数。

表 9.2　桩板结构设计荷载

荷载分类		荷载名称	非埋式	浅埋式	深埋式
主力	恒载	结构构件及附属设备(轨道结构等)自重	√	√	√
		混凝土收缩和徐变的影响	√	√	√
		基础变位的影响	√	√	√
		基床表层自重		√	√
		路基本体及基床底层自重			√
	活载	列车竖向静活载	√	√	√
		列车竖向动力作用	√	√	
		长钢轨纵向水平力(伸缩力和挠曲力)	√		
		离心力	√	√	
		横向摇摆力	√	√	
附加力		制动力或牵引力	√	√	
		风荷载	√	√	
		温度变化的影响	√	√	
特殊荷载		列车脱轨荷载	√		
		施工临时荷载	√	√	√
		地震力	√	√	√
		长钢轨断轨力	√		

注：1. 表中“√”表示设计时应考虑该荷载。

2. 长钢轨伸缩力、挠曲力、断轨力及其与制动力或牵引力等的组合，应符合铁路无缝线路设计的有关规定。

3. 风荷载只考虑列车受风面积引起的风力。列车受风面积应按 3 m 高的长方带计算，其作用点在轨顶以上 2 m 高度处。

4. 列车脱轨荷载以及长钢轨断轨力，只计算其中的一种荷载与主力相组合，不与其他附加力组合。

5. 地震力与其他荷载的组合应符合现行国家标准《铁路工程抗震设计规范》(GB 5011)的相关规定。

6. 非埋式和浅埋式桩板结构，高速铁路(客运专线)列车竖向静活载采用“ZK”活载；深埋式桩板结构附属设备(轨道结构等)及列车竖向静荷载按换算土柱考虑。

高速铁路桩板结构列车竖向活载(ZK 活载)动力系数应按下列公式计算：

承载板上无填土(非埋式桩板结构)时：

$$1+\mu=1+[1.44/(L_{\varphi}^{0.5}-0.2)-0.18]$$

式中 L_{φ}——加载长度(m)。其中 $L_{\varphi}<3.61$ m 时按 3.61 m 计；单联 n 跨连续时取平均跨度乘以下列系数：

当 $n=2$ 时，取 1.20；

当 $n=3$ 时，取 1.30；

当 $n=4$ 时，取 1.40；

当 $n\geqslant 5$ 时，取 1.50。

当计算 L_{φ} 小于最大跨度时，取最大跨度。

$1+\mu$ 计算值小于 1.0 时取 1.0。

承载板上有填土(浅埋式桩板结构)时：承载板上填土厚 $H_c>3$ m 时，不计列车动力作用，当 $H_c\leqslant 3$ m 时按下式计算：

$$1+\mu=1+[1.44/(L_{\varphi}^{0.5}-0.2)-0.18]-0.1(H_c-1.0)$$

式中 L_{φ}——含义同上；

H_c——轨底至承载板顶面的填料厚度(m)。

$1+\mu$ 计算值小于 1.0 时取 1.0。

结构计算可不考虑梁板下地基土对梁板结构的支承作用，按多跨连续板梁结构模式进行；在进行结构纵向计算时，也可采用多跨连续梁形式的平面模型计算结构的受力及变形；计算水平荷载作用时，桩基的受力分析应考虑桩周土体对桩基的水平约束作用。

桩基单桩竖向承载力应满足以下规定：

$$P_0\leqslant[P]$$

式中 P_0——单桩顶面承受的荷载(kN)；

$[P]$——单桩竖向容许承载力(kN)。

9.3 伸缩温度应力

在计算结构整体升降温引起的承载板体(次边跨、中跨)温度应力(伸缩温度应力)时，宜考虑基础弹性；承载板伸缩温度应力 $\sigma_0=N/A$，其中轴力 N 可按下式计算：

(1)承载板与板下地基脱空时

三跨一联桩板结构中跨轴力：

$$N_{中}=-K\cdot\frac{\alpha\Delta TL}{2+\theta}$$

五跨一联(次边跨、中跨跨度相同)桩板结构(所有中支点处基础弹性均相同):

次边跨轴力:

$$N_{次边}=-K\cdot\frac{3\alpha\Delta TL}{2+\theta}$$

中跨轴力:

$$N_{中}=-K\cdot\frac{4\alpha\Delta TL}{2+\theta}$$

式中 θ——$\theta=\frac{KL}{EA}$;

k——中支点处基础纵向线刚度(kN/m);

α——混凝土线膨胀系数,可取为 1.0×10^{-5};

ΔT——结构整体升降温值(℃);

L——承载板中跨跨度(m);

E——承载板混凝土弹性模量(kPa);

A——承载板横截面面积(m^2)。

五跨以上一联桩板结构依此类推。

(2)承载板与板下地基保持接触时

三跨一联桩板结构中跨轴力:

$$N_{中}=-\left(K\cdot\frac{\alpha\Delta TL-\frac{\mu WL}{2EA}}{2+\theta}+\frac{\mu W}{L/2}x\right)\quad\left(0\leqslant x\leqslant\frac{L}{2}\right)$$

五跨一联(次边跨、中跨跨度相同)桩板结构(所有中支点处基础弹性均相同):

$$\begin{cases}N_{次边}(x)=-\left(X_1+\frac{\mu W}{L/2}x\right)=-K\frac{(3+\theta)\alpha\Delta TL-\left(\frac{9}{2}+\theta\right)\frac{\mu WL}{EA}}{2+4\theta+\theta^2}-\frac{\mu W}{L/2}x & (0\leqslant x\leqslant L)\\ N_{中}(x)=-\left(X_1+X_2+\frac{\mu Wx}{L/2}\right)=-K\frac{(4+\theta)\alpha\Delta TL-(7+2\theta)\frac{\mu WL}{EA}}{2+4\theta+\theta^2}-\frac{\mu Wx}{L/2} & \left(L<x\leqslant\frac{3L}{2}\right)\end{cases}$$

式中 K——中支点处基础纵向线刚度(kN/m);

α——混凝土线膨胀系数,可取为 1.0×10^{-5};

ΔT——结构整体升降温值(°C);

L——承载板中跨跨度(m);

W——次边跨或中跨半跨结构总恒载(kN);

μ——钢筋混凝土承载板与板下地基土或混凝土垫层间摩擦系数;

E——承载板混凝土弹性模量(kPa);

A——承载板横截面面积(m^2)；

θ——$\theta=\dfrac{KL}{EA}$；

x——计算截面至边跨中支点的距离(m)。

五跨以上一联桩板结构依此类推。可综合考虑承载板下地基土特性及施工过程中对其处理情况，选用承载板与板下地基脱空或承载板与板下地基保持接触时对应的承载板伸缩温度应力计算公式，也可从偏于安全角度，采用考虑承载板与板下地基保持接触时(考虑混凝土垫层或板下地基土对承载板的摩擦约束作用)对应的计算公式。

9.4 梯度温度应力

承载板的梯度温度应力：

$$\sigma_0=\sigma_{自}+\sigma_{次}$$

(1)自应力 $\sigma_{自}$ 可按下式计算：

$$\sigma_{自}=\alpha T_0 E\left[\frac{K_1}{\delta}+\frac{12K_2}{\delta^3}\left(\frac{\delta}{2}-y\right)-e^{-ay}\right]$$

其中 $K_1=\dfrac{1-e^{-a\delta}}{a}, K_2=K_1\cdot\dfrac{\delta}{2}-\dfrac{1-e^{-a\delta}(1+a\delta)}{a^2}$

式中 α——混凝土线膨胀系数，可取为 1.0×10^{-5}；

T_0——承载板顶面与底面温差，正温差时取为20℃，负温差时取为−10℃；

E——承载板混凝土弹性模量(kPa)；

δ——板厚(m)；

y——计算点距板顶的距离(m)；

a——指数值，日照温差时取5，降温温差时取14。

(2)次应力 $\sigma_{次}$ 可采用有限元法计算其数值解，可按下式计算：

$$\sigma_{次}=\sum_{i=1}^{n}\left(\frac{\overline{N}_i}{A}+\frac{\overline{M}_i}{A}y\right)x_i$$

式中 $x_i(i=1,2,\cdots,n)$——赘余力；

$\overline{N_i},\overline{M_i}$——当 $x_i=1$ 产生的基本结构的轴力和弯矩。

9.5 结构变形

承载板在竖向静活载作用下的竖向挠度(承载板自身的竖向变形)应不大于

$L/1\ 455$，L 为承载板纵向跨度。

桩基沉降可根据现行《铁路桥涵地基和基础设计规范》(TB 10002.5)进行计算，非埋式及浅埋式桩板结构应控制相邻桩的差异沉降。就列车运营性而言，纵向相邻桩差异沉降不应大于 5 mm；对于超静定桩板结构，还应根据沉降差对结构产生的附加应力的影响确定。

桩板结构的承载板和托梁应进行裂缝最大宽度验算，裂缝最大宽度应满足耐久性设计要求。

9.6 构造规定

承载板及托梁的混凝土强度等级不宜低于 C35，桩基的混凝土强度等级不宜低于 C30。

承载板(托梁)底宜设置 10 cm 厚素混凝土或灰土垫层。

承载板(托梁)与桩基刚性连接处应设置钢筋网、抗剪弯筋和加密箍筋等抗冲切措施。

桩与承载板(托梁)连接时，桩身伸入承载板(托梁)内的长度不宜小于 100 mm。

承载板(托梁)及钻孔灌注桩主筋均宜采用 HRB335 钢筋。

非埋式桩板结构应满足以下要求：

承载板与上部无砟轨道基础结构间通过销钉或门形钢筋连接。承载板顶应设置向外的横向排水坡，相邻承载板间的纵横向伸缩缝处应设防水伸缩缝。边跨处承载板与托梁的连接面上宜设置高强耐磨滑动层。托梁两侧端头宜设置凸形挡块。

参考文献

[1] 詹永祥．高速铁路无砟轨道桩板结构路基设计理论及试验研究[D]．成都:西南交通大学,2007.

[2] 王忠文,徐鹤寿．德国纽伦堡—英格尔施塔特新建线的无砟轨道[J]．中国铁路,2006(6).

[3] Esveld C., Markine V. L. Assessment of High-Speed Slab Track Design. European Railway Review,2006.

[4] 顾湘生．客运专线路基工程几个问题的讨论[J]．铁道工程学报,2005(1).

[5] 蒋关鲁,詹永祥,陈睿,等．无砟轨道桩板结构路基设计理论及计算理论的探讨[C]//中国铁道学会．铁路客运专线技术交流会论文集．武汉:长江出版社,2005.

[6] 黄健平．郑西客运专线路基桩板结构的设计与计算[J]．科技交流,2006(4).

[7] 杨晓华．郑西客运专线路基桩板结构技术与经济分析[J]．山西建筑,2009(15).

[8] 唐第甲．郑西客运专线桩板结构路基激振试验研究[D]．成都:西南交通大学,2006.

[9] 詹永祥,蒋关鲁,牛国辉,等．武广线高边坡陡坡地段桩板结构路基的设计理论探讨[J]．铁道工程学报,2007(S1).

[10] 魏永幸,蒋关鲁．客运专线无砟轨道路基关键技术探讨—以遂渝线无砟轨道综合试验段为例[J]．铁道工程学报,2006(5).

[11] 陈新建．桩板结构在京津城际轨道路基工程中的应用[J]．山西建筑,2007(3).

[12] Reda M. Bakeer1, Mark A. Shutt2. Performance of Pile-Supported Bridge Approach Slabs. Journal of Bridge Engineering © ASCE / March/April 2005.

[13] Hirokazu Takemiya, Xue Cheng Bianb. ShinkansenHigh-Speed Train Induced Ground Vibrations in View of Viaduct-Ground Interaction. Soil Dynamics and Earthquake Engineering, 2007(27).

[14] Hans Bachmann, Winfried mohr, Fh martin Kowalski. The Rheda 2000 Ballastless Track System [J]. European Railway Review, 2003(1).

[15] R. F. Woldringh, B. M. New. Embankment design for high speed trains on soft soils conception de remblais sur sols meubles pour les chemins de ferÂ. grande vitesse. Geo-technical Engineering for Transportation Infrastructure, Barends et al. (eds) 1999 Balkema, Rotterdam.

[16] 罗照新．客运专线桩板结构设计方法的探讨[J]．铁道工程学报,2008,8(119).

[17] 肖宏,郭丽娜．桩板结构技术应用研究[J]．铁道标准设计,2010(2).

[18] 魏永幸．客运专线无砟轨道桩一板结构路基[J]．铁道工程学报,2008(4).

[19] 铁道部专业设计院．铁路桥涵钢筋混凝土和预应力混凝土结构设计规范(TB 10002. 3—

2005). 北京:中国铁道出版社,2005.
[20] 陈睿,蒋关鲁,魏永幸. 无砟轨道桩板结构路基离心模型试验研究[J]. 铁道建筑技术,2006,146(1).
[21] 詹永祥,蒋关鲁,牛国辉,等. 高速铁路无砟轨道桩板结构路基模型试验研究[J]. 西南交通大学学报,2007,42(4).
[22] 詹永祥,蒋关鲁. 桩板结构路基沉降影响因素的有限元分析[J]. 路基工程,2007,132(3).
[23] 牛国辉,蒋关鲁,詹永祥,等. 遂渝铁路无砟轨道桩板结构路基大比例动态模型试验研究[J]. 铁道建筑技术,2007,154(1).
[24] 詹永祥,蒋关鲁,魏永幸. 无砟轨道桩板结构路基的设计及计算[C]//中国铁道学会. 第二届中国交通土建工程学术交流会论文集. 成都:西南交通大学出版社,2006.
[25] 苏谦. 郑西客运专线深厚湿陷性黄土地基桩板结构设计分析[J]. 铁道建筑技术,2007(2).
[26] 唐伟. 设计时速 350 km/h 高速铁路中桩板结构施工技术[J]. 科学之友,2009(6).
[27] 贾振功. 无砟轨道桩板结构路基施工技术[J]. 国防交通工程与技术,2008(4).
[28] 中铁二院工程集团有限责任公司. TB 10106—2010 铁路工程地基处理技术规程[S]. 北京:中国铁道出版社,2010.
[29] 中华人民共和国住房和城乡建设部. GB 50010—2010 混凝土结构设计规范[S]. 北京:中国建筑工业出版社,2010.
[30] 日本铁道综合技术研究所. 铁路结构物设计标准及其解释[Z]. 东京:日本国土交通省铁道局,2006.
[31] 铁道第三勘察设计院集团有限公司. TB 10002.1—2005 铁路桥涵设计基本规范[S]. 北京:中国铁道出版社,2005.
[32] 铁道第三勘察设计院集团有限公司,等. TB 10621—2009 高速铁路设计规范(试行)[S]. 北京:中国铁道出版社,2009.
[33] 梁波,邓剑辰. 桩板结构路基的动力响应分析[J]. 铁道学报,2008(10).
[34] 詹永祥,蒋关鲁,魏永幸. 无砟轨道桩板结构路基在地震荷载下的动力响应分析[J]. 中国铁道科学,2006,27(6).
[35] 詹永祥,蒋关鲁,胡安华,等. 遂渝线无砟轨道桩板结构路基动力响应现场试验研究[J]. 岩土力学,2009(3).
[36] 胡安华,蒋关鲁,魏永幸. 无砟轨道桩板及桩网结构路基的长期观测研究[J]. 路基工程,2009(2).
[37] 铁道第三勘察设计院. TB 10002.5—2005 铁路桥涵地基和基础设计规范[S]. 北京:中国铁道出版社,2005.
[38] 房营光. 岩土介质与结构动力相互作用理论及其应用[M]. 北京:科学出版社,2005.
[39] 高飞,孙小刚. 上海地区场地剪切波速的特征分析[J]. 上海地质,2005(2).
[40] 中华人民共和国住房和城乡建设部. GB 50021-2001 岩土工程勘察规范[S]. 北京:中国建筑工业出版社,2009.
[41] 冯志仁. 最大剪切模量对土动力参数及地震反应的影响[J]. 自然灾害学报,2007(6).

[42] 中华人民共和国住房和城乡建设部. JTG/TB 02-01—2008 公路桥梁抗震设计细则[Z]. 北京:人民交通出版社,2008.

[43] 翟婉明. 车辆一轨道耦合动力学[M]. 北京:中国铁道出版社,2007.

[44] 李广慧,等. 车辆—无砟轨道—桥梁系统振动特性及其应用[M]. 郑州:黄河水利出版社,2007.

[45] 罗林,张格明,吴旺青,等. 轮轨系统轨道平顺状态的控制[M]. 北京:中国铁道出版社,2006.

[46] 铁道科学研究院. CRH_2 型时速 300～350 公里动车组总体技术方案(铁运〔2007〕252 号).

[47] 张福全. 踏面磨耗对 CRH_2-300 构架载荷特性影响研究[D]. 北京:北京交通大学,2009.

[48] H. Kurz. ICE3 和 ICET 德国铁路新一代动车组[J]. 变流技术与电力牵引,2001(1).